Michael Paterniti

Unterwegs mit **Mr. Einstein**

Deutsch von Hainer Kober

Rowohlt

Die Originalausgabe erschien 2000 unter dem Titel
«Driving Mr. Albert. A Trip
Across America with Einstein's Brain»
im Verlag The Dial Press, New York
Redaktion der deutschen Ausgabe Ingrid Klein

1. Auflage März 2001

Umschlaggestaltung Cordula Schmidt
(Foto: © Carl Rosenstein)
Satz aus der Stone PostScript PageOne
Gesamtherstellung Clausen & Bosse, Leck
Printed in Germany
ISBN 3 498 05295 0

Die Schreibweise entspricht den Regeln
der neuen Rechtschreibung.

Für Sara und Leo,
für all die Tage und Nächte, die wir noch vor uns haben

Und in Erinnerung an Peggy Fulton Corbett

Inhalt

VIERTER TEIL

Es war ein glänzender Verstand. Denn wenn das Denken wie die Tastatur eines Klaviers ist, in eine Vielzahl von Tönen unterteilt, oder wie das Alphabet in sechsundzwanzig aufeinander folgende Buchstaben geordnet ist, dann hatte dieser glänzende Verstand keinerlei Mühe, entschieden und akkurat jene Buchstaben einen nach dem anderen zu durchlaufen, bis er, sagen wir, den Buchstaben Q erreicht hatte. Er hatte Q erreicht ... Doch nach Q? Was kommt danach? Nach Q kommt eine Anzahl Buchstaben, deren letzter für das sterbliche Auge kaum erkennbar ist, sondern rot in der Ferne glimmt ... Wie viel Männer unter tausend Millionen, fragte er sich, erreichen am Ende Z? Gewiss durfte der Anführer einer gescheiterten Hoffnung sich das fragen und ohne Verrat an der Expedition hinter ihm antworten: «Vielleicht einer.» Einer in einer Generation.

Virginia Woolf, Zum Leuchtturm

Prolog: Das weiße Kaninchen

Ehrlich gesagt, ich dachte, die Fahrt würde ein Riesenspaß werden. Hatte ich mir vorgestellt. Ich dachte, der alte Doktor sei ein echter Exzentriker und es würde lustig werden. Aber Verlangen kann tückisch sein. Manchmal verwandelt es die Absicht, im nächsten Supermarkt eine Flasche Milch zu holen, in eine lebenslange, barfüßige Wanderung durch den Himalaja auf der Suche nach Erleuchtung. Es kann dich auf die Straße nach Canterbury führen, ohne dass es dir bewusst wird. Und in gewisser Weise ist genau das passiert.

Zuerst kam mir die Geschichte von Albert Einsteins Gehirn wie eine jener modernen Mythen vor, die zu verrückt sind, um glaubhaft zu sein. Ein Freund hatte einen Freund, der sie von jemandem gehört hatte, der in Roswell oder Sedona oder so einer Stadt wohnte, ein geographisches Detail, das dem Ganzen Glaubwürdigkeit verleihen sollte oder Unglaubwürdigkeit, ich weiß nicht genau. Mein Freund erzählte sie mir während eines Werbespots, als wir uns den Golfkrieg anguckten, woraus ich schließe, dass ich damals ungefähr fünfundzwanzig war. Und irgendwie verschmolzen der Krieg und das Gehirn in meiner Vorstellung zu einer Einheit. Selbst jetzt noch, wenn ich mir ausmale, wie Einsteins Dendriten und Neuronen feuerten, als sein Gehirn von der Relativitätstheorie erleuchtet wurde, sehe ich Bagdad vor mir, mit seinen Minaretten und Fernsehantennen, illuminiert von Tausenden von Leuchtspurgeschossen eines alliierten Angriffs in finsterster Nacht.

Die Geschichte ging folgendermaßen: Einstein starb 1955, und bei einer Autopsie wurde das Gehirn aus seinem Kopf entfernt, angeblich, um dem Geheimnis seines Genies auf die Spur zu kommen. Doch nach einigen Jahren hieß es, das Gehirn sei verschwunden. Gerüchtweise verlautete, es sei zerschnitten worden und Teile davon befänden sich in einer Garage in Saskatchewan, wo sie neben den Basketbällen und Eishockeyschlägern der Kinder von Ölarbeitern verstaubten. Andere Teile befänden sich im Besitz des Arztes, der die Autopsie vorgenommen habe, eines seltsamen Mannes, der seither verschwunden sei.

Das gefiel mir, das kanadische Versteck, die unheimliche Unsterblichkeit des Gehirns, sein merkwürdiger Besitzer. Nach und nach fing ich an, die Geschichte von Einsteins Gehirn Freunden und Bekannten weiterzuerzählen, wobei ich eigene Ausschmückungen vornahm. Der alte Arzt mit Einsteins Gehirn trug jetzt gelegentlich eine Augenklappe oder hatte einen Buckel. Manchmal wurde er von Geheimagenten verfolgt oder von ehemaligen Geliebten mit finsteren Absichten, die ihn von Stadt zu Stadt jagten. In anderen Versionen versuchte er, das Gehirn auf dem Schwarzmarkt zu verscheuern. Erst später sollte ich erfahren, wie nahe ich in manchen Punkten der Wahrheit gekommen war.

Im Laufe der Zeit dachte ich immer weniger an Einsteins Gehirn und legte es unter Seltsamkeiten des Lebens ab. Doch einige Jahre später, als ich in New Mexico lebte, freundete ich mich mit meinem Hauswirt an, der zufällig zu den Freunden des Schriftstellers William Burroughs gehörte. Dieser Veteran in allem, was cool und hip war, sprengte häufig den Garten des Gebäudes, in dem ich wohnte. Als ich ihm von Einsteins Gehirn erzählte, zuckte er mit keiner Wimper.

«Klar, der Typ mit dem Gehirn ist der Nachbar von William in Lawrence, Kansas», sagte er.

Ich dachte, er wollte mich auf den Arm nehmen. «Was ist er?», fragte ich.

«Klar», sagte er. «Der war mal Pathologe.» Ungerührt besprühte er seine Schneeglöckchen und Osterblumen mit dem Gartenschlauch.

«Und der …»

«… ist sein Nachbar?», vervollständigte Steven meinen Satz. In dem Seitenblick, den er mir zuwarf, war ein Anflug von Mitleid. «Ja, der Doc ist wirklich 'n abgefahrner Typ, aber die beiden sind gut klargekommen.»

«Abgefahrner Typ?»

«'n Irrer.»

Ah ja, abgefahrner Typ und Irrer. Was für ein Irrer? Ein Irrer wie Norman Bates oder Boris Karloff, mit einem Keller voll rauchender Tinkturen, Glasbehältern mit fluoreszierenden Flüssigkeiten und irgendwelchen unheimlichen Klonierungsexperimenten à la Frankenstein? Wie August Strindberg, dem Wahnsinn verfallen, der Blei in Gold zu verwandeln versucht? Oder ein Irrer von der gesellschaftlich akzeptierten, der rebellischen Art, eine Kultfigur wie, sagen wir, Burroughs selbst, oder ein verschrobener indischer Heiliger wie Rabindranath Tagore?

«Weiß ich nicht», sagte Steven, erklärte sich dann aber bereit, mir die Telefonnummer des alten Arztes zu besorgen, von Burroughs selbst. Er hielt Wort und gab sie mir auf einem Stück Papier, das er aus einem alten Notizbuch gerissen hatte. Augenblicklich heftete ich sie an die Pinnwand neben meinem Schreibtisch im Büro, starrte sie einen Monat lang an und begann sie dann unvermittelt zu wählen. Während ich meinem täglichen Job als Zeitschriftenredakteur nachging, blickte ich die Nummer immer wieder an – so lange, bis ich den Hörer ohne erkennbaren Grund aufnahm und wählte. Es tutete in der Leitung, aber niemand nahm ab, und einen Anrufbeantworter gab es nicht.

Nach vier Monaten – wer war nun der Irre? – schwor ich mir, dass ich mit der Wählerei aufhören würde. Aber ich konnte es nicht. Ich wechselte die Zeiten der Anrufe: Einmal versuchte ich es um Mitternacht, einfach aus Neugier. Schließlich gab ich mir noch drei Versuche. Beim ersten nahm jemand ab.

«Hallo.» Er sagte es wie «Halo».

«Ähh ... Spreche ich mit Thomas Harvey?»

«Tjaa-nun, tun Sie.» Der Mann klang freundlich.

«Wunderbar, also ...», stammelte ich, «wo soll ich anfangen. Ich bin ... Ich bin ...» Das Blut schoss mir in den Kopf, und ich hörte meine eigene Stimme, dünn und unsicher. Wer war ich? Und was wollte ich eigentlich von ihm? Ich stotterte erneut. Dann fragte ich ihn, ob er der Mann mit Einsteins Gehirn sei, und als er sagte, das sei er, bewegten sich meine Lippen, sprachen es aber nicht aus: *Heilige Scheiße!* Mich ermannend, fragte ich vorsichtig an, ob es wohl möglich sei, ihn einmal zu treffen. Ausweichend erwiderte er, ja, es wäre sicherlich nett, wenn wir uns mal kennen lernen würden. Während er sprach, muss er schon gewusst haben, dass er Kansas verlassen und seine irdischen Besitztümer in ein Auto packen würde, wie er es schon einmal vor vierzig Jahren getan hatte, als er sich in aller Stille aus Princeton, New Jersey, davongemacht hatte, nachdem man ihm vorgeworfen hatte, die Entfernung von Einsteins Gehirn sei ein Diebstahl im Sinne des Strafgesetzes. Damit war Dr. Harvey wieder aus meinem Leben verschwunden. Er beendete das Gespräch und hinterließ keine Adresse. Wie Alices weißes Kaninchen – verschwunden.

In den folgenden Monaten kündigte ich meinen Job und

zog mit meiner Freundin Sara wieder nach Osten, nach Maine. Und die ganze Zeit konnte ich den Gedanken an Harvey und Einsteins Gehirn einfach nicht abschütteln, wie das Versprechen eines chinesischen Glückskekses, das so eigenartig verlockend ist, dass es sich in deine Gedanken festkrallt. Also begann ich von neuem; ich versuchte, Harveys Familienmitglieder ausfindig zu machen, was sich als schwierig erwies. Ich rief eine Ärztin an, Sandra Witelson in Hamilton, Kanada, mit der Harvey angeblich zusammengearbeitet hatte. Zu meiner großen Überraschung schien Witelson genau über mich Bescheid zu wissen. «Dr. Harvey hat Ihnen alles gesagt, was er Ihnen zu sagen hat», sagte sie mit einer so unerwarteten Bestimmtheit, dass ich mit Bestimmtheit annahm, das es nicht stimmte. Sie behauptete, nicht zu wissen, wo er sei, aber im selben Atemzug erklärte sie, sie werde mir seine neue Nummer nicht geben. Weitere sechs Monate vergingen, und nur meiner Hartnäckigkeit verdankte ich es, dass ich die Nummer schließlich doch kriegte. Bei meinem ersten Versuch war Harvey am Apparat, in einem, wie ich später erfuhr, Ranchhaus aus den fünfziger Jahren in der Nähe von Princeton, New Jersey, wo er jetzt mit seiner siebenundsechzigjährigen Freundin lebte.

«Tjaa-nun, sicher ist es schön, von Ihnen zu hören», sagte er und schien es zu meinen. Wir unterhielten uns. Er war mit einem Treffen einverstanden. An einem Werktag kurz nach Thanksgiving fuhr ich durch das Herbstlaub von Maine nach Süden, vorbei an rauchenden Schornsteinen und an Bäumen, die im kühlen Herbstnebel wie Kronleuchter aussahen. Dr. Harvey grüßte mich an der Tür in einem rotweiß karierten Hemd, zu dem er einen schmalen, tiefblauen Pendletonschlips trug, auf dessen jahrzehntealtem, vergilbtem Preisschild noch immer «10 $» zu lesen war. Sein Gesicht war rot und gefleckt und tief gefurcht, trotzdem sah er noch nicht wie vierundachtzig aus. Er hatte eine Adlernase, wache Augen und gelbe Zahnstümpfe. Seine weißen Haare, die fein wie Maisfasern waren, hatte der Novemberwind über die kahlen Stellen seines Kopfes verteilt. Er hatte weder eine Augenklappe noch einen Buckel – nur ein leichtes Hinken von einem Fahrradunfall, den er vor ein paar Jahren gehabt hatte. Er sei auf dem Weg zur Arbeit von einem Auto angefahren worden, an dessen Steuer eine «Greisin» gesessen habe, und nun sei das eine Bein etwas kürzer als das andere. Ich konnte nicht umhin, mich zu fragen, was für einer Arbeit ein Vierundachtzigjähriger nachgeht und wie er dazu kommt, mit dem Fahrrad zur Arbeit zu fahren.

Er führte mich in einen feuchten Kellerraum, wo er sich ein behelfsmäßiges Büro eingerichtet hatte, in dem überall wissenschaftliche Zeitschriften herumlagen. Auf einem Tisch stand ein Mikroskop, das mit einer kleinen Plastikhaube bedeckt war. Er schürte das Feuer im Kamin und bedeutete mir, auf einem lindgrünen Chintzsofa Platz zu nehmen, zwischen handgeknüpften Teppichen und mundgeblasenen Glaskaraffen, äthiopischen Kochbüchern und Makramee. Zunächst wirkte er gar nicht wie ein Rebell auf mich oder wie ein Casanova oder Beat-Heiliger, nicht wie ein Held, ein Dieb oder ein Guru – was später, zu verschiedenen Zeiten, durchaus der Fall sein sollte. Aber es gab ein paar kleine Dinge, die ihn verrieten. Bücher in Regalen mit Titeln wie: *Wie man den Rest seines Lebens einen einzigen Menschen liebt, Romantische Eifersucht* und *Offene Ehe*. Und überhaupt: Wie kam ein Mensch mit einem Yale-Abschluss und Einsteins Gehirn dazu, in so beengten Verhältnissen zu leben, dazu gezwungen, Besucher bei seiner Freundin im Keller zu empfangen?

Der Arzt schien das alles für selbstverständlich zu halten. Er brachte Tee, und so saßen wir eine Zeit lang, zwei Männer aus verschiedenen Ecken des Jahrhunderts, die am Kamin hockten und Zucker in ihren Lipton rührten, bevor die Zukunft hereinbrach. Bevor sich alle Welt auf den Weg machte und in Mondkolonien ansiedelte, saß ich nun endlich bei Dr. Thomas Harvey, wie ein andachtsvoller Jünger, der darauf wartet, dass sein Guru zu sprechen anhebt.

ERSTER TEIL

1

Der Teufel scheißt immer auf den größten Haufen

Albert Einstein wurde 1879 in Ulm geboren und kam mit einem Kopf auf die Welt, der aussah wie ein schiefer Medizinball. Als ihn die Großmutter zum ersten Mal erblickte, war sie zutiefst schockiert. «Viel zu fett!», rief sie aus. «Viel zu fett!» Auch die Mutter war entsetzt und glaubte, sie sei von einem Ungeheuer entbunden worden. Der Junge sprach nicht, bis er drei Jahre alt war, und auch dann bewegte er seine Lippen lange, bevor er etwas herausbrachte. Alle hielten ihn für zurückgeblieben.

Nach der eigenen Erinnerung war der kleine Albert sehr in sich gekehrt, baute komplizierte Kartenhäuser und staunte über einen Kompass, den sein Vater ihm zeigte. Die Kinder in der Nachbarschaft nannten ihn «Bruder Langweil», weil er nicht mit ihnen herumtobte, und nur wenn er ihnen nicht entgehen konnte, bot er sich als Schiedsrichter an bei ihren Spielen. Er war ein Einzelgänger und zog die Gesellschaft seiner Onkels vor, weil die ihm erklären konnten, womit die Familie ihr Geld verdiente: die Elektrizität. So kam es, dass die Menschen weniger Realität für ihn besaßen als die Dinge. Als seine Schwester Maja geboren war, starrte Klein Albert, so die Familienüberlieferung, enttäuscht in die Wiege und fragte: «Aber wo hat es denn seine Rädchen?»

In der Schule erhielt er, entgegen allen Legenden, überwiegend gute Noten. Allerdings rebellierte er gegen die autoritären Strukturen des deutschen Erziehungssystems und zeigte schon früh seinen durchtriebenen Sinn für Humor, wenn er sich unter dem Gelächter der Klassenkameraden über seine Lehrer lustig machte. Er war verblüfft von seinem ersten Geometriebuch, von den Symmetrien und Winkeln des Universums, und fasziniert von den Generatoren, die in der Fabrik seines Vaters hergestellt wurden. Während seine Eltern hochfliegende Pläne für ihren einzigen Sohn hatten – sie gehörten zur ersten Generation von Juden, denen in Deutschland Grundbesitz und der Zugang zu den höheren Bildungsinstitutionen gestattet war –, nahm Albert seine Ausbildung selbst in die Hand. Mit zehn Jahren las er Euklid und verschlang die Wissenschaftsbücher seiner Zeit. Er hatte auch einen Anfall tiefer Religiosität, unter dessen Einfluss er kein Schweinefleisch mehr aß, fromme Lieder komponierte und sie sang, während er durch die Straßen ging. Doch nach eigenen Aussagen hat er sich mit zwölf vom jüdischen Glauben losgesagt, als ihm seine wissenschaftlichen Kenntnisse offenbarten, dass «vieles in den Erzählungen der Bibel nicht wahr sein konnte».

Zwar unterschätzten ihn die meisten seiner Lehrer – ein Griechischlehrer sagte ihm einmal, er werde es zu nichts Rechtem im Leben bringen –, andererseits strahlte Albert Einstein aber ein solches Selbstbewusstsein aus, dass ihn Erwachsene oft für anmaßend und arrogant hielten. Das Problem bestand darin, dass ihr naseweiser Schüler nicht anstand, ihnen ihre geistige Unzulänglichkeit oder ihre Heuchelei vor Augen zu führen, was sie umso mehr wurmte, als er häufig Recht hatte. Heftig griff er an, was seiner Originalität im Wege stand, und das war die Mittelmäßigkeit, doch sie missverstanden dieses Bestreben häufig als Unverschämtheit. «Sie sind ein kluger Bursche, Einstein, ein sehr kluger Bursche», sagten ihm seine Physikprofessoren an der Universität, «aber Sie haben einen großen Fehler: Sie lassen sich nie etwas sagen.» Einsteins grundsätzliche Antwort, die er einige Zeit später in einem Brief an einen Freund äußerte, war knapp und nüchtern: «Gedankenlose Autoritätsgläubigkeit ist der größte Feind der Wahrheit.»

Als Jugendlicher zog er von München nach Italien und von dort in die Schweiz, wo er die deutsche Staatsbürgerschaft aufgab, um dem Militärdienst zu entgehen – der Beginn seines Pazifismus. Als er zum Mann heranreifte, bekam er einen kompakten Körper mit kräftigen Armen und Beinen, und er sah einfach unverschämt gut aus: ein ironisches, verschmitztes Lächeln, dunkles, lockiges Haar und ein versonnener, träumerischer Blick. Er war plattfüßig, etwa eins fünfundsiebzig groß und liebte das Wandern und Segeln. Außerdem spielte er Geige – Mozart, Bach, Schubert. Obwohl er kein bedeutender Musiker war, machte das Musizieren doch einen wesentlichen Teil seines Lebens aus. Als er sich während des Studiums die Hand verletzte, schrieb er an seine einstige Duopartnerin: «Ich vermisse sehr die alte Freundin, durch die ich mir alles sage & singe was ich mir gar oft in dürren Gedanken auch nicht im Mindesten zugestehe, sondern höchstens drüber lache, wenn ichs an anderen sehe ...»

Was die Art zu arbeiten betraf, so ging Einsteins Kindheit nahtlos in sein Erwachsenendasein über, denn auch jetzt verbrachte er den größten Teil seiner Tage damit, still dazusitzen, vom Universum zu träumen, über das Gewicht des Mondes nachzudenken oder sich die Bahn des Merkur auszumalen. 1905 plagte er sich mit sechsundzwanzig Jahren als Angestellter im Patentamt in Bern ab (er bekam keinen Lehrauftrag an der Universität, weil ihm keiner seiner ehemaligen Professoren ein Empfehlungsschreiben geben wollte) und entwickelte nebenher die spezielle Relativitätstheorie und die Gleichung $E = mc^2$, aus der hervorging, dass alle Materie, von der Feder bis zum Felsen, Energie enthält.

Während des einen Jahrs im Patentamt – das als Einsteins *annus mirabilis* gilt – schrieb er fünf bahnbrechende Arbeiten, die alle in der angesehenen deutschen Zeitschrift *Annalen der Physik* erschienen und ihn aus vollkommener Anonymität ins Licht der Öffentlichkeit katapultierten. Mit einem Mal war er eine berühmte Persönlichkeit. Die Wirkung dieses einen Jahres verblüfft noch heute, denn fast hundert Jahre später sind wir noch immer damit beschäftigt, uns mit den Eigenschaften eines Universums vertraut zu machen, in dem unter anderem das Verstreichen der Zeit für jeden Einzelnen von uns relativ ist. Nachdem er monatelang zusammen mit seinem nahen Freund Michele Besso gebrütet hatte, bekam er eine erste Vorstellung von der Relativität und überfiel Besso mit der Behauptung: «Ich danke dir, das Problem habe ich vollständig gelöst.»

Die führenden Wissenschaftler der Zeit erkannten rasch, dass sich da eine Erkenntnisrevolution anbahnte, und besuchten ihn im obersten Stockwerk des Patentamtes. Kurz darauf erhielt er nacheinander Lehrberufungen aus Bern, Zürich, Prag und schließlich München. Mit seinen Theorien sagte er den Ursprung, die Beschaffenheit und das Schicksal des Universums voraus. Einstein revidierte Newton und fast dreihundert Jahre Physik. Die größten wissenschaftlichen Errungenschaften unseres Jahrhunderts – Elektronik, Atombombe, Raumfahrt – wurden alle auf diesen Seiten aus dem Jahr 1905 skizziert und in den kommenden Jahren präzisiert.

Außerdem folgte noch die allgemeine Relativitätstheorie, die Einstein im März 1916 formulierte. Drei Jahre später wurde die Theorie während einer Sonnenfinsternis von Arthur Eddington bestätigt, einem englischen Astronomen, der beobachtete, dass Sternenlicht in der Nähe der Sonne tatsächlich abgelenkt wird, und zwar in genau dem Winkel, den Einstein vorhergesagt hatte, womit bewiesen war, dass

Licht über Masse verfügt und dass es Krümmungen in der Raumzeit gibt, die durch Gravitation hervorgerufen werden, was unter anderem erklärte, wie und warum die Erde in ihrer Umlaufbahn um die Sonne gehalten wird. Schlagartig wurde Albert Einstein zu einer Weltberühmtheit. Sein hintergründiges Lächeln war auf den Titelseiten der Zeitungen in aller Welt zu bewundern. Man feierte die Geburt eines Genies, eines mystischen Gurus, der Gottes höchsteigene Gedanken lesen konnte.

Überschüttet mit Einladungen von Hollywood bis Lahore, begab sich Einstein auf eine Weltreise. Er wurde gefeiert von Königen und Kaisern, von Präsidenten und Filmstars und betrat die heiligsten Hallen der Welt in einem amüsierten Zustand sockenloser Schludrigkeit. Hoffnungslos zerstreut vergaß er sein Gepäck auf Bahnsteigen und benutzte nichteingelöste Schecks als Lesezeichen. Er behauptete, er verdanke seine Frisur – am Ende ein wilder weißer Heiligenschein – reiner «Nachlässigkeit». Zur Erklärung seiner allgemeinen Schlampigkeit sagte er, es wäre traurig, wenn die Verpackung schöner wäre als das verpackte Fleisch. Er lachte wie ein bellender Seehund, schnarchte wie ein Nebelhorn und legte sich nackt in die Sonne. Und dann trank er Tee mit der Queen.

Überall war die Einstein-Mania ausgebrochen. Er reiste nach Shanghai, Tokio, Jerusalem, Rio. Als Einstein 1921 das erste Mal an Bord des Dampfers Rotterdam in Manhattan eintraf und unter dem Beifall der versammelten Menge die Gangway hinunterging, hatte er seinen Geigenkasten unter den Arm geklemmt und sah eher wie ein Konzertmusiker als wie ein Wissenschaftler aus. Die *New York Times* forderte ihre Leser auf, sich nicht durch die Tatsache abschrecken zu lassen, dass nur zwölf Menschen auf der Welt die Arbeit des «plötzlich zu Ruhm gelangten Dr. Einstein» wirklich verstünden. In London wurde er aufgefordert, drei Wochen lang im Palladium in einer Vorstellung mit Feuerschluckern und Seiltänzern seine Theorie zu erklären – für jedes geforderte Honorar. «Auf dem Chrysanthemenfest», schrieb ein deutscher Diplomat aus Japan, «gaben im Grunde genommen nicht die Kaiserin und der Prinzregent den Empfang, sondern alles scharte sich um Einstein.»

In den folgenden Jahren wuchs Einsteins Ruhm noch. Er profilierte sich als entschiedener Gegner der Nationalsozialisten, die sich vor seinem Haus versammelten und antisemitische Hetzparolen grölten. 1933 berichtete eine deutsche Zeitung, die *Fehme*, eine extreme nationalistische Organisation, habe eine Prämie von 50 000 Reichsmark auf Einsteins Kopf ausgesetzt. Als er das hörte, fasste er sich ins Haar und sagte: «Ich wusste gar nicht, dass er so viel wert ist.» Dann floh er, zuerst nach England und dann in die Vereinigten Staaten – nach Princeton –, wo er 1940 amerikanischer Staatsbürger wurde.

Inzwischen regnete es Ehrendoktortitel – aus Oxford, Cambridge, Paris, Harvard und von einer Vielzahl anderer Universitäten in aller Welt. Bei jeder neuen Auszeichnung – die dem Wissenschaftler alle nichts zu bedeuten schienen – murmelte er auf Deutsch: «Der Teufel scheißt immer auf den größten Haufen.» Eine Kopie der speziellen Relativitätstheorie in Einsteins krakeliger Handschrift brachte 1944 bei einer Versteigerung 6 Millionen Dollar. Und doch hatte seine Arbeit zu dem Zeitpunkt, als er nach Amerika ging, in wissenschaftlichen Kreisen erheblich an Einfluss verloren, galt das allgemeine Interesse doch jetzt der Quantenmechanik, einer Theorie, die die äußerst unbeständige und unvorhersagbare Wirklichkeit der Elementarteilchen beschrieb. Einstein konnte sich nie mit dieser Ungewissheit anfreunden. «Ich kann nicht glauben, dass Gott mit der Welt Würfel spielt», lautete eine seiner meistzitierten Äußerungen.

Stattdessen verbrachte er die letzten zwanzig Jahre seines Lebens am Princeton Institute for Advanced Study damit, unermüdlich an seiner einheitlichen Feldtheorie zu arbeiten, einem Versuch, die Ideen über Gravitation und Elektromagnetismus in Einklang zu bringen, in der Hoffnung, zu einem vollständigeren Verständnis des Universums zu gelangen. Obwohl seine Arbeit ergebnislos blieb, war die Zeit wichtig für ihn, denn damals formulierte er seinen radikalen Pazifismus und seine moralische Empörung über eine aus den Fugen geratene Welt. Einige Menschen hielten seine politischen Erklärungen für genauso gewichtig wie Gandhis Äußerungen, und da auch er zu einer Art Prophet wurde, sah sich David Ben Gurion, Premierminister des in der Entstehung begriffenen israelischen Staates, dazu veranlasst, Einstein 1952 die Präsidentschaft seines Landes anzubieten. Zur Erleichterung von Ben Gurion und der meisten anderen Regierungsmitglieder des jungen Staatsgebildes lehnte Einstein ab.

In den letzten, einsamen Jahren seines Lebens litt Einstein häufig unter Übelkeitsanfällen, die mit Durchfall oder Erbrechen endeten. Eine Untersuchung ergab ein Aneurysma in der Unterleibsaorta, doch Einstein wollte sich nicht operieren lassen und meinte in Hinblick auf seinen Tod: «Ich möchte verbrannt werden, damit die Leute nicht kommen und meine Knochen anbeten.»

Am 17. April 1955, am Abend bevor er starb, lag der sechsundsiebzigjährige Einstein in seinem Bett im Princeton Hospital und verlangte, dass man ihm die letzten Seiten seiner Berechnungen bringe. Es war typisch für ihn, dass er bis zu seinem Ende arbeitete. Kurz zuvor hatte er einem Freund erklärt: «Meine Aufgabe hier ist beendet.» Einige Wochen zuvor, nach dem Tod von Michele Besso, seinem ältesten Freund, der sein kluger Resonanzboden bei der Entwicklung der Relativitätstheorie gewesen war, hatte Einstein geschrieben: «Nun ist er mir auch mit dem Abschied von dieser sonderbaren Welt ein wenig vorausgegangen. Dies bedeutet nichts. Für uns gläubige Physiker hat die Scheidung zwischen Vergangenheit, Gegenwart und Zukunft nur die Bedeutung einer wenn auch hartnäckigen Illusion.»

Am Morgen des nächsten Tages, dem 18. April, traf der Chefpathologe des Krankenhauses ein: Dr. Thomas Stoltz Harvey, damals ein straffer, blendend aussehender Mann von zweiundvierzig Jahren, der an Montgomery Clift erinnerte, zu Hause eine Frau und zwei Jungen hatte und einer glänzenden Zukunft entgegensah. Er suchte sein Büro tief in den Eingeweiden des Krankenhauses auf, folgte den Wasserrohren an der Decke eines dunklen Gangs zum Leichenschauhaus, wo Einsteins Leichnam aufgebahrt lag, nackt und gefleckt.

«Stellen Sie sich meine Überraschung vor», sagte Harvey an diesem Nachmittag im Keller des Hauses seiner Freundin zu mir, während glühende Holzstückchen gegen einen Metallschirm sprangen und auf den Steinfußboden fielen. «Ein Kollege in New York, mein einstiger Lehrer Dr. Harry Zimmerman» – ein Bekannter Einsteins –, «hatte ursprünglich die Absicht gehabt, die Autopsie vorzunehmen, brachte es dann aber nicht über sich. Er rief mich an, und wir einigten uns darauf, dass ich es machte.» Stolz nannte Harvey mir seine Qualifikationen: In Yale hatte er bei Zimmerman gearbeitet, der Neuroanatom war, und dann an der University of Pennsylvania für Dr. Fritz Lewy zwei Jahre lang Neuroanatomie gelehrt. Wie er erläuterte, war Lewy vor Hitlers Machtergreifung Leiter des Neurologischen Instituts in Berlin gewesen und hatte es dadurch zu Weltruhm gebracht, dass er «bestimmte Einschlusskörperchen in den Gehirnzellen von Alzheimer-Patienten entdeckte, die heute als Lewy-Körperchen bezeichnet werden». Er ließ sich noch eine Zeit lang über Lewy aus, vielleicht in der Hoffnung, dass ein bisschen von dessen Glanz auf ihn abfärbte.

Harvey dagegen stammte aus einer Familie von Erzquäkern in Kentucky, verbrachte eine ereignislose Kindheit in Louisville, zog dann nach Hartford, Connecticut, wo sein Vater eine gute Stelle bei einer Versicherungsfirma bekam. Später besuchte er Yale, wo er sein Grund- und Hauptstudium absolvierte. Im dritten Jahr seines Medizinstudiums bekam er Tuberkulose und verbrachte das folgende Jahr in einem Sanatorium – eine schlimme Zeit, in der er an Bett und Schaukelstuhl gefesselt war und, wie er sagte, etliche Freunde sterben sah. Als er wieder ins wirkliche Leben entlassen wurde, wandte er sich der Pathologie zu, weil «die Arbeitszeiten nicht so anstrengend waren». Das Jahr der Krankheit, vertraute er mir später an, war eine der größten Enttäuschungen seines Lebens.

Und der 18. April 1955 war einer seiner größten Triumphe. Die Weltpresse fiel in Princeton ein; Einsteins Angehörige wurden 122 Mercer Street untergebracht, dort, wo der große Wissenschaftler seine letzten Tage verbracht hatte. Doch als Harvey das Gespräch mit Zimmerman schilderte, in dem es darum gegangen war, wer die Autopsie durchführen sollte, hörte sich das Ganze an, als würden zwei Freunde besprechen, wie ein kaputtes Auto in der Werkstatt abzuliefern sei. An diesem Montagmorgen stieß Harvey so gegen acht die Tür zum Leichenschauhaus auf und betrat einen hell erleuchteten, grün gefliesten Raum mit Staubsaugern, Wasserschläuchen, Metallschüsseln, einer Kühlkammer, in der die Leichen in großen Schubladen aufbewahrt wurden, und einer Waage mit dem Markennamen Chatillon, auf der die herausgeschnittenen Organe gewogen wurden. Er sagt, er habe Ehrfurcht empfunden, als er sich so dem weltberühmten Wissenschaftler gegenübersah, der verlassen und verloren im fahlen Licht lag.

Harvey sagt, er habe ein Skalpell genommen und Albert Einstein mit einem Y-Schnitt geöffnet, von beiden Schlüsselbeinen aus hinab zum Bauch, die Haut habe wie Cellophan nachgegeben. Wie in Hunderten von Autopsien zuvor legte er das marmorierte Fleisch der Rippen und eine Schicht senfgelbes Fett frei. Er zog zwei schwere Hautlappen zurück, als wären es Vorhänge, nahm eine Säge in die rechte Hand und öffnete Einsteins Brustkorb. So gelangte er in das wässrige Wunderland des Körpers. Er erinnert sich, Einsteins Herz und seinen Magen befingert zu haben. Er zerrte die weißen Gedärme heraus, schnitt Herzbeutel und Lungenarterie durch und trennte Luft- und Speiseröhre.

Wie oft in Leichenschauhäusern brummten Fliegen durch den Raum, doch Harvey war so vertieft in das Innenleben von Einsteins Körper, dass er gar nichts hörte. Er fand fast drei Liter Blut in Einsteins Bauchhöhle, eine Folge des geplatzten Aneurysmas. Nach einer weiteren Untersuchung des Herzens und der Blutgefäße gelangte er zu dem Schluss, dass der Physiker, wenn er sich zu einer Operation entschlossen hätte, noch mehrere Jahre hätte leben können, obschon sich das schwer entscheiden ließ, denn wie Harvey sagte: «Einstein liebte fettes Essen.»

Während Harvey so unter den summenden Lampen arbeitete, Einsteins Leber in die Schüssel warf, das Herz betastete, fasste er einen Entschluss. Wer kann schon sagen, ob es Ehrfurcht oder Ehrvergessenheit war, Gewissenhaftigkeit oder Gewissenlosigkeit, beste Absicht oder schlechteste? Wer weiß, was einen Sterblichen überkommt, wenn er sich der strahlenden Größe eines anderen Menschen gegenübersieht und mit der Erkenntnis abfinden muss, dass ihm nie ein Fitzelchen dieser Größe zuteil werden wird?

Mit raschen Bewegungen seines Messers zog Harvey die Kopfhaut ab: Zuerst ein Schnitt unter einem Ohr, dann unter dem Hinterkopf hinüber zum anderen Ohr und mit einer kreisenden Bewegung über den Scheitel. Mit einem scharfen, trockenen Geräusch löste sich die Haut vom Knochen, wie Klebeband, das mit einem Ruck von einer Fläche gerissen wird. Ebenso verfuhr Harvey mit der Haut auf der Gesichtsseite, sodass jetzt die vanilleweiße Schädelkuppel vollkommen bloßlag. Mit einer Kreissäge durchtrennte er die Schädelknochen. Er knackte Einsteins Schädel wie eine Kokosnuss, entfernte eine Knochenplatte, zog die klebrigen Hirnhäute ab und durchtrennte alle Verbindungen wie Blutgefäße, Nervenstränge und Rückenmark.

Und da war es. Eine riesige, rohe Perle. Er griff mit den Fingern in den Kelch der Schädelhöhle und hob das glitzernde Gehirn heraus.

2

Keine Gefangenen

Als ich achtzehn war, flog ich mit meinem Kumpel Mark Paradis nach Oregon, von wo aus wir zirka dreitausend Kilometer nördlich nach Alaska trampten, weil wir in einer Stadt namens Homer eine Saison lang auf einem der Fischkutter arbeiten wollten. Es war ein großartiges Gefühl – die verlorenen Söhne, die sich anschickten, ihr Erbe einzufordern. Mark hatte die Andeutung eines Massachusetts-Akzents und war intelligenter als drei von meiner Sorte. Gegenseitig konnten wir uns fast alles einreden. Auf den Bildern, die wir unterwegs geknipst haben, sehen wir aus wie Kinder: ich mit einem doofen, schielenden Grinsen, Mark mit einem Schopf schwarzer Haare und argwöhnischem Blick. Als wir in Vancouver eintrafen, waren wir der Meinung, dass wir genügend Fahrten mit Provinzlümmeln hinter uns hatten, die Bier in sich hineinschütteten, und erstanden für 400 Dollar einen gebrauchten Kombi, mit dem wir auf dem Al-Can-Highway direkt bis zur Fourth Avenue von Anchorage fahren wollten.

Leider lasen wir die Karte falsch. Der Kombi trug uns auf einem Holzweg 40 Kilometer ins Nirgendwo und begann dann auf einem steilen Anstieg rückwärts zu rollen. «40 Dollar pro Kilometer», sagte Mark und starrte leeren Blicks durch die Windschutzscheibe, als wir auf dem Seitenstreifen zum Halten kamen. Wütend nickte ich. Wir saßen so tief in der Tinte, dass wir noch nicht mal mit den Zahlen klarkamen. Mehrere Nächte hockten wir am Feuer und warteten darauf, dass ein Auto vorbeikam. Die Cracker gingen zu Ende, die Mücken tanzten, und obwohl wir schließlich doch noch nach Alaska kamen (per Anhalter natürlich), sind diese kurzen, aber glorreichen vierzig Meilen meine schönste Erinnerung. Ich weiß noch genau, wie wir vom Platz des Gebrauchtwarenhändlers herunterfuhren, ihm zuwinkten, das ganz neue Gefühl genossen, uns aus eigener Kraft vorwärts zu bewegen, und an der Küste beschleunigten, auf einer Straße, die eine Zeit lang am Wasser entlangführte. Wir johlten und grölten und schlugen uns gegenseitig auf die Schulter. Wir hatten die Fenster runtergedreht, und zu unserer Linken glitzerte das Meer wie ein frisch geschliffener Edelstein. Zur Rechten erhoben sich die Berge über unseren Schultern. Nie war ich glücklicher.

Fünf Jahre später war ich dreiundzwanzig und wollte dieses Gefühl noch einmal spüren. Ich kündigte meinen Job in der Madison Avenue, wo ich meine Zeit damit verbracht hatte, die Tiefen der menschlichen Seele zu ergründen, um festzustellen, ob sich jemand an einen Werbespruch erinnerte, der zum Verkauf kleiner Schokoriegel mit knackigen Mandeln bestimmt war. Mein erster Akt der Befreiung bestand darin, dass ich mit einem Freund namens Bill Mentzer in seinem braunen Alfa Romeo Cabrio quer durchs Land fuhr. Es war Ende November und kalt, und Mentz, ein kraushaariges, jungenhaftes Sprachgenie, wollte nach einem Gastspiel in Manhattan zurück nach Hause, nach Marin County. Er hatte eine leidenschaftliche Liebesbeziehung zu seinem Auto – wie das so geht mit diesen temperamentvollen südländischen Schönheiten, die man auf einem vierzehntägigen Urlaub kennen lernt – und mutete ihm nicht mehr als neunzig zu. So trudelten wir auf der rechten Spur durchs ganze Land, während hinter uns Omis drängelten.

Obwohl unser Wohlbefinden von jedem Muckser und Hopser des Fahrzeugs abhing – und es gab deren reichlich –, brachte jeder Tag auch neue mystische Erlebnisse, wie sie jeder kennt, der schon mal von Küste zu Küste gefahren ist: Chicago, das aus dem Mittleren Westen auftaucht wie ein Büschel riesiger, metallener Maishalme, die ungeheuren, Ehrfurcht gebietenden Great Plains, die hinter St. Louis beginnen, und dann Denver, das sich vor den Rockies aus rosigem Dunst schält. In einem Diner mitten im Nirgendwo stießen wir auf eine Serviererin, die so schön war, dass wir erst unseren ganzen Mut zusammennehmen mussten, um zu bestellen, während in einer verwunschenen Bar in Flagstaff um Mitternacht ein Wasserrohr brach und eine Stichflamme aus dem Kamin schoss, sodass alle Anwesenden auf die Straße flüchteten, der Barkeeper eingeschlossen. Unterwegs pennten wir bei Freunden oder in billigen Motels, schütteten abends das kalte Bier hinunter wie zwei altgediente Trucker, schauten uns Talkshows im Nachtprogramm an, klappten, als wir nach Kalifornien kamen, das Verdeck herunter und heulten wie zwei nackte Hippies den Mond an.

Wie ich rückblickend erkenne, war eines der Grundthemen meines frühen Lebens die Angewohnheit, mich gleichzeitig vorwärts und rückwärts zu projizieren und den gegenwärtigen Augenblick zu negieren – ein Perspektivenwechsel von beängstigender Häufigkeit. Als Meister der Unbeständigkeit fand ich ebenso rasch Gefallen, wie ich die Lust verlor, an bestimmten Ideen und bestimmten Rockbands und bestimmten Freundinnen, die am Ende froh gewesen sein dürften, wenn ich wieder Leine zog. Ich wusste keinen rechten Namen für mein Verlangen, und doch war es da und trieb mich fort von dem Ort, wo ich mich gerade befand.

Mütterlicherseits stamme ich aus einem schottisch-irischen Clan, der seit fünf Generationen in der nördlichsten

Region New Yorks ansässig ist. Eine Ururgroßmutter, eine Katholikin, die in eine protestantische Familie eingeheiratet hatte, fühlte sich so bedrängt von ihrer Schuld, ihrem Gott und ihrer angeheirateten Verwandtschaft, dass sie sich und ihr Baby in einer Zisterne ertränkte. Nachdem ein Großonkel, ein braver, freundlicher Mann, den ganzen Tag lang Heu gebündelt hatte, trank er ein Glas Milch, aß Kirschen und fiel tot um. Meine Cousine Cindy, die etwa in meinem Alter wäre, ertrank mit fünf zur Winterszeit in einem Bach. Mein Onkel Spencer, Cindys Vater, kam später bei einem grausigen Unfall ums Leben, als sein Trecker plötzlich nach hinten kippte und auf ihm landete. Er war zweiundvierzig.

Und doch habe ich mich im North Country immer zu Hause gefühlt, in diesem Land jenseits der Adirondacks, in dieser Familie von Eremiten und Landwirten und plappernden Lehrern. Niemand in meiner Familie stellte mein Verlangen infrage, mochte es auch noch so unausgegoren und verschwommen sein, weil es zum Teil ihr eigenes Verlangen war: das Bedürfnis, unabhängig und frei zu sein um jeden Preis. An manchen Wochenenden verschwand mein Großvater einfach im Stall und bastelte dort die ganze Zeit herum. Viele Jahre lang dachte ich, das wäre auch meine Bestimmung: Wochenenden im Stall. Und ein Leben, das von den Jahreszeiten bestimmt wird – im Sommer der Mais, im Herbst die Äpfel, im Winter die kahlen Felder und im Frühjahr eine Explosion von Stallkatzen und Kühen. Eine idyllische Vorstellung, bis auf einen Punkt: Wo waren all die Menschen?

Und wo war *der eine* Mensch? Wenn ich richtig darüber nachdachte und wenn ich alle durchging, die auch nur entfernt an mir interessiert waren, fragte ich mich, wie ich jemals jemanden finden sollte, mit dem ich glücklich werden könnte.

Sara lernte ich am Telefon kennen. Ich war im Magisterstudium an der University of Michigan, und der Leiter des Creative-Writing-Programms bat mich, mit ihr zu reden und sie zum Kommen zu überreden. Als ich kurz vor zwölf mittags anrief, weckte ich sie. Sie sagte, das klinge wahrscheinlich merkwürdig, aber sie sei im letzten Semester auf einem geisteswissenschaftlichen College, einem Liberal-Arts-College, und das Einzige, was in dieser Wortkonstellation zähle, sei liberal – frei –, frei für Party und Spaß. Gerade hatte sie sich mit vier Freundinnen ein Fischmotiv auf den Knöchel tätowieren lassen. Wir sprachen über viele Dinge, obwohl ich nicht mehr weiß, worüber. Nur an ihr Lachen erinnere ich mich, leise und etwas heiser.

Als sie im letzten Herbst in Ann Arbor ankam, sprachen wir kaum miteinander. Ich weiß nicht, was es war, Scheu oder Studium, Zurückhaltung oder vielleicht auch das unbewusste Gefühl, dass wir noch Zeit genug haben würden. Es war keineswegs so, dass ich sie nicht zur Kenntnis nahm. Ich wusste, dass sie joggte und Mountainbike fuhr, dass sie lange Arme und Finger hatte und dass ihre Schultern kräftig waren von jahrelangem Rudertraining. Sie hatte grüne Augen und rötliche Haare, die ihr in dicken Strähnen über die Schultern fielen, einen hübschen Mund mit hübschen Lippen, eine Narbe unter dem Kinn und manchmal, wenn sie mit ihren Freunden zusammen war, ein hemmungsloses, prustendes Lachen, das alles an ihr zu verändern und sie ein Stück vom Boden zu heben schien. Und sie hatte einen Freund. Wenn er bei Lesungen eingeladener Autoren zu spät kam, setzten sie sich eng zusammen und küssten sich. Kam er gar nicht, machte sie es sich bequem und legte die Beine auf den Sitz vor sich.

Irgendwann im Spätwinter ihres zweiten Jahrs in Ann Arbor trafen wir uns auf einer Party. Während sich drinnen alles mit Scharaden amüsierte, liefen wir zu viert in den Schneesturm hinaus und ließen unsere Schneebälle zwischen den dichten Flocken fliegen. Zunächst fiel es mir gar nicht auf, doch dann trafen mich die Schneebälle immer häufiger am Hinterkopf ... Sara! Vielleicht eine halbe Stunde lang bekriegten wir uns heftig, dann hob ich die Hände, um mich zu ergeben, und sah sie im dichten Schneefall vor mir stehen: ein unbändiges Energiebündel, Strähnen nasser Haare über den Augenbrauen und ein mörderisches Funkeln in den Augen. «Gefangene werden nicht gemacht!», schrie sie und pfefferte mir einen weiteren Schneeball genau auf die Stirn. Dann stürzten wir uns wieder in den Kampf, bis wir zu erschöpft waren, um die Arme zu heben.

Da wusste ich, dass es um mich geschehen war.

Wir wurden zu einem untrennbaren Wettersystem. Wir trugen Pullover aus Billigläden, tranken spätnachts Bourbon und spielten Gin Rummy mit der Besessenheit von alten Damen. Sie schnitt mir die Haare, ich wechselte das Öl ihres Autos. Als wir unseren Magister machten, waren wir beide pleite. Es war keine Frage, dass wir zusammenbleiben wollten, und so zogen wir durchs Land, von einer Stellung zur anderen – Ohio, Kentucky, Illinois, New Mexico. Zunächst hatten wir nur einen Futon, doch bei Haushaltsauflösungen erstanden wir nach und nach Sofas, Geschirrschränke und Bücherregale. Wir arbeiteten in undankbaren, schlecht bezahlten Stellungen – ich als Redakteur, Sara schrieb Skripts für Industrievideos über Müllpressen. Und doch, wenn wir frei hatten, wenn wir uns an einem Freitagabend amüsierten, egal, wo wir gerade lebten, dann gab es nicht den geringsten Zweifel daran, dass wir ein Paar waren und das Glück gepachtet hatten.

In unserem zweiten Sommer – ich war achtundzwanzig und sie fünfundzwanzig – machten wir uns in meinem Pick-up auf den Weg, vielleicht mit der leisen Befürchtung, der andere stelle sich vor, einer von uns könnte auf der Interstate 94 einfach verschwinden. Wir fuhren so weit, wie es ging, bereiteten unsere Mahlzeiten mit einem Spirituskocher auf der Ladeklappe des Wagens, auf Raststellen und in Nationalparks in North Dakota, Montana und Idaho, zelteten und wanderten, folgten Straßen, die nirgendwo hinführten, und fuhren sie wieder zurück, bevor uns irgendwo in British Columbia die Zeit einholte und wir vor Anbruch des Herbstes wieder nach Hause fuhren. Obwohl ich mich an die Einzelheiten der Reise nicht mehr erinnere – kamen wir bis Wyoming, war es in Omaha, wo wir diese Alpacahüte kauften, unser einziges Reisesouvenir? –, weiß ich noch genau, wie sie im Licht der Landschaft an der Beifahrertür lehnte und mir Geschichten erzählte. Sie und ihre Geschichten – das alles wurde so real wie die gute Erde von Iowa, und ich fragte mich, ob ich am Anfang meiner Zukunft angelangt war.

Wenn ich an diese letzte Reise zurückdenke, wird mir jetzt klar, dass alle meine Fahrten quer durch den Kontinent in Fünf-Jahres-Abständen stattfanden, als liege ihnen ein kosmischer Plan zugrunde. Und doch waren sie alle eine Reaktion auf eine tiefe, unergründliche und unsichtbare Kraft, die es darauf anlegte, einen meiner Lebensentwürfe zunichte zu machen, zu verändern oder zu bestätigen. Sie waren Markierungs- und Wendepunkte. Jedes Mal sah Amerika auch anders aus für mich, als würde ich dadurch, dass ich aus mir heraus- und in dieses Land hineinging, das Wunderreich Oz betreten.

In den Monaten, bevor ich Dr. Harvey traf, hatte ich ein absolutes Tief. Sara und ich waren seit fünf Jahren zusammen und sahen uns zunehmend von Leuten umgeben, die nach Yuppie-Bürgerlichkeit strebten: Heirat, Häuser, gute

Gehälter. Obwohl wir uns mit allen Kräften gegen die Yuppie-Bürgerlichkeit sträubten, schienen auch wir allmählich auf diese Schiene zu geraten. Trotzdem hielten wir noch an einigen unserer Ideen fest. Sara träumte davon, den Süden der Antarktis zu sehen, mit den langen Streifen elektrischen Lichts, die während der sechsmonatigen Polarnacht über McMurdo Station spielten. Und ich sah mich durch ferne Dschungel stapfen und nach untergegangenen Kulturen suchen. Wenn wir mal übers Heiraten und Kinder sprachen, fiel uns alles wieder ein, was wir noch nicht getan, die Orte, die wir noch nicht gesehen, die Menschen, die wir noch nicht kennen gelernt hatten.

Plötzlich verwirrt und voller Misstrauen gegeneinander, wussten wir nicht mehr, was wir wollten, gaben unser bisheriges Leben einfach auf, packten unsere Habseligkeiten zusammen und zogen wieder gen Osten, nach Maine, um näher an Familie und Freunden zu sein. Wir landeten mitten im Niemandsland, an der Grenze zu New Hampshire, wo man noch nicht einmal genügend Leute zu einem Streetball-Spiel zusammenbekommt. Wir waren noch nicht richtig eingerichtet, da begab sich Sara, die gerade einen Vertrag für ein Buch unterschrieben hatte, auf eine Reise durchs Land – und dann durch die ganze Welt, woraufhin sie eine noch weit größere Anzahl von Monaten damit zubrachte, über diese Reisen zu schreiben. Es gab unerwartete Fristen und Engpässe, und so arbeitete sie pausenlos, Tag um Tag, bis ihr ganzer Körper schmerzte: der Rücken, die Handgelenke, der Kopf. Als ihre Augen zu zucken anfingen, verschrieb ihr der Arzt eine Omibrille, à la Hillary Clinton in Wellesly, die sie nur aufsetzte, wenn ich schlief, aber manchmal schlich ich mich hoch in den Loft, in dem sie arbeitete, wo sie wie in Trance saß. Die Brille auf den Nasenrücken gedrückt, sodass sich die Wörter des Computers darin spiegelten, während die Lippen sich im Sog der Formulierungen leise bewegten. «Ich fühle mich um zwanzig Jahre gealtert», sagte sie, obwohl ihr noch ein Jahr an der dreißig fehlte. «Wo ist meine Jugend geblieben?»

Was sollte ich sagen? Ich war ein Musterexemplar an Nutzlosigkeit. Plötzlich war ich zum Vorstandsvorsitzenden eines Riesenunternehmens avanciert, das aus mir und unserem Hund bestand. Trout, ein niedlicher, hagerer Labradormischling, schien genauso viel Zeit zu haben wie ich. Da uns der Vorschuss für Saras Buch einige Monate über Wasser hielt, nahm ich mir etwas Zeit, mich mit meinen Zukunftsaussichten auseinander zu setzen, die im Grunde gleich null waren. Ich richtete mir ein behelfsmäßiges Büro im Keller ein und verbrachte meine Tage mit Lesen und in den nahen Bergen, die ich in Begleitung von Trout durchstreifte. Wenn ich nach Hause kam, stapelte ich Holz auf oder ging ähnlichen Beschäftigungen nach, um bis zum Dinner beschäftigt auszusehen. Tatsächlich war ich in eine Sackgasse geraten. War es das, worauf das Leben hinauslief: ein Mann und sein Hund?

Während dieser Monate besuchte ich Dr. Harvey einoder zweimal. Einmal, in einer Sushi-Bar, sprach Harvey vage davon, dass er sich um irgendein Geschäft «im Westen» kümmern müsse. Bevor er Kansas verließ, hatte er einen kleinen Unfall mit Blechschaden, deswegen musste er sich mit den Versicherungsleuten treffen. Außerdem, sagte er, hoffe er, bis Kalifornien zu kommen, wo er einige Neuroanatomen aufsuchen wolle, die Stücke von Einsteins Gehirn untersucht hätten. Vor allem aber müsse er Evelyn Einstein treffen, Alberts Enkelin, die in Berkeley lebe. Obwohl er letzteren Wunsche nicht näher erläuterte, nahm ich an, dass er noch zu Lebzeiten sein Verhältnis zur Familie Einstein ins Reine bringen wollte. Vielleicht hatte er auch den Wunsch, das Gehirn, bevor er endgültig ans Haus gefesselt war, der nächsten Verwandten auszuhändigen.

Er erzählte diese Dinge ganz nebenbei, aber ich ließ mir kein Wort entgehen. Es war schon Zeit zum Aufbrechen, und ich dachte an die Fahrzeit und den Verkehr auf dem Weg zurück nach Maine, als ich plötzlich herausplatzte mit dem Vorschlag: «Ich könnte Sie fahren.» Das überraschte sogar mich.

Harvey betrachtete den Berg Wasabi auf seinem Teller mit einem seltsamen Gesichtsausdruck. Einmal klopfte er mit seinen Essstäbchen, wurde dann aber so still, dass mir plötzlich bewusst wurde, wie unpassend meine Voreiligkeit gewesen war. Ich hatte eine Grenze überschritten, ein Maß an Nähe und Vertrautheit vorgeschlagen, das dem alten Arzt möglicherweise viel zu weit ging. Und was war mit Sara? Was würde sie sagen?

«Tjaa-nun», sagte er. «Warum eigentlich nicht?» Das war weiß Gott nicht die Antwort, die ich erwartet hatte. Beflügelt vom permanenten Harfengeklimper und einer ordentlichen Portion Tekka-Maki waren wir irgendwie zu dem Entschluss gelangt, dass Harvey und Einsteins Gehirn nach Kalifornien reisen würden und dass ausgerechnet ich, dem jede Richtung abhanden gekommen war, sie dorthin kutschieren würde.

3

Die Ein-Penny-Magenta

Auf Fotografien, die Einstein gegen Ende seines Lebens zeigen, sieht man ihn in einem Schaukelstuhl auf der Veranda, die Pfeife im Mund und den Terrier Chico zu seinen Füßen, während er mit einem Gast scherzt. Er sieht aus, wie er fast immer auf solchen Bildern aussieht, wohl wollend, höflich und leicht amüsiert. Als wäre er ein alter Mann in einem zu groß geratenen kindlichen Körper, der zu rasch aus seinen Kleidern herausgewachsen ist und trotzdem noch diese unbekümmerte Leichtigkeit hat, diese Heiterkeit und Verschmitztheit in den Lachfältchen um seine Augen.

Diese Fröhlichkeit seines Erscheinungsbildes ist schwer mit dem Elend seines Privatlebens in Einklang zu bringen, vor allem, was seine Familie angeht. 1897 begegnete er am Eidgenössischen Polytechnikum in Zürich seiner ersten Frau und verliebte sich in sie. Es war die Kommilitonin Mileva Maric, die etwas hinkte und mit der er die Leidenschaft für Kaffee und Würstchen teilte. In seinen ersten Briefen findet er gar nicht genug Kosenamen – meine liebe Kleine, mein Kätzchen, geliebte Hexe – und Liebesbeteuerungen: «Ohne den Gedanken an dich», schrieb er ihr 1900 mit einundzwanzig Jahren, «möchte ich gar nicht mehr leben im traurigen Menschengewühl.»

Sie studierten zusammen und teilten die Liebe zur Musik. Sie wurden Freunde und schließlich ein Liebespaar. Als ein

Kommilitone Einstein auf Milevas Hinken ansprach und gestand, dass er niemals einen Krüppel heiraten könnte, soll Einstein geantwortet haben: «Warum nicht? Sie hat eine liebe Stimme.» Doch ihre Trennung begann schon früh, denn als sie offiziell noch als Paar galten, war er ihr schon sehr fern – in jeder Hinsicht. Über lange Zeiträume lebten sie getrennt. Und zu seinen Kindern fand er nie eine richtige Beziehung, weil alles, was für ihn jemals zählte, seine Arbeit war. Nach der Geburt der Tochter Lieserl, die offenbar zur Adoption freigegeben wurde, bevor das Paar heiratete, und dann zweier Söhne – Hans Albert, der Wasserbauingenieur wurde, und Eduard, der wegen Schizophrenie in einer Anstalt lebte – warb Einstein schon bald um seine zweite Frau, seine Cousine Elsa. In einem Brief aus dem Jahr 1913, mehr als fünf Jahre bevor seine Trennung von Mileva offiziell wurde, schrieb er: «Andererseits behandle ich meine Frau wie eine Angestellte, der ich allerdings nicht kündigen kann. Ich habe mein eigenes Schlafzimmer und vermeide es, mit ihr allein zu sein ... Ich bin durchaus mein eigener Herr und, wenn du dich mir nicht anschließen wirst, auch meine eigene – Frau.»

Bei Elsa, einer Frau, die sich nie mit der Wissenschaft ihres Mannes abgab und keinen Anspruch auf geistige Gleichwertigkeit erhob, wiederholte sich das Muster. Nach einiger Zeit stellte sich zwischen ihnen ein Zustand sexloser Lieblosigkeit ein, und schon bald umgab sich der Wissenschaftler mit schönen Frauen – wie «ein Magnet Eisenspäne anzieht», so ein Freund. Wieder hatte er ein eigenes Schlafzimmer, und wieder schien sich die Rolle seiner Frau auf die einer Hausangestellten zu beschränken, allerdings einer Angestellten, die ihn auf Auslandsreisen und zu Filmpremieren begleiten durfte. «Sprich von dir und mir», wies er sie an, «aber niemals von ‹uns›.»

In späteren Jahren zeigte er sich ziemlich verbittert gegenüber Frauen und hegte grundsätzliche Zweifel am Begriff der Liebe. Noch entschiedener äußerte er sich über die Idee einer lebenslangen Bindung. «Die Ehe ist der erfolglose Versuch, einen Zufall zu etwas Dauerhaftem zu machen», meinte er zu Otto Nathan, dem Freund und späteren Nachlassverwalter.

Doch Einstein fühlte sich nicht nur zu Hause eingeengt, sondern sah sich auch erheblichem öffentlichem Druck ausgesetzt. Wie in Deutschland wurde Einstein auch in Amerika zur öffentlichen Zielscheibe: Für Frömmler und katholische Bischöfe, die fanden, dass seine Theorien über den Ursprung des Universums Angriffe gegen Gott darstellten, postulierte er doch ein Universum, in dem selbst die Moral relativ war; für Antisemiten, die den Gedanken unerträglich fanden, dass ein Jude wie Einstein ein solcher Superstar war; für eine amerikanische Frauenliga, die 1932 gegen Einsteins Besuch in den USA protestierte, weil sie ihn für einen Kommunisten hielt. «Noch nie habe ich», schrieb Einstein, «von Seiten des schönen Geschlechtes so energische Ablehnung gegen jede Annäherung gefunden; sollte es doch einmal der Fall gewesen sein, dann sicher nicht von so vielen auf einmal.» Vor allem aber für die amerikanische Regierung.

Aus den FBI-Akten über die zweiundzwanzig Jahre, die Einstein in den USA gelebt hat, geht hervor, dass sich eine Heerschar von Spitzeln der Bundesbehörde an seine Fersen heftete, um in den vierziger und fünfziger Jahren absurden Anschuldigungen nachzugehen, die gegen ihn erhoben wurden. So berichteten Agenten, der große Wissenschaftler baue Roboter, die die Gedanken der höchsten US-Militärs lesen könnten, habe sich mit der Hollywood-Schickeria verschworen, um die amerikanische Regierung zu stürzen, oder arbeite als Geheimagent für Josef Stalin und beabsichtige, sich in die Sowjetunion abzusetzen.

In einem FBI-Memo an H. B. Fletcher gab Agent V. P. Keay Informationen weiter, die er aus Zeitungsartikeln hatte: «Im Mai 1948 hielten Professor Einstein und ‹zehn ehemalige Nazi-Wissenschaftler› ein geheimes Treffen ab, bei dem sie Asbestanzüge trugen ...» Dann hätten die Männer einen Lichtstrahl beobachtet, der aus einer Laserkanone abgefeuert worden sei und einen Stahlblock zum Schmelzen gebracht habe. «Diese neue Geheimwaffe», schrieb der FBI-Agent, «könnte vom Flugzeug zum Einsatz gebracht werden und ganze Städte zerstören.» Im Vergleich dazu wäre eine Atombombe ein «Kinderspielzeug». Empört teilte J. Edgar Hoover daraufhin der Militärführung mit, er lasse prüfen, ob es möglich sei, Albert Einstein «die Staatsbürgerschaft wieder abzuerkennen».

In der Rückschau erscheint die ganze Episode natürlich völlig absurd. Doch im Zuge der kommunistischen Hexenjagd Mitte des Jahrhunderts war der Eifer vom FBI, Einstein als Verräter zu entlarven, so groß, dass sich die Berichte der Agenten von Newark bis Tucson und Los Angeles gegenseitig an Absurdität überboten. Und doch, in der überhitzten Atmosphäre, die den Physiker so häufig umgab, bekamen alle Behauptungen, und mochten sie noch so übertrieben oder erfunden sein, einen Anschein von Glaubwürdigkeit. Das, was man an dem Genie am meisten fürchtete, war unsichtbar: sein übermenschlicher Intellekt. Schon damals wollte die Regierung sein Gehirn kontrollieren.

An einem kalten Wintertag während einer meiner ersten Besuche bei Dr. Harvey fuhren wir durch Princeton und machten die übliche Pilgerfahrt zur Mercer Street 112, dem Haus, in dem Einstein die letzten zwanzig Jahre seines Lebens verbracht hatte. Wir saßen eine Zeit lang bei laufendem Motor im Auto, und während die Heizung warme Luft in den Innenraum blies, betrachteten wir das bescheidene Holzhaus im Kolonialstil mit seinen schwarzen Fensterläden, das inmitten ganz ähnlicher Häuser steht. Einstein sagte, er schätze das Gebäude vor allem wegen des Lichts in den oberen Räumen und wegen der Gärten, auf die die rückwärtigen Fenster blickten. In seinem Arbeitszimmer hingen Bilder von Michelangelo und Schopenhauer, weil sich die beiden, wie er sagte, der trostlosen Eintönigkeit des Alltags entzogen und Zuflucht gesucht hätten «in einer Welt voller selbst geschaffener Vorstellungen».

Während wir so im Auto saßen, berichtete Thomas Harvey, dass sich Einsteins Familie hier nach dem Tod des Wissenschaftlers versammelt hatte, dass sein Sohn Hans Albert, Einsteins langjährige Assistentin Helen Durkas und sein Nachlassverwalter Otto Nathan sowie eine kleine Gruppe nahe stehender Freunde an einen geheim gehaltenen Ort am Delaware River fuhren und Albert Einsteins Asche ins Wasser streuten. Das war es.

Natürlich kam es sofort zu einer Kontroverse über die Entfernung von Einsteins Gehirn. Harveys einstiger Lehrer Zimmerman hatte erklärt, Harvey habe Einsteins Gehirn und er, Zimmerman, rechne damit, es von seinem ehemaligen Studenten zu erhalten. Als dies einen Tag nach Einsteins Tod in der *New York Times* berichtet wurde, war Hans Albert, der von der ganzen Sache nichts wusste, äußerst bestürzt. Auch Otto Nathan brachte Bedauern und Empörung zum Ausdruck und ließ später durchblicken, dass er Harvey für einen schamlosen Dieb halte. Doch laut Harvey hat Nathan, der 1984 starb, während der gesamten Autopsie an der Tür des Leichenschauhauses gestanden und die Vorgänge beobachtet. (Nathan behauptete später, er habe nicht gewusst, was Harvey im Schilde führte.)

Inzwischen gab Harvey in einer Pressekonferenz bekannt,

er habe vor, das Gehirn einer medizinischen Untersuchung zu unterziehen. Er sagt, er habe mit Hans Albert am Telefon gesprochen und ihm versichert, das Gehirn werde nur für wissenschaftliche Zwecke genutzt, womit er Einsteins Familie von der schlimmsten Angst befreite, dass nämlich das Gehirn zu einem Kultobjekt der Popkultur werden könnte. «Mir tut nur Leid, dass ich nicht hierher in die Mercer Street gefahren bin und persönlich mit Hans Albert gesprochen habe», meinte Harvey damals zu mir. «Um die Angelegenheit zu klären, bevor sie uns allen aus den Händen glitt.»

Doch das war längst geschehen. Zimmerman, der damals am New Yorker Montefiore Medical Center war, bereitete sich auf die Übergabe von Einsteins Gehirn vor, aber die fand nie statt. Zunächst erstaunt, dann pikiert und ärgerlich, fand Zimmerman heraus, dass das Princeton Hospital, das damals von einem gewissen John Kauffman geleitet wurde, beschlossen hatte, das Gehirn nicht herauszurücken. «Krankenhäuser streiten um Einsteins Gehirn», lautete eine Schlagzeile im Jahr 1955; im dazugehörigen Artikel hieß es, das Gehirn stehe «im Mittelpunkt eines Rechtsstreits», in dem das Princeton Hospital sein Recht verteidigte wie ein Revolvermann alter Schule und erklärte: «Das Gehirn nimmt uns niemand weg.»

Doch einige Jahre nach der Autopsie wurde Harvey entlassen, angeblich, weil er sich weigerte, Kauffman Einsteins Gehirn zu überlassen. Tatsächlich hatte Harvey das Gehirn selbst behalten, nicht im Krankenhaus, sondern zu Hause, und als er Princeton verließ, nahm er es einfach mit. Jahre vergingen. Es gab keine Untersuchungen oder Ergebnisse. Gegen Harvey wurden auch keine juristischen Schritte eingeleitet, da es keinen Präzedenzfall für die Einbehaltung eines Gehirns unter den gegebenen Umständen gab. Und dann verschwand Harvey in der Versenkung. In sporadischen Interviews – in Artikeln regionaler Tageszeitungen 1956, 1979 und 1988 – wiederholte er stets, er brauche noch etwa «ein Jahr, um die Untersuchung des Gehirns abzuschließen».

Doch nach vierzig Jahren liegt immer noch keine Untersuchung vor. Angesichts seiner wässrigen blauen Augen, seines leichten Humpelns, jener undefinierbaren ehrwürdig-gebeugten Aura von Rechtschaffenheit, die das Alter umgibt, war ich allerdings instinktiv auf seiner Seite und konnte ihm die entscheidenden Fragen nicht stellen: Ist er ein Grabräuber oder Rebell? Ein Hochstapler oder Heiliger? Was ist dran an den Gerüchten, er habe vor, Einsteins Gehirn für einen nicht näher bekannten Millionbetrag an Michael Jackson zu verkaufen – oder habe schon ein anderes Angebot von privater Seite in Höhe von drei Millionen Dollar akzeptiert? Fühlt er sich im Unrecht oder im Recht? Wenn das Gehirn wirklich das ultimative Fabergé-Ei, der Hope-Diamant, die Cantino-Karte, die One-Penny-Magenta ist, wie sieht es dann aus? Wie fühlt es sich an? Wie riecht es? Spricht er mit ihm, wie man mit seinen Pudeln oder Topfpflanzen spricht?

Bei meinem dritten oder vierten Besuch nahm ich mir ein Herz und fragte ihn, ob ich das viel beschworene Gehirn einmal sehen könnte. Dr. Harvey verhielt sich etwas ausweichend und hoffte vielleicht, ich würde die Frage vergessen. Doch schließlich ließ er sich erweichen und brachte mich an einen Ort, vielleicht fünfzehn Kilometer von seiner Wohnung entfernt, und forderte mich nachdrücklich auf, ihn geheim zu halten. In einem dämmrigen Zimmer ließ er mich auf einer Couch Platz nehmen und verschwand. Es war warm dort, und ich schwitzte in meiner Jagdjacke aus Wolle. Doch Harvey hatte mich daran gehindert, sie auszuziehen: Wir würden nicht lange bleiben. Ich hörte ihn eine Treppe hoch- und runterschlurfen und sich dann mit einem schweren Gegenstand abmühen. Er keuchte und machte ein merkwürdiges Geräusch, das mir später vertraut werden sollte: ein leichtes Schmatzen mit Gaumen und Lippen. Auch einer von Harveys Söhnen war da – aus Harveys erster Ehe –, ein gut aussehender, höflicher und durchtrainiert wirkender Mann von ungefähr vierzig, dessen Anwesenheit mich offenbar davon abhalten sollte, auf dumme Gedanken zu kommen. Er hielt sich still im Hintergrund, beobachtete uns und wirkte ein bisschen gelangweilt. Es war nicht das erste Mal.

Endlich tauchte Harvey wieder aus der Dunkelheit auf und trug einen großen Karton. Er setzte ihn ab und holte nacheinander zwei große Bonbongläser heraus, in denen auf den ersten Blick Hühnchenstücke in goldgelber Brühe zu schwimmen schienen: Einsteins Gehirn, in Teile zerschnitten, die in der Größe von einem Truthahnhals bis zu einem Zehncentstück reichten. Ein kleines wirbelndes Universum: Galaxien, Sonnen und Planeten. Es schien zu leuchten. Gebannt stand der alte Mann darüber gebeugt und nickte. In seinem Gesicht war eine plötzliche Nacktheit, ein Ausdruck der Ehrfurcht, der Seele, die sich auf der Oberfläche des Körpers manifestiert.

Und dann blickte er mich an und sah, dass ich ihn sah. Vielleicht bemerkte er meine Faszination, vielleicht war er auch wütend auf sich, dass er so viel offenbart hatte; schließlich war Dr. Thomas Harvey während dieser letzten Jahrzehnte fast unsichtbar für die Welt gewesen. Im Augenblick stellte er die Bonbongläser wieder in den Karton, schlurfte aus dem Raum und ließ uns nur eine Art Vision zurück. Helle Lichtphänomene. Das unheimliche Nachbeben einer Erscheinung.

Als er zurückkam, schien er ein bisschen verlegen zu sein. «Tjaa-nun», meinte er mit einem nervösen Lachen, «es war zweifellos ein wunderbares Exemplar.» Mehr sagte er nicht.

4

Aufbruch zu dritt

An dem Tag, als ich aufbrach, um mit Dr. Harvey das Land zu durchqueren, fuhr mich Sara zum Bus in Portland. Es schneite aus einem grauen Himmel. Wir nahmen nicht richtig Abschied, sondern standen einfach eine Weile auf dem Bürgersteig und umarmten uns dann. Zwischen uns war meine Jagdjacke und die dicke Schicht ihrer Pullover, sodass ich sie nicht mehr spürte. Sie ging zurück zu ihrem Buch, und ich ging … nun, ich wusste nicht genau, wohin ich ging. Jedenfalls ging ich. Es war Februar, es schneite, ihre Ohren waren rot, und Trout leckte wie besessen am Eis. Ich kann nicht mit Sicherheit sagen, ob sie wollte, dass ich zurückkam. Oder ob ich wusste, dass ich zurückkommen würde.

Manchmal offenbaren Augenblicke wie dieser ihre Bedeutung nicht, während man sie erlebt. Erst später, im Rückblick, erweisen sie sich als die Grenzlinie zwischen dem Menschen, der du warst, und dem, der du geworden bist. Obwohl es keine Worte gibt, um zu beschreiben, was du zu diesem Zeitpunkt empfindest, weißt du erst, was wirklich zählt, wenn du an einer Straßenecke vor einem wartenden Bus gestanden, dich von jemanden getrennt und den Bus bestiegen hast, um eine Reise mit einem Mann zu beginnen, der Einsteins Gehirn hat. Wenn du durch das Busfenster beobachtet hast, wie sie in das Auto gestiegen ist, das euch beiden gehört, in das Auto mit den Hundeschnauzenabdrücken an der Innenseite der Windschutzscheibe, und sie in Verkennung der Sachlage die Scheibenwischer angestellt hat – und wenn du dann zugesehen hast, wie sie sich in den Verkehr eingefädelt hat und die Rücklichter langsam verschwammen, während der Bus sich unaufhaltsam von der Stelle entfernt, wo sie zuletzt gestanden hat. Nein, das Seltsame ist, dass du nicht sagen kannst, was du in dem Sekundenbruchteil empfunden hast, als du es empfunden hast – wie das alles verändert hat, was danach kam –, bis die Zukunft dich wieder zu diesem Augenblick zurückführt.

Der Februartag verlor sein Grau nicht mehr, schien kein Erbarmen zu kennen. Ich versuchte, nicht an die Zukunft zu denken, sondern meine Gedanken ganz auf die Gegenwart zu richten. Im Bus war es warm, und doch war mir immer noch kalt. Auf einem Nebensitz saß eine blasse, verhärmte Frau mit einem trockenen, kurzen Husten, sie war wahrscheinlich ungefähr in meinem Alter, sah aber Jahrzehnte älter aus. Allerdings hatte sie immer noch schöne Augen – groß und scheu und blau –, und ich fragte mich, was für ein Schicksal sie in diesen Bus geführt hatte – und wohin sie fuhr. Und der Bursche, der ein Spinnennetz-Tattoo im Nacken und trotz der Kälte nur ein T-Shirt trug. Und die alte Frau auf dem Vordersitz, die ihre Handtasche umklammerte, als wäre sie unter Bettlern und Dieben in Harare. Man konnte ihr Leben auf ihren Gesichtern ablesen: Alle sahen sie besorgt und ängstlich aus. Ich auch?

Auf der South Station in Boston holte ich mir zwei Doughnuts, einige Zeitungen und ging zu den Zügen. Ich hatte vor, nach Connecticut zu fahren, bei meinen Eltern zu übernachten, ein Auto zu mieten und am nächsten Morgen nach Princeton zu fahren, um Dr. Harvey und das Gehirn abzuholen. Ich trug verblichene Cargopants, meine karierte Jagdjacke und abgetragene Arbeitsstiefel. Eine einzige Tasche hatte ich für die Reise gepackt: eine Jeans, zwei Flanellhemden, T-Shirts, Shorts für warmes Wetter, Unterwäsche und Socken. Wäre da nicht der Stoß Bücher gewesen und die kurzlebige Sauberkeit meiner Habseligkeiten, hätte ich alles in ein Tuch packen, an das Ende eines Stocks binden können und einen perfekten Hobo abgegeben.

Der Zug war eine Wohltat. Es machte mich schon glücklich, auf den Bahnsteig zu gehen, das Stampfen und Zischen der Lokomotiven zu hören und mit den Blicken den Silberbändern der Schienen zu folgen, die sich in der Ferne verloren. Die Zugfahrt von Boston zu meinen Eltern hatte ich immer geliebt. Aus den gleichen Gründen geliebt, warum ich Langstreckenflüge zu fernen Orten schätze oder die Erinnerung an Autofahrten unserer Familie, die von Connecticut nach Norden durch die Adirondacks führten – durch Lake Placid, Saranac Lake und St. Regis Falls –, zu meinen Großeltern in Potsdam, New York. In diesen Augenblicken des Unterwegsseins lebst du in deinen eigenen Gedanken wie in einer Seifenblase, ohne Störung, während du dich mit hundert, hundertzehn, hundertzwanzig Stundenkilometern fortbewegst, alles zu Farbe und Geschwindigkeit wird und du für einen Augenblick dein ganzes Elend hinter dir lässt. Wenn du dich in dieser Weise durch den Raum bewegst, fällt es dir leichter, Einsteins Beispiel zu folgen und dir vorzustellen, wie es ist, auf einem Lichtstrahl zu reiten.

Im Zug waren lauter Oststaatler: Studenten in Kaschmirpullovern auf dem Weg von Harvard nach Yale zu einem Diskussionswettstreit, Geschäftsleute mit Köfferchen und Laptop, gut gekleidete ältere Leute auf einem Museumsausflug nach Manhattan. Das waren Zugreisende voll gelassener Freundlichkeit, keine Busreisenden, denen die nackte Verzweiflung ins Gesicht geschrieben stand. Der Zug raste durch Rhode Island, näherte sich der Küste und gelangte bei Mystic ans Meer. Ich prägte mir den Atlantik ein – den grüngrauen Glanz, seine stimmungsvolle, nach innen gekehrte Schönheit –, denn ich wusste, wenn Dr. Harvey und ich den Pazifik erreichten, würde alles anders sein. Und wenn wir nie nach Kalifornien kamen? Nun, dann wartete unser Schicksal irgendwo zwischen hier und dort, in irgendeiner Stadt im Landesinneren, von der wir noch nichts gehört hatten, unter Menschen, deren Gesichter wir noch nicht gesehen hatten.

Seit ich aufs College ging, komme ich in den Ferien und hin und wieder an einem Wochenende nach Hause, bleibe aber nie länger als ein paar Tage, gerade lange genug, um mich mit Freunden und Familienangehörigen auszutauschen, bevor ich wieder abschwirre in die Welt. Jedes Mal betrachte ich die manikürte Landschaft meiner Umgebung, wie man das Gesicht, die Gesten und die Stimme eines lange verloren geglaubten Bruders durchforscht, um herauszufinden, wer man selbst ist. Natürlich sind die gewundenen Straßen, die mäandernden Mauern, die Strände und die Swimmingpools eine Karte meiner gesamten Jugend: meiner größten Fehler und meiner ach so bescheidenen, süßen Siege. Da ist das Baseballfeld, auf dem ich als Kind meinem unvergleichlichen Helden, dem großartigen Yankee-Fänger Thurman Munson, nacheiferte, der 1979 bei einem Flugzeugabsturz ums Leben kam, als er etwa so alt war wie ich heute. Und dort ist der Friedhof meines ersten Kusses. In diesen Häusern, in denen heute neue Familien neue Leben leben, haben einst meine besten Freunde gewohnt; stundenlang haben wir dort Baseball oder Football gespielt. Gelegentlich sehe ich vor diesen Häusern einen Mann Laub harken oder Rasen mähen – sonnengebräunt, schlank und in Khaki gekleidet –, ein Mann, der einer der Väter aus meiner Vergangenheit sein könnte, von leichtem Ginduft umgeben, doch heute ist er einfach eine andere Version meiner selbst, jenes Lebens, das auf mich gewartet hätte, wenn ich in der Stadt geblieben und eine Stellung in Manhattan angenommen hätte.

Als ich aus dem Zug stieg, erwartete mich mein Dad bereits, eine Baseballkappe auf dem Kopf und den kompakten, muskulösen Körper in eine lohfarbene Jacke gewandet. Er lebt im Ruhestand und hat endlich Zeit für die Dinge, zu denen er nie gekommen ist, als er berufstätig war. Wie zum Beispiel Kochen, Besorgungen machen und Leute abholen, die abgeholt werden müssen. Ich hatte erst 400 Kilometer zurückgelegt, und das als reiner Passagier, und war schon erschöpft. Wir aßen bei meinen Eltern: gegrillten Schwertfisch, Spargel, neue Kartoffeln. «Das könnte auf einige Zeit deine letzte Mahlzeit sein», sagte Mom und lächelte, als wüsste sie etwas, was ich nicht wusste. Beide musterten sie mich verstohlen, verwirrt oder besorgt, ich weiß nicht. Ich aß, bis ich das Gefühl hatte zu platzen. Und dann noch ein bisschen. Anschließend wurden Karten auf dem Tisch ausgebreitet, mögliche Routen mit den Fingerspitzen abgefahren. Wir schalteten den Wetterkanal ein, und über den Fernsehschirm flackerten Winterstürme und Schneetreiben und Interstates, die unter einer weißen Decke verschwanden. «Könnte schwierig werden», sagte Dad bedenklich. «Kannst du es nicht aufs Frühjahr verschieben?»

Ich erzählte meinen Eltern von Dr. Harvey und Einsteins Gehirn, war mir allerdings nicht sicher, ob sie mich ganz verstanden. Vielleicht wollten sie auch einfach nicht zu viel wissen. Im Laufe meiner vielen hochfliegenden und phantasielastigen Pläne hatten sie es in der Kunst, mich zu ermutigen, ohne viel zu fragen, zu hoher Meisterschaft gebracht.

«Kann dir auch nichts passieren?», fragte Mom.

«Halt die Augen offen», sagte Dad. «Du weißt nicht, in was für eine Geschichte du da verwickelt wirst.»

Wir blieben noch eine Zeit lang auf und unterhielten uns. Meine Eltern fragten nach Sara, und ich versicherte ihnen, dass mit ihr alles in Ordnung sei, mit uns alles in Ordnung sei, einfach alles in Ordnung sei, denn hätte ich irgendetwas anderes gesagt, hätten sie sich Sorgen gemacht. Mom brachte mich auf den neuesten Stand über die Ereignisse in der Stadt, während mir Dad, wie immer hoffnungsvoll der Zukunft zugewandt, seine Pläne für den Garten präsentierte: Ein paar Spiersträucher und einige winterharte Pflanzen sollten der buschigen Wunderwelt, die der Frühling zutage fördern würde, ein vollkommen neues Erscheinungsbild verleihen. Gegen zehn ging ich hinauf und legte mich in das Bett meiner Kindheit, in dem nach hinten gelegenen Zimmer, das ich mit einem meiner drei Brüder geteilt hatte. Von außen betrachtet, waren wir eine dieser typischen amerikanischen Vorstadtfamilien gewesen – viel Sport, gute Noten und nette Freunde. In meiner Kindheit und Jugend hat es nie einen Augenblick der Stille gegeben. Selbst vor dem Einschlafen haben wir uns noch unterhalten, bis einer schnarchte. Und später, als Teenager, haben wir Musik gehört: Pink Floyds *Animals* oder Van Morrisons *Astral Weeks,* bis die Musik uns in psychedelische Träume trug.

Doch jetzt herrschte Stille, tiefe, ungestörte Stille. Und mir wurde klar, dass ich kurz vor einem höchst eigenartigen Aufbruch stand. Dann schlief ich ein.

Am nächsten Morgen, bevor ich aufbrach, begaben wir uns zu dritt an den Strand zu einem «Speed Walk», einer Spezialität meiner Mutter, olympisches Gehen, das sie durch gelegentliche wilde Schwinger in die Luft unterbricht. Unter einem bedrohlichen Himmel riss ein kalter, stürmischer Wind die letzten Blätter von den Sumpfeichen, die die Küstenlinie des Long Island Sound säumen. Aus heiterem Himmel begann mein Vater ein Gespräch mit mir über die Vergänglichkeit. Und über den Tod. Normalerweise wäre mir eine solche Unterhaltung unangenehm gewesen, aber sie ergab sich so unvermittelt und natürlich – wie der Wind, der die Bäume schüttelte –, dass ich mich nicht sperrte. «Wenn du jung bist», sagte er, «dauert die Zeit ewig. Dann beginnt sie zu rasen. Und plötzlich würdest du alles für zehn weitere Jahre geben.»

Er sagte das, als Mom ein gutes Stück voraus war, dann holten wir sie wieder ein. Seit Jahren suche ich bei jedem Besuch zu Hause nach Anzeichen des fortschreitenden Alterns bei ihnen – nach grauen Haaren, Falten, Gedächtnislücken, die neu sind. Ihre Sterblichkeit ist ein Gegenstand ständiger Angst für mich, die Möglichkeit, dass sie nicht mehr sein könnten, ein Gegenstand ständiger Verdrängung, aber bis jetzt sahen sie beide jung und energiegeladen aus. So von der Seite betrachtet, wirkte Mom wie siebzehn, das Gesicht gerötet, ein junges Mädchen aus der Kleinstadt, das Lehrerin werden will, das dichte dunkle Haar vom Wind zerzaust und in den Augen ein erwartungsvoller und optimistischer Ausdruck. Und Dad ist unter der Sweatshirtkapuze wieder der Ringer von einst, eisenhart und unbesiegt im letzten Schuljahr, Stipendium für die besten Colleges, während die Stellung bei einem Bluechip-Computerunternehmen wie der Rest seines Lebens einschließlich seiner vier Söhne noch Zukunftsmusik ist.

Später fuhren sie mich zur Autovermietung in White Plains. Wir umarmten uns zum Abschied, und Mom gab mir die Standardermahnung mit auf den Weg: «Sei vorsichtig!» Dad sah aus, als hätte er noch eine Frage auf dem Herzen, stellte sie aber nicht. Das Mietauto war ein grünblauer viertüriger Skylark. Nicht mein Traumauto, aber okay. Der Kilometerzähler zeigte nur 140 Kilometer an. Ich warf meine Tasche in den Kofferraum, drehte den Zündschlüssel um und ließ gewohnheitsmäßig die Radiosender durchlaufen, während ich den Wagen in Gang setzte. All diese Stimmen, die plötzlich zu mir sprachen, das gab mir ein gutes Gefühl, ich weiß nicht, warum.

Manhattan war grau gefleckt. Ich fuhr hinaus, vorbei an den schwarzbraunen Sümpfen der Meadowlands mit ihren Teichen, die orange wie Eis am Stiel waren. Über mir zogen die Flugzeuge auf dem Weg vom und zum Newark Airport vorbei, und es hatte den Anschein, als hätten alle Menschen dringende Geschäfte zu erledigen, an einem Ort, an dem sie schon vor drei Minuten hätten sein sollen.

Und ich war einer von ihnen. Ich bog vom Jersey Turnpike ab und lenkte den Skylark rasch durch die Außenbezirke, durch wirbelndes Laub und dichte Eichen- und Kieferwäldchen, die wieder von gepflegten Pferdekoppeln abgelöst wurden. Ich passierte eine Scheune mit einem handgemalten Schild, das Smitty's Rehbraten anpries, wand mich einen Hügel hinauf, erreichte die Kuppe unter einigen verfrühten Spätnachmittagssternen und fuhr auf der Rückseite hinunter. Dann kam die schräge Auffahrt und hinter Bäumen verborgen die Ranch, die ich schon kannte.

Bevor ich aus dem Auto steigen konnte, schlurfte Dr. Harvey schon ungeduldig die Betonstufen der Vordertreppe herunter. Hatte er die ganze Zeit an der Küchentür gewartet? Heute trug er nicht den Pendletonschlips und Hosenträger, sondern hatte sich für die Reise ausstaffiert: gelbgraue Jacke, blauer Rollkragenpullover und Jeans mit Calvin-Klein-Etikett. Schräg und unternehmungslustig thronte eine grüne Baskenmütze auf seinem Kopf. Die Beatgeneration blies zum letzten Halali: noch einmal ein unvergessliches Tee-und-Bongo-Treffen.

Als ich ihn so sah, hatte ich gleichzeitig zwei fast entgegengesetzte Empfindungen: Freude und Angst. Freude darüber, dass wir fast schon unterwegs waren. Und Angst, weil ich mir wirklich Sorgen machte. Was war, wenn er krank wurde, wenn er ausrutschte und sich den Schenkelhalsknochen brach? Wer würde mir glauben, dass ich nichts damit zu tun hatte? In der einen Hand trug er einen Koffer aus kariertem Stoff, der mit Lederimitat eingefasst war, in der anderen schleppte er einen schweren Matchbeutel. Dabei machte er Bewegungen, als würde ein unsichtbarer Puppenspieler so an den Drähten ziehen, dass dieser ruckartige, zuckende Gang zustande kam.

Als er mich erreicht hatte, ließ er sein Gepäck fallen und reichte mir die Hand. Ich schüttelte sie, um Harveys Mund spielte ein Leguanlächeln, das langsam an mir vorbeiglitt – wir beobachteten uns aus den Augenwinkeln, während er mich passierte –, und dann kam er wieder zurück, als hätten wir uns gerade an Deck eines Schiffes bei schwerer See begrüßt, was, wie mir klar wurde, auf sein unfallbedingt verkürztes Bein zurückzuführen war.

«Tjaa-nun», sagte er, «wie war die Fahrt?»

Doch er wartete die Antwort nicht ab, gab mir noch nicht einmal Gelegenheit, ihm meine Hilfe anzubieten, hievte sein Gepäck hoch und steuerte geradewegs auf den Wagen zu. Seine Freundin Cleora folgte ihm im blauen Bademantel die Treppe hinab. Sie hatte ein schmales, hübsches Gesicht und kastanienbraunes Haar. Cleora hatte Harvey in den fünfziger Jahren als Krankenschwester am Princeton Hospital kennen gelernt. Seither waren sie zusammen. «Du meine Güte, wie Sie sehen, wartet er schon den ganzen Nachmittag», sagte sie mit gurrender Stimme. Bei meinen früheren Besuchen hatte ich sie kaum zu Gesicht bekommen, doch heute durfte sie der Abreise ihres

Freundes beiwohnen. «Er macht sich Sorgen um mich», vertraute sie mir an.

«Warum das?», fragte ich.

Sie senkte ihre Stimme. «Ich habe einen kleinen GI-Aufstand.» Als ich verwirrt schwieg, fügte sie hinzu: «Sie wissen schon, *gastrointestinal.*» Sie deutete mit einer vagen Bewegung nach unten.

«Ich komm schon klar», sagte Cleora und bedachte Dr. Harvey mit einem tapferen Lächeln, der sein Gepäck in den Kofferraum neben meines hob, dort einen Augenblick herumfummelte und dann den Kofferraumdeckel zuschlug. Er kam zurück und gab ihr einen Abschiedskuss.

«Ade, Süße», sagte er.

«Er ist ein echter Quäker-Gentleman», meinte sie, während wir zusahen, wie Harvey leicht gebeugt über das Pflaster humpelte. Er rieb einen Schmutzfleck von meinem Seitenspiegel ab und schlurfte dann vorne um das Auto herum. Sie seufzte. «Ja», sagte sie, «er versucht immer, das Rechte zu tun.»

«Passen Sie gut auf ihn auf», rief sie hinter mir her. Ich versprach es. Als er glücklich im Auto saß, schnallte er sich an, ich schnallte mich an, Harvey atmete tief durch, ich atmete tief durch.

«Sind Sie so weit?», fragte ich.

«Klar», sagte er.

«Haben Sie das Gehirn?», fragte ich.

«Im Matchbeutel», sagte er.

Wir blickten uns noch einmal an, dann betätigte ich die Zündung. Der Motor erwachte zum Leben. Harvey lachte nervös, räusperte sich und äußerte, was sein Mantra werden sollte: «Yessir ... echt gut.» Er nahm die Karte in die Hand und schien Kalifornien eingehend zu studieren, während wir zurücksetzten, an Cleora vorbei, die heiter Lebewohl winkte, und die Auffahrt hinunterfuhren. Damit begann unsere Fahrt. Ja, alles war bereits in Bewegung. Alles, was geschehen würde, war bereits geschehen. Wir überließen uns einfach dem Sog der Ereignisse, wir ließen uns hineinziehen.

ZWEITER TEIL

5

Krümmungen und Krängungen

Zunächst schwiegen wir beide und versuchten, uns an die neuen Bedingungen unserer Raumschiffexistenz zu gewöhnen – wir waren wie Apollo-Astronauten. Wochenlange Erwartungen verflüchtigten sich im grellen Scheinwerferlicht der Zwölftonner, unter dem Eindruck der vorbeisurrenden Autos, der sinnverwirrenden weißen Linie, die uns über 6000 Kilometer begleiten sollte. Doch einen Augenblick lang, während wir am Delaware River vorbeifahren, uns zwischen dunklen Winterbäumen hindurchschlängeln, auf die gleichen blaugrauen Strudel blicken, in die Einsteins Angehörige vermutlich seine Asche streuten, sind wir neugeborene Amerikaner.

Als Fahrer habe ich vielfältige Pflichten: Benzin, Öl, Reifendruck, Beseitigung zerplatzter Mücken auf der Windschutzscheibe, Kontrolle aller Lichter auf dem Armaturenbrett, die Einteilung der Strecke bis zu unserem nächsten Bestimmungsort, größtmögliche Bequemlichkeit für meinen Mitfahrer. Es ist meine Aufgabe, an jeder Raststelle auszusteigen und unser Fahrzeug in Augenschein zu nehmen, es einmal mit wichtiger Miene zu umrunden und einer scharfen Musterung zu unterziehen, als hätten wir die Absicht, an einer Militärparade auf dem Roten Platz teilzunehmen. Außerdem kontrolliere ich das Radio und schiebe meine Kassetten rein, wenn Harvey einnickt, was, wie ich vermute, des Öfteren der Fall sein wird. Es war nicht leicht, die richtigen

Kassetten für die richtigen Etappen des Landes auszusuchen. Ein paar Mal habe ich meine Kassettenbox gepackt und wieder ausgepackt und versucht, mir auszumalen, was ich für Musik brauchen würde, um die Fahrt zu überstehen. Ich habe alles, von Soul Coughing und Pavement bis zu Hank Williams und Lightning Hopkins. Trotzdem bleibt meine größte Angst, dass ich in Missouri nach Son Volt oder in Texas nach Buddy Holly greife, und die Kassette ist nicht da.

Unsere Route war Gegenstand einer längeren Debatte mit mir selbst. Angesichts der bösartigen Winterstürme, die mein Vater auf dem Wetterkanal ausgemacht hatte, habe ich beschlossen, den direkten Weg zwischen hier und Lawrence in Kansas zu wählen – die Interstate 70, die durch Columbus, Indianapolis und St. Louis führt. Dort könnten wir, so hatten Harvey und ich uns überlegt, die Interstate verlassen und einen Abstecher nach Südwesten machen, nach Las Vegas und Los Angeles, um uns dann wieder nach Norden, nach San Francisco zu wenden. Aber Harvey verhält sich uneindeutig. Als ich ihn frage, ob er nicht Salt Lake City und Los Angeles sehen möchte, sagt er: «O ja, das wäre nett.» Als ich dieselbe Frage etwas lauter wiederhole, meint er: «Tjaa-nun, echt gut.»

Das Innere des Skylarks sieht bereits wie eine verlotterte Studentenbude aus. Hier und da ein paar Selterflaschen, Crackerpackungen, das Etui für eine Sonnenbrille und eine halbe Rolle Life-Saver-Bonbons. Der hintere Teil des Wagens füllt sich allmählich mit Müll, einschließlich der rosablauen Kopien des Mietvertrags, der Reste einer Snackmahlzeit, die ich in einer braunen Tüte zusammengeknüllt habe, und einer leeren Coladose. Das ist ein Trend, der sich fortsetzen wird – irgendwo in Ohio wird sich auch Harvey von seinen guten Manieren verabschieden. Nachdem er einen Doughnut und einen Viertelliter Milch verputzt hat, erwische ich ihn dabei, wie er den Karton über die linke Schulter nach hinten wirft, als täte er das schon sein Leben lang.

Jetzt aber sitzt er zusammengekrümmt wie ein Frosch, die grüne Baskenmütze etwas schräg, und blinzelt friedlich in die beginnende Dämmerung. Harvey ist für mich zweifellos die Idealbesetzung als Mitfahrer: ein pflegeleichter, wunschlos glücklicher Argonaut. Der gute Doktor gewöhnt sich an die Straße wie an einen Fluss aus altem Brandy und zieht Kraft aus ihrem öligen Gestank, ihren ölig schimmernden Luftspiegelungen, ihrem öligen Fast Food und den ölig geteerten Plätzen der Raststellen, über die wir hasten, um uns mit Schokoriegeln einzudecken, während der Skylark an der Zapfsäule getränkt wird.

Und das Gehirn? Ein Teil von ihm fährt im Kofferraum mit. Aber wie viel? Ich bin mir nicht ganz sicher. Vor der Abfahrt hat Harvey mir am Telefon erzählt, er hätte ein paar Hand voll aus seinen Bonbongläsern gefischt, die kostbare Fracht in Tuppergefäße gefüllt und diese dann in dem Matchbeutel verstaut. Der Gedanke, dass es sich dort befindet und in Formaldehyd herumschwappt, kommt mir so unmöglich vor und beschäftigt mich dermaßen, dass ich auf diesen ersten Kilometern nicht gerade zu Bestform auflaufe.

Philadelphia erreichen wir zur Stoßzeit. Um auf die Interstate nach Westen zu gelangen, müssen wir ein paar Häuserblocks weit auf den Straßen der Stadt fahren, vorbei an der University of Pennsylvania, einer Ansammlung von Backsteingebäuden hinter schwarzen Toren. Harvey sagt nichts, aber später erfahre ich, dass ihm dieses Straßengewirr, diese kurze Fahrt von Princeton nach Philadelphia, wohl vertraut ist aus der Zeit, kurz nachdem er in den Besitz von Einsteins Gehirn gelangt war. Da Harvey beabsichtigte, die Untersuchung des Gehirns selbst vorzunehmen, suchte er die Universität auf, um Schnitte von Einsteins Thalamus vornehmen zu lassen.

Ich werfe dem alten Mann einen raschen Blick zu: Er bietet ein Bild absoluter Gelassenheit. Nichts an ihm verrät, wie viele Leute und Institutionen gerne wüssten, wo er sich befindet. Sogar die Hebräische Universität in Jerusalem, die als Erbin von Einsteins Nachlass eingesetzt ist, hat erwogen, Anspruch auf das Gehirn zu erheben, so wie sie einst Anspruch auf das Einstein-Archiv erhoben hatte, das im Institute for Advanced Study in Princeton betreut wurde. Freeman Dyson, selbst ein namhafter Wissenschaftler und Mitglied des Instituts, schildert den Vorfall im Vorwort zu einem Buch über Einstein so, dass der Leser sich in eine Detektivgeschichte versetzt fühlt:

In einer trüben und regnerischen Nacht stand ein großer Lastwagen vor dem Institut, bewacht von einer Abteilung schwer bewaffneter israelischer Soldaten ... In rascher Folge wurden eine Reihe großer hölzener Kisten vom oberen Stockwerk im Fahrstuhl nach unten gebracht, durch die offene Vordertür aus dem Gebäude getragen und auf den Lastwagen geladen. Dann sprangen die Soldaten auf, und der Lastwagen fuhr in die Nacht. Am nächsten Tag war das Archiv an seinem Bestimmungsort in Jerusalem.

In Erinnerung an Dysons Worte blicke ich unwillkürlich in den Rückspiegel auf der Suche nach einem schwarzen israelischen Lastwagen mit abgedunkelten Scheiben, erblicke aber nur einen schnellen Wagen mit tiefer gelegtem Fahrwerk und silberfarbenen Radkappen. Am Lenkrad sitzt ein unrasierter Bursche, der sich sein Halstuch wie ein Pirat umgebunden hat und aussieht, als hätte er schon viele Bandenkriege hinter sich. Als er uns überholt, lese ich eine Mitteilung auf seiner Heckscheibe, die mit weißer Seife geschrieben ist und den ersten Regen wohl nicht überstehen wird: Ruhe in Frieden, Tito, mein geliebter Hund. Irgendwie ist das der erste ergreifende Augenblick der Fahrt, denn in besseren Zeiten, mit Tito an seiner Seite, hätte dieser Mann sicherlich eine martialische Spur von gebrochenen Nasenbeinen und zerbeulten Autohecks hinter sich gelassen. Während Harvey nicht darauf zu achten scheint, frage ich mich: Was für ein Köter war dieser Tito und was hat er diesem einsamen Mann bedeutet?

Pennsylvania hat eine besondere Zwischenstellung, nicht richtig Osten und nicht Westen, ein Nervenimpuls zwischen zwei Neuronen. Sobald wir Philadelphia hinter uns gelassen haben, öffnet sich der Staat zu Hügeln und Bergen und breiten, flachen Tälern dazwischen. Noch hält sich ein wenig Licht am Himmel – kleine violette Wirbel –, und Harvey saugt die Landschaft gierig mit blauen erstaunten Augen auf. Über die Felder hinweg können wir erkennen, dass die Menschen von der Arbeit nach Hause kommen, wenn die Lichter in der Küche angehen und das bläuliche Licht des Fernsehers die Wohnstuben erfüllt. Wir überqueren den Susquehanna River, dunkles, schnell strömendes Wasser, blass gefleckt von gebrochenem Sternenlicht, erklettern den Blue Montain, der jetzt schwarz ist, und verlieren eine Zeit lang den Kontakt mit der Zivilisation. Und dann beginnt Harvey zu sprechen, erinnert sich, dass er hier vor vielen, vielen Jahren einem Mr. Lambert Blut abgenommen hat, dem Lambert von Warner-Lambert mit dem Mundwasser Listerine – ja, er hat dem Mann in seiner Villa Blut abgenommen, danach ein Frühstück serviert bekommen und ist dann mit seinem Fläschchen voll Blutplasma über den Rasen vor dem Haus abgezogen.

Er erinnert sich auch an Grace Kelly, die in Philadelphia aufgewachsen ist – «Ein echtes Pennsylvania-Girl!» –, und behauptet, auch Eisenhower hätte irgendwo in dieser Gegend eine Farm gehabt. Er scheint seine Altersverwandtschaft mit der verblichenen Prominenz als Beweis für Vertrautheit und Bekanntschaft misszuverstehen. Vielleicht sind sie in seinem relativen Universum ja auch *wirklich* Vertraute. Er nennt sie beim Vornamen: «Klar, Grace ist dann nach Monte Carlo gegangen und wurde Fürstin …»

Bei diesem Thema kann Harvey geradezu gesprächig werden und das Leben einer berühmten Persönlichkeit mit der nächsten verknüpfen. Unaufgefordert liefert er mir eine Kurzbiographie seiner Lieblingsautorin: «Tja, Kay Boyle hat sich in einen französischen Burschen verliebt, und sie gingen nach Frankreich, aber seine Familie war sehr streng, und sie hat ihn überredet, nach Paris zu gehen: Na ja, hihi, ich würde sagen, da hat es ihr nicht schlecht gefallen. Da musste der französische Bursche allein nach Hause fahren. Kay hatte sich nämlich in einen amerikanischen Burschen verliebt! Der starb später, fiel aus irgendeinem Grund tot um. Da ist sie nach Italien gezogen und hat sich in einen österreichischen Burschen verliebt, einen Skiläufer, glaube ich. Tja, sie war ein umtriebiges Mädchen und ging zurück nach Kalifornien und hat sich dann mit diesem Chavez für Farmarbeiter eingesetzt. O ja, Mann, die hätte ich gern mal kennen gelernt. Yessir, was für ein Leben!»

Kein Wort von ihren literarischen Produktionen, nur von ihren Liebhabern; offenbar findet Harvey das Gefährliche und Abenteuerliche an ihrem Leben, die wilden Liebschaften viel interessanter als das, was sie geschrieben hat. Doch als die Sprache auf Einsteins Gehirn kommt, wird er zugeknöpft. Er äußert sich nur noch knapp und wortkarg – in einer kaum merklich gedehnten Sprechweise, die aus seiner Kentucky-Kindheit stammt –, lässt lange Pausen einfließen zwischen Subjekt und Prädikat und dann zwischen allen

Wörtern, die danach kommen. Als ich ihn frage, warum er mehr als vier Jahrzehnte gebraucht hat, um eine umfassende Studie über Einsteins Gehirn vorzulegen, lacht er kurz auf, räuspert sich und sagt: «Tjaa-nun ...», und verstummt dann einfach, um sich einige Zeit später wieder der Karte zuzuwenden, die er studiert, als wäre sie eine Runeninschrift.

Ich forciere dieses Thema nicht. Stattdessen beschäftige ich mich mit dem Radio und stelle alles Mögliche ein, High-School-Basketball, Gartensendungen, lokale Versteigerungen, labernde DJs, Landwirtschaftsberichte und christliche Telefon-Talkshows. Ich habe meinen Schatz an Musik bei mir, der nur darauf wartet, dass Harvey einnickt, außerdem eine Hörkassette, *Neuromancer* von William Gibson; ein Science-Fiction-Klassiker über eine gewalttätige Welt, in der schattenhafte Agenten mit genetischem Material und Drüsenextrakten handeln und die Menschen perfekt geklont und gentechnisch aufgerüstet sind.

Mit meiner Erwartung, dass Harvey bald eindöst, habe ich mich geschnitten; er ist verdammt gut drauf für vierundachtzig. Stunden vergehen, und er schaut sich die letzten Ausläufer von Pennsylvania an: Die Scheunen und die Hexenzeichen der Amish People, die Alleghany-Berge, die sich wie dunkle Wale aus der Erde erheben. Er sieht die Nacht kommen, die sich lila, silbern und zimtfarben herabsenkt wie der üppig verzierte Vorhang einer Late-Night-Talkshow. Dann gleitet halb Ohio in der Nacht vorbei, flach wie ein Bügelbrett und in sich selbst versunken. Er blinzelt matt, aber schläft nicht eine Minute.

Ein Geständnis: Ich möchte, dass Harvey einschläft, ich möchte, dass er in einen tiefen, traumlosen Rip-Van-Winkle-Schlaf fällt, und ich möchte das Skylark-Mutterschiff irgendwo parken, aussteigen, zum Kofferraum gehen und ihn öffnen. Ich möchte Harvey laut schnarchen hören, damit ich in der Lage bin, den Reißverschluss des Matchbeutels in aller Ruhe aufzuziehen, mit den Händen hineinzugreifen und – was eigentlich? –, ja, Einsteins Gehirn zu berühren. Ich möchte das Gehirn anfassen. Ich gebe es zu. Ich möchte es in der Hand halten, hätscheln, sein Gewicht in der Handfläche spüren und einige seiner fünfzehn Milliarden, jetzt zur Ruhe gekommenen Neuronen spüren. Fühlt es sich an wie Tofu, wie Seeigel, wie Mortadella? Wie genau? Und was macht dieser Wunsch aus mir? Einen aus der Heerschar der Reliquien-Freaks? Oder etwas noch Schlimmeres?

Je hartnäckiger sich der Gedanke in meinem Kopf festsetzt, desto größer die Zahl der Städte, die draußen vorbeigleiten, desto mehr ferne Wohnzimmer glücklicher Familien, in die Harveys Blick fällt, desto nachdrücklicher die Frage, was ich eigentlich in der Hand halten würde, wenn ich Einsteins Gehirn hielte. Ich meine, es ist nicht wirklich Einstein und nicht wirklich ein Gehirn, sondern es sind isolierte Stücke eines Gehirns, genauso wie die vorbeifliegenden Farmen nicht wirklich Amerika sind, sondern nur Teile eines Ganzen, Symbole der Sache selbst, die alles und gar nichts ist.

Trotzdem würde ich Einstein anfassen, Einstein, den Superstar, unverkennbar mit seinem elektrifizierten Haar und den traurig-heiteren Augen. Den Mann, dessen amerikanischer Ruhm so vollkommen ist, dass er heute als Kaffeetasse, Postkarte oder T-Shirt weiterlebt. Eine Redensart, ein Werbesymbol, ein Autoaufkleber («Ich habe einen Schwanz wie Einstein und ein Gehirn wie ein Pferd», lese ich auf einem VW Jetta.) Wenn man bedenkt, dass er einundsechzig Jahre alt war, als er amerikanischer Staatsbürger wurde, ist es erstaunlich, wie gründlich ihn dieses Land vereinnahmt hat.

Aber warum? Ich glaube, es liegt daran, dass Einstein mehr als irgendjemand sonst in den letzten hundert Jahren keiner von uns war. Einstein ist nie wirklich einer von uns geworden. Selbst heute noch erscheint er uns als eine Mischung aus Lears Narr und Teresias, der uns ironisch seine düstere Zukunftsvision präsentiert, wenn er uns vor der steten Gewaltbereitschaft der Menschheit warnt. «Ich weiß nicht, wie der Dritte Weltkrieg geführt werden wird», soll er gesagt haben, «wohl aber, wie im Vierten gekämpft wird: Mit Stöcken und Steinen.» Weil er die innersten Prozesse des Universums erspäht und einen unpersönlichen Gott erblickt hatte – den «unsichtbaren Flötenspieler», wie er ihn einmal genannt hat – und weil er das 20. Jahrhundert begrüßt hatte, indem er es mit seinen bahnbrechenden Theorien ins 21. katapultiert hatte, vermittelte er einen Eindruck von Unbesiegbarkeit. Und da sein nachlässiges Erscheinungsbild in so krassem Gegensatz zu den Erwartungen stand, die wir einem geflügelten Propheten entgegenbringen, erschien er zugleich unschuldig und vertrauenswürdig – und damit noch übermenschlicher.

Wenn wir die Relativitätstheorie nicht nur unserem wissenschaftlichen Weltbild einverleibt haben, sondern auch zu einem Bestandteil von Literatur, Malerei, Musik und unserer Kultur überhaupt gemacht haben, so liegt das an dem Versuch dieses großen Wissenschaftlers, eine Art persönliche Religion zu entwerfen – ein ganz privates spirituelles und politisches Manifest –, die noch immer in krassem, fast heiligem Gegensatz zu den verlogenen Erlösungssystemen der modernen Gesellschaft steht. Die Verbindung aus der Skepsis des 20. Jahrhunderts und der Romantik des 19., die Einstein gefunden hat, bietet eine andere Art von Hoffnung.

«Man wird zum tiefreligiösen Ungläubigen», schrieb er. «Dies ist eine einigermaßen neue Art von Religion.» Er ging noch weiter und versuchte, Wissenschaft und Religion miteinander zu vereinen, indem er sie neu definierte. «Ich bin der Meinung, dass alle besseren Spekulationen im Reich der Wissenschaft einem tiefreligiösen Empfinden entspringen», sagte er. «Ich glaube auch, dass die Art von Religiosität … die einzige schöpferische religiöse Aktivität unserer Zeit ist.»

Einsteins Gehirn zu berühren, musste also sein, als ritte man auf einem Lichtstrahl, was sich Einstein einst als Kind ausgemalt hat. Als fasste man die Zeit selbst an. Als spürte man die Krümmungen und Krängungen des Universums. Einstein hat behauptet, den glücklichsten Einfall seines Lebens habe er 1907 gehabt, während seiner siebenjährigen Anstellung am Berner Patentamt, als er achtundzwanzig Jahre als war und keinen Lehrauftrag bekommen konnte. Bis oben hin in einen Kammgarnanzug und Patentanträge vergraben, hörte er eine innere Stimme: «Wenn sich ein Mensch im freien Fall befindet, wird er seine eigene Schwere nicht empfinden können.» Daraus wurde dann die allgemeine Relativitätstheorie. Noch immer füllen sein Leben und seine Gedanken Tausende von Büchern. Selbst heute noch beschäftigen sich Wissenschaftler mit den Implikationen seiner Arbeit. Unlängst hat ein NASA-Satellit Millionen von Messungen im All vorgenommen, die bewiesen, dass sich die vom Urknall herrührende Temperatur, die knapp über dem absoluten Nullpunkt liegt, gleichmäßig verteilt, das heißt, die Daten haben bewiesen, dass sich das Universum sozusagen im postkoitalen Nachglühen des Urknalls befindet, womit die Theorie über den Ursprung des Universums, die aus Einsteins Arbeit abgeleitet wurde, eine weitere Bestätigung erfuhr.

Ich würde es wahnsinnig gerne berühren.

Zum ersten Mal übernachteten wir in einem Best-Western-Hotel in Columbus, Ohio. Wir stiegen aus, reckten uns in der kalten Nachtluft und blickten zu einem jener Fertigbauten aus Gips und Sperrholz empor, mit denen die Highway-Oasen Amerikas gepflastert sind. Unser Heim für eine Nacht. Als wir den Kofferraum öffneten, um unser Gepäck herauszuholen, beobachtete ich Harvey, wie er sich nahm, was er brauchte, den grauen Matchbeutel aber ignorierte, dessen Reißverschluss seine Silberzähne im Licht der Straßenlaterne schimmern ließ.

«Ist er da sicher?», fragte ich und nickte in Richtung des Matchbeutels.

«Was soll sicher sein?», fragte Harvey zurück. Aus der Dunkelheit trifft mich ein Blick aus leeren Augen. Er scheint sich nicht mehr zu erinnern. Schleppt er die graue Substanz vielleicht schon so lange mit sich herum, dass er meint, er wäre wichtiger? Er sei nicht nur der Besitzer des Gehirns, sondern es selbst? Ein Stück lebende Geschichte. Auf Tournee wie ein Popstar. In seinem karierten Koffer trägt er einen Stapel Postkarten mit sich herum, ein Foto, das er unlängst von sich gemacht hat: Er sitzt dort in nachdenklicher Pose wie Rodins Denker.

Harvey lehnt mein Angebot ab, ihm beim Gepäck zu helfen, schultert das im Matchbeutel verstaute Gehirn und schleppt es die Treppe hoch in sein Zimmer. Unsere erste Nacht auf der Straße, und ich bin kaputt. Ich ziehe die bunte Tagesdecke von einem der breiten Betten, häufe zusätzliche Kissen darauf und gebe dem Zimmer eine persönliche Note: eine offene Tasche, durcheinander geworfene Bücher, verstreute Socken. So präge ich dem Raum, der morgen keine Erinnerung mehr an mich haben wird, wenigstens vorübergehend meinen Stempel auf.

Ich säubere mir die Zähne mit Zahnseide, putze sie und sehe mein Bild im Spiegel wie in diesem Augenblick so viele andere traurige Seelen in Amerikas Motelzimmern. Ich erinnere mich: Nachdem im Ersten Weltkrieg mehr als acht Millionen Menschen den Tod auf den Schlachtfeldern gefunden hatten, gestattete Einsteins Relativitätstheorie der Menschheit, wie einer seiner wissenschaftlichen Kollegen meinte, «von einer Erde, die mit Gräbern und Blut bedeckt war, zu einem Himmel aufzublicken, der mit Sternen bedeckt war». Plötzlich trat Einstein ins Licht der Weltöffentlichkeit, wurde zum Gegenstand übernationaler Bewunderung und schlug versöhnliche Töne an – ein liberaler deutscher Jude, der an seiner Schweizer Staatsbürgerschaft festhielt und Gewalt ablehnte. Gab es eine bessere Möglichkeit, sich von allen Sünden reinzuwaschen, als einem unbescholtenen Wissenschaftler hinauf in die schimmernden Fluten von Zeit und Raum zu folgen?

Zu Hause haben meine Eltern Schuhkartons voller Bilder von meinen Brüdern und mir, fotografisches Belastungsmaterial, das uns in den viel gepriesenen und linkischen Phasen des Heranwachsens zeigt. Mein Bruder Steve, ein pausbäckiger Buddha, in grünen Weihnachtshosen und -strümpfen vor einem erleuchteten Baum; mein Bruder John abwechselnd mit blauen Augen, geschwollenen Lippen oder frisch genähten Wunden vom Football oder der unsanften Bekanntschaft mit einem Baum; und Foto um Foto mein Bruder Rich, der jüngste, der aussieht wie Curious George, mit breitem, strahlendem Lächeln und kleinen Affenohren.

Was mich betrifft, so gibt es ein Bild, das meine Eltern mit Vorliebe hervorkramen. Es zeigt einen kahlen Neugeborenen frisch aus dem Krankenhaus, mit hoch gestrecktem Popo, nackt auf einem Wickeltisch, der mit erschreckten, wässrigen Augen in die Kamera starrt. Da ich ihr erstes Kind war, machten meine Eltern mehr als nur ein paar Schnappschüsse dieser Art, doch das Baby, das auf ihnen zu sehen ist, erinnert mich immer an jemand anders. In einer Familie mit braunen Augen und braunen Haaren war ich mit meinen blauen Augen und blonden Haaren eine wunderliche Erscheinung. Ein stehender Witz meiner High-School-Freunde war die Behauptung, ich hätte eine fatale Ähnlichkeit mit dem Briefträger. Doch den sah ich nicht, wenn ich das runzlige Baby betrachtete, das zurückstarrte.

Als ich sechsundzwanzig war, starb mein Großvater an Alzheimer in einem Krankenhaus in Burlington, Vermont. Er war ein großer Mann mit breiten Schultern und enormen Händen gewesen. Wenn er sie zu Fäusten ballte, erschienen sie meinem Bruder und mir wie Granitblöcke. Jetzt hatte er an die fünfzig Pfund verloren. Seine Schläfen warfen Schatten, die Haut war fahl, und sogar seine Finger wirkten dünn und zerbrechlich. Als ich ihn zum letzten Mal sah, war er dreiundachtzig und hatte die gleichen bestürzten blauen Augen wie ich als Neugeborener.

Doch entscheidend für meinen Großvater war Folgendes: Ich glaube, er hatte nicht die Absicht zu sterben. Er hatte immer in seinem Körper und nicht in seinem Kopf gelebt. Er jagte und fischte. Er war mit der Arbeit auf der Familienfarm groß geworden, hatte dann in einem Steinbruch gearbeitet und schließlich als Streckenarbeiter für die Stromgesellschaft. «Er mochte Menschen», hat meine Großmutter mir einmal gesagt, «aber er konnte es nicht zeigen.» Und er mochte Hunde, aber das war leichter: Man streichelte ein Ohr und warf einen Knochen. Tatsächlich hatte er immer einen Hund, und der Hund hieß entweder Prince oder Pal. Prince wurde alt und starb, und am nächsten Tag ging mein Großvater ins Tierheim, suchte sich einen neuen aus und nannte ihn Pal. Sein Leben lang hatte er nur zwei Hunde – Prince und Pal, in stetem Wechsel. So besiegte er die Zeit. So sorgte er für ein Leben nach dem Tode.

Erwin Schrödinger, ein Zeitgenosse Einsteins, behauptete, die Relativitätstheorie bedeute einfach die Entthronung der Zeit als strenger Tyrann und eröffne die Möglichkeit eines alternativen Gesamtplans. «Und dieser Gedanke», schrieb er, «ist ein religiöser Gedanke, ich möchte ihn sogar *den* religiösen Gedanken nennen.» Mit der Relativitätstheorie betrat Einstein, der kosmische Vagabund, die Gedankenwelt eines neuen Gottes und versuchte, sich durch eine Falte der Zeit zu zwängen. «Es ist gut möglich, dass wir größere Dinge als Jesus verrichten können», sagte er.

Das ist es, was letztlich Einsteins Faszination ausmachte und noch heute unsere Phantasie beschäftigt – die Ewigkeit. Auch sie würde ich gerne berühren.

6

Guter Hund

Manchmal frage ich mich, ob Einstein wohl geahnt hat, was für ein außerordentliches Weiterleben ihm auf Erden beschieden sein sollte, ob er geahnt hat, dass ihm eine Art Ursterblichkeit zuteil werden würde. Er muss mit der Möglichkeit gerechnet haben, dass seine Theorien die Zeit überdauern würden. Aber hat er sich vorgestellt, dass dies auch seinem Gehirn gelingen könnte? Und wie merkwürdig, dass ein Mann, den er nur einmal flüchtig kennen gelernt hatte, der ihm Blut abgenommen hat und wieder aus seinem Leben verschwunden ist, zu einem wandelnden Einstein-Wallfahrtsort werden sollte, weil er zwei Bonbongläser voll Hirnklumpen besaß.

So beschrieben, klingt es fast blasphemisch: Doch Thomas Harvey behauptet, er habe das alles aus beruflichem Pflichtgefühl und aus Achtung für den Physiker getan. Nur durch ihn habe das Gehirn weiterleben können, daher habe er nicht aus Eigennutz, sondern aus Verantwortungsgefühl gehandelt. Daher sei er auch so umsichtig zu Werke gegangen – und habe so viele Menschen düpiert, die ihm die Qualifikation für die Untersuchung des Gehirns abgesprochen hätten.

Nachdem er Einsteins Gehirn aus dem Schädel gelöst hatte, wog Harvey das Gehirn: 1,2 Kilogramm. Dann behandelte er es sorgfältig mit einer Paraformaldehydlösung, die bewirkt, dass Zellen in ihrem augenblicklichen Zustand erhalten bleiben. Sie bieten genau das gleiche Erscheinungsbild wie im lebenden Gehirn, mitten im Stoffwechselprozess. Dann injizierte Harvey dem Gehirn Saccharose, um es besser zu konservieren. Er nahm exakte Messungen des Stirn- und Scheitellappens vor und fotografierte das Gehirn aus verschiedenen Winkeln – ein Objekt mit tiefen Furchen, die fast wie Wagenspuren aussehen. Wenn du lange genug auf diese Fotos starrst und die Augen ein bisschen zusammenkneifst, könnte Einsteins Gehirn ein unbekannter Jupitermond oder einfach das Urei sein.

Schließlich zerlegte Harvey das Gehirn in rund zweihundertvierzig Stücke, von denen er einige in Paraffin versiegelte, während andere roh in Formaldehyd schwammen. Da Harvey Schnitte haben wollte, bat er Marta Keller, eine an der Universität arbeitende medizinisch-technische Assistentin, um Hilfe. Mit einem Mikrotom, einem Gerät, das fast wie eine elektrische Brotmaschine aussieht, zerteilte sie einige Hirnstücke in zelldünne Scheiben. Dann ließ sie jede Scheibe in eine Salzlösung gleiten, praktizierte sie anschließend auf eine Glasplatte, wo sie nach dem Trocknen mit Cresyl rot gefärbt wurde. Selbst heute noch ist das eine schwierige Sache – unter Umständen reißt das Hirngewebe, die Zellkerne werden getrennt und driften auseinander. Mit anderen Worten, man kann das Gehirn ruinieren.

Als ich sie nach all den Jahren in einem Pflegeheim in Maine ausfindig machte, sprach sie noch immer mit starkem deutschem Akzent, konnte sich aber kaum noch an Harvey und die Schnitte erinnern, die sie für ihn gemacht hatte. «Ich nehme an, es war interessant», sagte sie, inzwischen vierundneunzig und hinfällig. Als Harvey sie damals aufsuchte, muss sie eine hoch qualifizierte Fachkraft gewesen sein, denn alle Experten, die später in den Besitz solcher Schnitte gekommen sind, loben ihre Arbeit in den höchsten Tönen.

Harvey hat sich auch mit verschiedenen Forschern des

Wistar Institute in Verbindung gesetzt, das der University of Pennsylvania angeschlossen ist und einst für seine Sammlung von Gebeinen und Gehirnen berühmt war. Es wurde 1894 von Isaac Wistar gegründet, einem Bürgerkriegsveteran, mit dessen abenteuerlichem amerikanischem Leben man mehrere Bücher füllen könnte. Früher konnte sich das Institut rühmen, Walt Whitmans Gehirn zu besitzen, doch Anfang des 20. Jahrhunderts ließ eine wissenschaftliche Hilfskraft es versehentlich fallen. In nüchternen Zeitungsberichten hieß es, Whitmans Gehirn sei daraufhin im Mülleimer gelandet.

Wer kann sagen, was für ein Schicksal uns erwartet?

Monate nach der Reise mit Harvey und dem Gehirn suche ich das Institut auf und werde von Nina Long, ihres Zeichens Bibliothekarin und Historikerin, herumgeführt, einer kleinen, geschäftigen Frau, die mir auch die «Schätze» im Keller zeigt. Sicher führt sie mich durch einen Hinderniskurs von metallblitzenden tragbaren Kühlgeräten mit allen möglichen Keimproben und hält vor einer Vorratskammer. «Jetzt wird es makaber» warnt sie mich, über ihre Schulter zurückblickend, während sie einen alten Schlüssel in einem alten Schloss dreht. «Ich möchte, dass meine Besucher darauf gefasst sind, wenn sie hier eintreten.»

Drinnen ist es dunkel und voll gestopft. Als sich meine Augen an das Licht der schwachen Glühlampe gewöhnt haben, sehe ich, dass wir in einem Raum voller Mumien und Totenschädel stehen. Vielleicht ein halbes Dutzend Gehirne schwimmen in Formaldehyd, Gehirne von großen Männern wie Edward Drinker Cope und Joseph Leidy, die bedeutenden Väter der Paläontologie, die Ende des 19. Jahrhunderts die ersten Dinosaurierknochen entdeckten und damit bewiesen, dass Amerika einst von zehnstöckigen Echsen besiedelt war. Außerdem gibt es den rechten Arm von Isaac Wistar

– der bei der Schlacht von Ball's Bluff von einer Musketenkugel getroffen wurde – und in einer Reihe von Gläsern den Rest von ihm: seine schrundige Aorta, sein in Zersetzung befindliches Gehirn und – ziemlich abartig – die Knochen seines Pferdes. Als ich dieses Sammelsuriums ansichtig werde, in Regalen aufgereiht wie Bonbons in einem Tante-Emma-Laden, trete ich unwillkürlich einen Schritt zurück – direkt in die Arme eines Skeletts – und stoße einen Schrei aus wie ein kleines Mädchen.

«Das ist einer von unseren Chinesen», sagt Long und klaubt einen Knochenfinger von meiner Schulter. «Davon haben wir dreizehn – vollständige Skelette –, aber fragen Sie mich nicht, warum, ich weiß es nicht.»

Diese Katakombe voller alter Körperteile macht mir Angst. Und doch gibt es in den Universitäten von Harvard über Cornell bis zur UCLA Hunderte solche verstaubten Kammern und funzeligen Hinterzimmer, solche heimlichen und unheimlichen Sammlungen schwimmender Gehirne und Eingeweide, gruselige Unterwelten des aufgeschobenen Todes. Als Kind war ich beeindruckt von den Geschichten gläubiger Katholiken, die die Gebeine von Heiligen in unterirdischen Höhlen versteckten, weil sie meinten, von ihnen ginge der smaragdgrüne Glanz des Himmels aus. Doch wie verhält es sich mit diesen menschlichen Gemischtwaren?

Nehmen wir den Fall von Wladimir Iljitsch Lenin, den Harvey mit großem Interesse verfolgt hat. Am Ende seines Lebens kränklich geworden, erlitt Lenin mehrere Schlaganfälle und starb 1924 mit den klassischen Worten: «Guter Hund!» Die sowjetischen Führer ließen Lenins Gehirn entfernen, seinen Körper ungeachtet aller Proteste seiner Frau einbalsamieren, mit einem gepunkteten Schlips und einer Jacke im Stil der Zeit bekleiden und ihn als eines der wichtigsten öffentlichen Symbole der Sowjetunion ausstellen.

Eine bekannte sowjetische Propagandaparole lautete: «Lenin ist lebendiger als alle Lebenden!» Kosmonauten und Frischvermählte suchten ihn auf, bevor sie sich auf ihre unterschiedlichen Reisen begaben.

Wie die katholische Kirche seit langem behauptet, Maria Magdalenes Arm in der Normandie und die Vorhaut Christi in Italien zu besitzen, um damit ihre direkte Verbindung nach oben unter Beweis zu stellen, so wollte Stalin Lenins Gehirn für seine Zwecke nutzen. 1926 gründete er das Moskauer Gehirninstitut, einen fünfstöckigen Backsteinbau im Zentrum der Hauptstadt am Fluss Jausa, um den Besonderheiten von Lenins Genie auf die Spur zu kommen. Nachdem es zwei Jahre in Formaldehyd eingelegt war, während seine Genossen sich um die Macht zankten, wurde es mit Hilfe eines Mikrotoms in 31 000 Stücke zerschnitten, zu Präparaten verarbeitet und hinter einer Batterie von Stahltüren in Raum 19 verschlossen, wo es noch heute ruht. Inzwischen leisten ihm die Gehirne von Stalin selber, Peter Tschaikowskij und Andrej Sacharow Gesellschaft.

1994, fast siebzig Jahre nachdem die Untersuchung von Lenins Gehirn unter größter Geheimhaltung in Angriff genommen worden war, wurden die Ergebnisse veröffentlicht. Die Auskunft von Oleg Adranow, dem Institutsdirektor, hätte ernüchternder gar nicht ausfallen können: Lenins Gehirn sei «keineswegs sensationell», während Stalins Gehirn «überhaupt keine besonderen Merkmale» aufweise. Im Gegensatz zu heute glaubte man früher vielfach an die Theorie, dass ein Gehirn, je schwerer es sei, umso mehr Genialität enthalte. Bei Lenins Gehirn zeigte die Waage fast drei Pfund an, genug, um in der Welt der Promihirne Anatol Frances mageren 2,1- und Walt Whitmans 2,8-Pfünder in den Schatten zu stellen, aber bei weitem nicht genug, um auch nur in die Nähe von Iwan Turgenjews 4,4-pfündigem Elefantengehirn zu gelangen. Am

Ende hatten viele Menschen den Eindruck, Lenins Gehirn sei nicht viel mehr als ein Malteser Falke, ein gemeiner Trick. «Das ist natürlich sehr schade», sagt Harvey, «aber bei Einsteins Gehirn verhält es sich mit Sicherheit ganz anders.»

Da sich Harvey darüber klar war, dass ihm die Fachkenntnisse fehlten, um eine solche Untersuchung durchzuführen, vertiefte er sich in die medizinische Literatur der fünfziger Jahre, ein Pathologe, der die namhaften Neuroanatomen las, sich einen Überblick verschaffte und nach Experten suchte, mit denen er zusammenarbeiten könnte. Eingehend beschäftigte er sich mit den Arbeiten von Hartwig Kuhlenbeck und schrieb in seiner säuberlichen Handschrift Notizen an den Rand des Werks *The Isocortex of Man* von Percival Bailey und Gerhardt von Bonin. Besonders schätzte, ja verehrte er die Neuroanatomen Jerzy Rose und Walle Nauta. Präparate von Einsteins Gehirn schickte an den Chicagoer Neurologen Sidney Schulman, dem Harveys «konfuse Begeisterung und Naivität» noch heute in Erinnerung ist. Doch andere, denen Harvey Präparate zugeschickt hatte, äußerten die Auffassung, vor der er sich am meisten gefürchtet hatte: Es sei überhaupt nichts Außergewöhnliches festzustellen. Einsteins Gehirn sei ein Gehirn wie jedes andere.

Ich denke daran, wie Dr. Harvey war, als wir am ersten Tag unserer Fahrt die Straßen passierten, die eine so bedeutende Rolle in seinem Leben gespielt haben, ich denke an die Gelassenheit seines Wesens, den charakteristischen Mangel an Charakteristika, und mir wird klar, dass ihm im Unterschied zum Gesicht eines Boxers oder Säufers seine Geschichte nicht auf die Stirn geschrieben ist. Nach Aussagen seiner Kollegen vom Princeton Hospital, von denen die meisten heute ebenfalls die achtzig überschritten haben, begann es in Harveys erster Ehe nach Einsteins Tod zu kriseln, eine Entwicklung, die angeblich ihren Höhepunkt erreichte, als Harvey ein Verhältnis mit einer Krankenschwester des Krankenhauses anfing. «Ich weiß noch genau», sagt Dr. David Rose, der 1955 als Geburtshelfer und Gynäkologe am Princeton Hospital arbeitete, «sie war eine hübsche, dralle Blondine.» Nach einer Version der Geschichte ist Harveys Frau den beiden auf die Schliche gekommen und hat sie bei John Kauffman, dem Leiter der Klinik, angeschwärzt. Dieser viel beschäftigte, gestresste Mann soll daraufhin versucht haben, seinen Pathologen zu entlassen.

Anders als die moderne, seriöse Einrichtung heute war das Princeton Hospital in den fünfziger Jahren laut Rose eine Art Peyton Place. Wenn Kauffman Harvey wegen eines außerehelichen Techtelmechtels entlassen wollte, hätte er fast alle seine Mitarbeiter rausschmeißen müssen. Im Übrigen habe Harvey, so Dr. Benjamin Wright, ein anderer damaliger Kollege des Pathologen, sich bei seiner alltäglichen Arbeit nichts zuschulden kommen lassen. «Er hat in jeder Hinsicht saubere Arbeit geleistet», sagt Wright. Es heißt, Harvey habe sich gewehrt und Kauffman angedroht, wenn er sein Privatleben in die Öffentlichkeit zerre, werde er, Harvey, ebenso mit Kauffmans Privatleben verfahren. Daraufhin habe Kauffman sofort einen Rückzieher gemacht und sich stattdessen auf Harveys Umgang mit Einsteins Gehirn konzentriert – dass er es unrechtmäßig in seinen Besitz gebracht und in all den Jahren keine Studie vorgelegt habe.

Es folgte eine Pattsituation. Laut Dr. Harvey Rothberg, der 1995 eine Geschichte des Krankenhauses veröffentlichte, wurde eine Reihe von Besprechungen anberaumt, an denen neben Harvey und Kauffman Mitglieder des ärztlichen Personals und die Treuhänder teilnahmen. Die Treuhänder beschlossen, Harvey zu entlassen, doch die ärztlichen Mitarbeiter protestierten und verlangten den sofortigen Rücktritt Kauffmans. «Viele von uns waren empört», sagt Wright. «Wir mochten Harvey und hielten es für ungerecht.» Schließlich warfen die Treuhänder den Pathologen doch hinaus.

Harvey selbst leugnet diese Version und behauptet, er habe das Krankenhaus aus eigenem Antrieb verlassen, weil «es Zeit war weiterzuziehen». Das ist echt Harvey, weil er wirklich daran glaubt – und weil ich mich dabei ertappe, dass auch ich daran glauben möchte, gewissermaßen als Entschädigung für jenes andere Bild von einem jüngeren Harvey in der Blüte seiner Jahre, der in Ungnade fiel und abserviert wurde, der seine Sachen zusammenpackte, seine Jungen und seine erste Frau verließ, das Gehirn im Kofferraum seines Wagens verstaute und davonfuhr, vielleicht, wie wir jetzt, einer ungewissen Zukunft entgegen.

Die Zeit verging. In den folgenden Jahren nahm Harvey Stellungen in psychiatrischen Kliniken und Forschungseinrichtungen an, versuchte, ein Pflegeheim zu gründen, und unternahm größte Anstrengungen, um eine interessante Arbeit zu finden. Er zog nach Westen, arbeitete als praktischer Arzt in Missouri und tat Dienst als Anstaltsarzt im Leavenworth-Gefängnis. Später, als er die siebzig schon überschritten hatte, fiel er in Kansas durch ein dreitägiges Staatsexamen, womit seine ärztliche Berufslaufbahn de facto zu Ende war. In der Zwischenzeit machte und brach er Eheversprechen und landete zwei Ehefrauen später, mehr als dreißig Jahre nach Einsteins Tod, in Lawrence, wo er völlig anonym lebte, in einer Kunststofffabrik arbeitete, auf einer Schlafcouch in einem überfüllten Apartment schlief und dem Ende des Jahrtausends entgegensah, während das wohl größte Gehirn des Millenniums noch immer in seinem Regal stand.

Auf diesem Tiefpunkt angelangt, scheint sich Harvey wieder auf die Untersuchung von Einsteins Gehirn besonnen zu haben. Im Laufe der achtziger Jahre schickte er Proben des

Gehirns an etwa ein Dutzend Leute. Bis nach Deutschland, Venezuela, China und Japan gingen diese Sendungen und gelangten nicht nur in die Hände von Medizinern, sondern auch einiger durchgeknallter Reliquien-Freaks. Stets auf der Hut, spricht Harvey ungern über die verschiedenen Angebote, die ihm für Einsteins Gehirn gemacht worden sind, und wie er auf sie reagiert hat – die Angebote von Unternehmern und Börsenspekulanten, von anatomischen Museen und Prominenten. Er äußert sich nicht zu der Frage, ob es konkrete Pläne gibt, das Gehirn zu klonen – eine Idee, die sich durchaus verwirklichen ließe, wenn man noch lebensfähige DNS aus einem der 240 Gehirnklümpchen gewinnen könnte. Worüber er spricht, wenn auch etwas vage, sind konkrete medizinische Resultate.

Da gibt es zum Beispiel die Arbeit des japanischen Forschers Haruyasu Yamaguchi, der sich mit Einsteins altersbedingtem Gedächtnisverlust beschäftigte und dem möglichen Beginn von Senilität, indem er das Gehirn auf Alzheimer-Fibrillen und Altersplaques untersuchte. In Buenos Aires hat Dr. Jorge Columbo die Astroglia von Einsteins Großhirnrinde analysiert – mit gemischtem Erfolg. Und dann ist da noch Dr. Charles Boyd aus Australien – ein gutmütiger Mann, der Einsteins genetisches Material in einem Behälter mit der Aufschrift «Big Al's Brain» aufbewahrt. Er hat in den Hirnproben nach Anhaltspunkten für Erbkrankheiten in Einsteins Familie gesucht. Außerdem hat er versucht, die DNS einer Hautprobe von Evelyn Einstein mit der aus dem Gehirn ihres Großvaters zu vergleichen. Offiziell wurde Evelyn zwar von Hans Albert adoptiert, doch ranken sich viele Gerüchte um die Frage, wer Evelyns Vater ist. Unter anderem wird behauptet, sie sei in Wirklichkeit die uneheliche Tochter ihres Großvaters, doch der Test hat bisher noch kein eindeutiges Ergebnis gebracht.

Es gibt auch einige Aufsätze. Einer nennt als Autoren Harvey und Dr. Britt Anderson vom neurologischen Fachbereich der University of Alabama. (Anderson sagt, er habe die ganze Arbeit geleistet und Harvey den Artikel vor der Veröffentlichung nur zur Durchsicht geschickt.) Unter dem Titel «Abweichungen der Kortexdicke und Neuronendichte im frontalen Kortex von Albert Einstein» heißt es in dem kurzen, zu keinem klaren Ergebnis kommenden Aufsatz, Einsteins Kortex sei dünner als der von Kontrollhirnen, mit denen er verglichen worden sei – dafür sei aber die Neuronenpopulation dichter (47000 pro Kubikmillimeter gegenüber 35000 in den anderen Gehirnen). Dazu Anderson: «Könnte der Unterschied in der kortikalen Neuronendichte möglicherweise eine Erklärung für Einsteins überlegene geistige Fähigkeit liefern?» Aber am Ende bleibt die Frage unbeantwortet.

Ein zweiter und bekannterer Aufsatz stammt von Dr. Marian Diamond, einer Neuroanatomin an der University of California in Berkeley. Diamond behauptet, sie habe in Einsteins Scheitellappen eine überdurchschnittliche Zahl von Gliazellen gezählt, die für die Ernährung des Gehirns zuständig sind. 73 Prozent über dem Durchschnitt, um genau zu sein. Damit ist der Quotient von Neuronen zu Gliazellen «signifikant kleiner» als der von elf Vergleichshirnen. Darin könnte, so Diamond, «eine stärkere Verwendung dieses Gewebes zum Ausdruck kommen», vielleicht die Basis für Einsteins «ungewöhnliches Begriffsvermögen».

Larry Kruger, Professor für Neurobiologie an der UCLA – und als Doktorand bei Jerzy Rose in einer guten Ausgangsposition beim Gerangel um Einsteins Gehirn –, sagt, er spreche für viele Kollegen, wenn er die «mageren Ergebnisse», die die bisherigen Untersuchungen von Einsteins Gehirn zutage gefördert hätten, «lachhaft» nenne, und berichtet, dass die Teilnehmer einer Konferenz, auf der Diamond ihren Aufsatz vorgetragen habe, die Resultate «lachhaft» gefunden hätten, weil «sie absolut nichts bedeuten».

Marian Diamond ist eine gut aussehende Frau mit einer imposanten weißen Mähne und verfügt über hervorragende berufliche Qualifikationen. Alles an ihr scheint zu glitzern wie bei der guten Hexe Glinda aus dem magischen Land Oz, nur dass sie über einen ganz nüchternen und gut funktionierenden Verstand verfügt. Als ich im Laufe unseres Gesprächs von Krugers Kommentar berichte, lächelt sie und meint, er leide unter einem Mangel an «inhibitorischen Zellen». Seine Reaktion habe wohl mehr mit dem «gespannten Verhältnis zwischen zwei Männern» zu tun – zwischen Kruger und Diamonds Mann Arnold Scheibel, einem namhaften Hirnspezialisten, der ebenfalls an der UCLA lehrt – als mit ihrer Arbeit über Einsteins Gehirn. Auf die Kritik anderer Kollegen angesprochen, antwortet sie: «Was soll's, irgendwo müssen wir doch anfangen, oder?»

Harvey sieht die Sache allerdings etwas dramatischer: «Sehen Sie», sagt er, «wir stellen fest, dass Einsteins Gehirn ungewöhnlicher ist, als viele Menschen zunächst geglaubt haben.» Wenn er über die stückweise Verteilung seines Schatzes spricht, stellt er sich als verantwortungsvollen Sachwalter eines wissenschaftlichen Auftrags dar, der eine handverlesene Gruppe von Experten um sich geschart hat. Die geben allerdings vielfach an, sie wären von sich aus Monate – manchmal sogar Jahre – vorher auf ihn zugegangen, bevor sie anonyme Päckchen erhielten, in denen sie dann eingewickelte Hirnteile gefunden hätten.

Von allen Empfängern derartiger Sendungen hat niemand so viel – ein Fünftel von Einsteins Gehirn, sagt Harvey – erhalten wie Dr. Sandra Witelson, eine kanadische Forscherin von der McMaster University in Hamilton. Witelson, bekannt durch ihre Geschlechterstudien, hat Harvey eingeladen, sie zu besuchen. Sie habe, so Harvey, alle seine Äußerungen und Artikel in einem Heft gesammelt und er habe ihr einen stattlichen Anteil des Gehirns geschickt.

«Sie ist ein richtiges Ass», sagt Harvey. «Sie hat eine der umfangreichsten Gehirnsammlungen weit und breit. Ein ortsansässiger Leichenbestatter beliefert sie. Ich glaube, ihre Arbeit über Einsteins Gehirn wird ziemlich bedeutsam werden.» Während Witelson Harveys Behauptungen als «unrichtig» bezeichnet – leugnet, dass sich irgendwelche Teile von Einsteins Gehirn in ihrem Besitz befinden, später aber zugibt, dass es doch der Fall ist –, bezeichnen andere sie unumwunden als Opportunistin.

«Die Untersuchung von Einsteins Gehirn ist schlicht und einfach eine törichte Idee», sagt Dale Purvis, ein Professor für Neurobiologie an der Duke University. «Wir haben absolut keine Ahnung, wo wir nach den Fähigkeiten suchen sollen, die Einstein hatte, wo seine physikalische Intuition und Intelligenz herkam. Wahrscheinlich war er in anderen Dingen ein Volltrottel, etwa im Basketball oder in der Kontoführung. Es gibt keinen Grund für die Annahme, dass sein Gehirn anders ist als die Gehirne anderer Menschen.»

«Das ist wie Descartes' Überzeugung, dass die Zirbeldrüse der Sitz der Seele sei», sagt Robert Schulman, der Leiter der Einstein-Sammlung an der Boston University. «[Einstein] hielt Spekulationen ohne wissenschaftliche Basis für absoluten Mist. Ihm wäre es lächerlich vorgekommen, dass die Leute seinen Verstand in Scheiben schneiden, um zu sehen, woher seine Intelligenz kommt.»

Andere wiederum finden die ganze Prozedur ekelhaft. Als ich Evelyn Einstein das erste Mal anrufe und ihr ein Treffen mit Harvey und dem Gehirn ihres Großvaters vorschlage (Harvey selbst hat sie nie angerufen), sagt sie: «Ach ja, das weiße Kaninchen.» Und nach einer kurzen Pause: «Sein

Name war Harvey. Es lebte in Kansas. Mehr gibt es nicht zu sagen.» Sie spielt auf einen Film mit Jimmy Stewart aus dem Jahr 1950 an; er hieß *Harvey,* und Stewart spielte einen liebenswürdigen Irren, der aus einem Schlamassel in den anderen stolpert, weil er Umgang mit einem überdimensionierten, eingebildeten Kaninchen namens Harvey pflegt. «Was er getan hat», sagt sie, «ist degoutant, einfach widerwärtig.» Als ich ihr sage, dass Harvey sie aber sehr gern sprechen würde, ist sie zunächst ziemlich sprachlos, lässt dann aber doch eine gewisse Neugier erkennen. «Ich interessiere mich für die Wissenschaft», sagt sie, «und bin neugierig auf das Gehirn. Im Übrigen muss ich das Ganze mit Humor nehmen. Sonst könnte ich damit gar nicht umgehen.»

Einer, der die Sache überhaupt nicht mit Humor nehmen kann, ist Roger Richman, dessen Agentur in Los Angeles Einsteins Erben vertritt – an erster Stelle also die Hebräische Universität – und über das Image des großen Mannes wacht. Richman hat vor kurzem rechtliche Schritte angedroht und ist entsetzt über die Art und Weise, wie Harvey mit dem Gehirn umgegangen ist. In dem Bemühen, der Öffentlichkeit ein würdiges Bild von Einstein zu präsentieren – sein Image zu pflegen –, untersagt Richman bestimmte Dinge. Beispielsweise erlaubt er keinesfalls, mit Einsteins Bild Friseurgeschäfte zu dekorieren. Er duldet nicht, dass der Name des großen Mannes in unlauterer und herabsetzender Weise verwendet wird. Das Gehirn ist ein rotes Tuch für ihn. «Wenn die Schriften eines Menschen zu seinem Nachlass gehören und wenn das Image, das er im Laufe seines Lebens erworben hat, ebenfalls dazu gehört, muss das auch für sein Gehirn gelten», sagt Richman und wiederholt, was am Ende als Grundlage für einen Prozess gegen Harvey dienen könnte. «Solche Menschen sollten in Ehren gehalten und nicht in Stücke gehackt werden.»

7

Das Buch *Wir*

Am nächsten Morgen sind wir früh auf und schon vor dem Frühstück wieder unterwegs, von Dayton aus nach Norden. Ohios Erde sieht bleich und verletzlich aus, als hätte sie während des Winters unter einem Pflaster gelegen. Wir fahren auf eine Raststätte in der Nähe der Grenze von Indiana, und aus einer der aufgereihten Telefonzellen rufe ich Sara an, die auch schon seit Stunden auf ist, bemüht, ihr Buch zu beenden. Sie berichtet, dass es in Maine noch immer schneit, dass Trout den ganzen Morgen Eichhörnchen gejagt hat, jetzt hechelnd auf der Veranda sitzt und ein kleines Karnevalshütchen aus Schnee auf der Schnauze hat. Sie selbst habe gerade etwas Kava-Kava genommen, einen Pflanzenextrakt, dem sie seit kurzem geradezu mystische Eigenschaften zuschreibt und der, wie sie findet, eigentlich von der Regierung in unser Trinkwasser praktiziert werden müsste, um dieses Land zu einem glücklichen Land zu machen.

Ich berichte ihr, dass alles gut läuft, dass Harvey sich hervorragend hält und dass wir vorhaben, einige seiner alten Freunde in Kansas aufzusuchen, wenn wir dorthin kommen. Vor zwei Tagen haben wir uns zuletzt gesehen, und nun schönen wir unser Leben nach Kräften. Als sie mich nach dem Gehirn fragt und ich sage, es befinde sich im Kofferraum, ist sie einen Augenblick still und sagt dann. «Echt? Ohne Flachs?» Wir sprechen vielleicht zehn Minuten miteinander, oberflächlich, wie wir es sonst nie sind, und klammern alles aus, was uns wirklich wichtig ist, sodass ich mich ernsthaft fragte, ob sie wohl abgenommen hätte, wenn sie gewusst hätte, wer dran ist.

«Ist es zu blöd?», frage ich schließlich.

«Was ist blöd?»

«Hätte ich nicht anrufen sollen?»

«Du kannst immer anrufen», sagt sie sanft und scheint es zu meinen.

«Weißt du, eigentlich wollte ich nur ... hi sagen.»

«Also dann ... hi!»

«Ja, hi und ...»

«Und?»

«Du fehlst mir hier draußen.»

«Und du fehlst mir hier ... Ich wünschte nur ... die Sache ... wäre anders.»

«Wie anders ...?»

«So, dass wir darüber sprechen könnten. Weißt du, so geht es nicht. Du auf einer Raststelle und ich jetzt mit dem Buch. Der Abgabetermin. Es geht einfach nicht.»

Es folgt ein langes Schweigen, und selbst nachdem wir uns darauf geeinigt haben einzuhängen, kann ich nicht auf Wiedersehen sagen – sage es nicht. Ich warte darauf, dass Sara aufhängt. Ich horche auf das letzte Klicken, mit dem die Verbindung unterbrochen wird, auf die letzte Elektrizitätswelle, die von Maine nach Indiana pulst, von ihr zu mir, und dann auf die zähe Stille, die sich dahinter ausbreitet. Ich stehe da, den Hörer ans Ohr gepresst, den Kopf gesenkt, lausche eine Zeit lang der Stille und dann dem Knistern und Knacken in der Leitung, als eine automatische Ansage erfolgt: *Bitte hängen Sie auf und wählen neu ...*

Normalerweise finden Sara und ich, wenn wir getrennt sind, immer eine Möglichkeit, stundenlang miteinander zu telefonieren oder uns das Gefühl zu vermitteln, zehn Minuten wären Stunden. Am Anfang unserer Beziehung, als wir eine Zeit lang getrennt lebten, haben wir jeden Abend telefoniert, und gelegentlich haben wir so viele Stunden hintereinander geschwatzt, dass ich auf dem Sofa buchstäblich eingeschlafen bin. Diese Telefongespräche, diese Millionen Worte und Geschichten, waren der Anfang vom Buch *Wir*. Wie haben wir uns in diese Sackgasse hineinmanövriert? Wie ist es dazu gekommen, dass plötzlich alles so falsch wirkt, so ... ohne Gefühl?

Heute denke ich mir das so: Zuerst verliebt ihr euch. Morgens wacht ihr im Glücksrausch auf, und die Dämmerung kommt mit violettem Astrallicht. Ihr vertieft euch ineinander, bis die inneren Bilder, die jeder vom anderen hat, zu einem einzigen verschmelzen. Wir. Gemeinsam. Es ist wie die Entstehung der Erde, Vulkane brechen auf und speien Lava. Ozeane bilden sich. Kontinentalplatten verschieben sich. Meeresschildkröten durchqueren den halben Ozean, um Eier auf der Mutterinsel zu legen; Singvögel ziehen über ganze Erdteile, um ein paar Beeren von einem Baum zu pflücken. Ihr entwickelt euch – kosmisch und geologisch. Ihr verliert euch und findet euch wieder. Jeden Tag. Bis die Liebe die Schildkröten und die Vögel eurer Welt einsammelt und ebenfalls umfängt.

Über viele Interstate-Kilometer analysiere ich das Telefongespräch, und erst nach einer ganzen Zeit gestatte ich meinen Gedanken, zur Ruhe zu kommen – oder vielmehr, sich der Vorwärtsbewegung unseres Autos zu überlassen. Hundertdreißig Stundenkilometern werden das Maß für unser Vorankommen, das Tempo des Vergessens. Draußen fliegen die Bäume und Schilder, Zaunpfähle und Felder vorbei – konkrete, physische Belege für die topographische Verwandlung Amerikas.

Wir durchqueren Indiana und Illinois, die beiden Staaten, die zusammenhängen wie siamesische Zwillinge, unter jagenden Wolken und jähen, hellen Sonnenstrahlen, die kühle Luft schwängert der Geruch von Dung und Viehfutter. Über kalte, rasch dahineilende Bäche und Rinnsale voller alter Kühlschränke und Motorblöcke stehlen wir uns durch die Schatten von Insektenvernichtungsfliegern und Greyhoundbussen, vorbei an schlingernden fünfzehn Meter langen Lastwagenanhängern, voll gestopft mit Videofilmen, Bananen oder Industrieturbinen – einmal auch von einem Tieflader, auf dem ein Hubschrauber aus Vietnamzeiten festgezurrt ist.

In der hellen Sonne und dem Wind tauchen die Gebäude und Ställe des Mittleren Westens auf; davor stehen kleine Grüppchen von Farmern in Steppwesten, beäugen ihre Felder ängstlich wie werdende Väter – manchmal auch einfach wie zum Untergang verurteilte Überlebende einer Katastrophe –, reparieren ihre Dreschmaschinen, wenden die ersten Schollen, zeigen auf etwas, was noch unsichtbar ist, und sprechen in Beschwörungsformeln: Futter und Dünger, Feuchtigkeitsgehalt und Pflugtiefe. An jedem Arbeitstag, bei jeder Feldrandkonferenz und in jeder Stunde, die sie allein in der vollklimatisierten Kabine ihres Supertraktors verbringen, vertrauen sie sich stumm den ehernen Rhythmen irgendeiner höheren Macht an, damit sie Sorge trage für das richtige Maß an Sonne und Regen, reichliche Ernte und den idealen Anstieg der Marktpreise. Im Radio kommt der Landfunk: Kurse für mageres Schweinefleisch um zehn Punkte gefallen, Mastrinderkurse um sieben Punkte gestiegen. Kurse für Mais, Sojabohnen und Kakao um zweieinhalb gestiegen, um einen halben Punkt gefallen und unverändert. Märzzucker, Julimais, Septemberreis und Dezemberbaumwolle – alle mit einem momentanen Kurs verknüpft, der in diesem Augenblick jemanden zum reichen Mann macht und jemand anders ruiniert.

«Gucken Sie sich diese Kuh an!», ruft Harvey aus und unterbricht sein langes Schweigen.

Schwarz mit einem weißen Hinterteil – ganz zweifellos eine Kuh! An unserem dritten Tag hier draußen beginnt sich etwas zwischen uns anzuspinnen – zwischen uns dreien. Die Zeit verlangsamt sich, so scheint es, oder dehnt sich aus, um einen größeren Himmel, eine offenere Landschaft zu füllen. Das grelle, hektische Licht des Ostens ist einer einzigen Hängelampe gewichen. Im Schein dieser Lampen bekommen eine Kuh, ein Baum, dessen silberne Blätter der Wind bewegt, oder die rostigen Reste eines Pflugs eine fromme, ja mystische Aura. Nicht dass es im Mittleren Westen keine Geschäftigkeit gäbe, nur werden hier abseits der großen Städte die Fristen und Termine von der Erde und ihren Jahreszeiten diktiert. Ich streife meine Uhr ab und spüre, wie ich von Harveys langsamerer Zeit vereinnahmt werde.

Und das Land – die Art und Weise, wie sich Amerika in immer neuen fruchtbaren, wenn auch jetzt brachliegenden Feldern manifestiert, wie es von Horizont zu Horizont reicht und wie sich in der imposanten Wucht dieser Endlosigkeit ein tiefes Gefühl der Freiheit erschließt – ruft uns die uralte Sprache von Wind und Stille ins Gedächtnis. Alles ist so seltsam schön und weckt gleichzeitig das Gespenst einer Art Melancholie, den Gedanken, dass wir zwar zu diesem Land gehören wie das Land zu uns, dass wir aber gleichzeitig nur flüchtige Besucher in seinen Räumen sind und unsere Gedanken an die Wände projizieren, dass wir bestenfalls ein gutes Leben leben können, vielleicht zwei oder drei Kopien unserer selbst in die Welt setzen und dann unseren Platz räumen müssen für eine andere Generation – Generation Y, Generation Z … und dann? Beginnen wir wieder mit A? Oder endet die Zeit, wenn das Alphabet keine Buchstaben mehr hergibt?

Auf dem gleichen Weg trafen die ersten Siedler in St. Louis ein, wo sie mit ihren Planwagen in die großen Ebenen aufbrachen, in denen Hunger, Indianer, das Unbekannte auf sie warteten. Nach ihnen kamen die Eisenbahner, Goldsucher, Bankiers und Welle um Welle die Einwanderer – und das einzig Gemeinsame war ihr unbeirrbarer Glaube. Jetzt sind wir Fernfahrer, Rentner in Wohnmobilen, Berufswechsler in Umzugsgefährten von Ryder und U-Haul, Collegestudenten – eine neue Nation von Einwanderern, bestrebt, unsere zehn Morgen unter den Pflug zu nehmen, so jagen wir auf der Interstate neben den alten Wagenspuren dahin und gelangen an die Ufer des Mississippis, vielleicht nicht viel anders als sie: überschwänglich, rührselig, ein Halleluja anstimmend.

Doch der Mississippi duldet heute keine Taufen. Vorübergehendes Tauwetter flussaufwärts hat seine Fluten anschwellen lassen. Und zu dem Zeitpunkt, da er St. Louis erreicht, nachdem er aus den ersten Rinnsalen des Lake Itasca im Norden von Minnesota geboren war, rascher wurde, den Zustrom des St. Croix Rivers südlich von St. Paul empfangen, den Rock River in Illinois geschluckt, sich Iowas Des Moines einverleibt, den Illinois eingesackt und den Missouri aufgesaugt hat, rauscht diese fette Mutter aller Ströme hier schäumend und beladen mit Schwemmland, Stör und vorgeschichtlichen Kieseln vorbei.

Hier, auf der Brücke über ebendiesen Fluss, im Schatten von St. Louis' Gateway Arch, der zugleich anmaßend und zierlich wirkt, geht mir auf, dass wir uns auf Harveys Spuren bewegen, dem Weg folgen, den er einschlug, als er New Jersey verließ, nachdem er die ersten ereignisreichen Jahre mit dem Gehirn verbracht hatte. Bestimmt ist ihm gleich nach der Autopsie klar geworden, dass er ein wichtiges Unterpfand in der Hand hatte. Und gewiss musste der einst völlig unbekannte Dr. Thomas Harvey nun mit Zuvorkommenheit und Hochachtung von all denen behandelt werden, die daran interessiert waren, in den Besitz von Einsteins Gehirn zu gelangen.

Tatsächlich gab es viele, die gerne gehabt hätten, was Harvey besaß, unter anderem die US-Army, die von Webb Haymaker, einem ihrer besten Ärzte, vertreten wurde. Haymaker, ein hagerer Mann mit abstehenden Ohren, der ein bisschen wie Ray Bolger als Vogelscheuche in *Der Zauberer von Oz* aussah, war ein sehr angesehener Neuroanatom, zu dessen vielen Verdiensten unter anderem eine Untersuchung von Mussolinis Gehirn zählte. Außerdem hatte er einen Artikel mit dem Titel «Stratomouse» veröffentlicht, in dem er eine Maus mit einem Ballon in den Weltraum schickte, um die Auswirkungen der dort herrschenden Strahlung auf die Zellen eines Lebewesens zu untersuchen. Wenige Monate nach Einsteins Tod hat Haymaker Verbindung zu Dr. Harvey aufgenommen und ihn zu einem Gipfeltreffen der führenden Hirnforscher in Washington eingeladen. Zu dem erlauchten Kreis gehörten Männer wie Harveys Held Hartwig Kuhlenbeck, Clem Fox, Gerhardt von Bonin, Jerzy E. Rose und Walle Nauta.

Unter ihnen bewegte sich also, vielleicht mit einer Spur von Herablassung betrachtet, dieser etwas linkische, nervös kichernde Halbmediziner, der hier eigentlich völlig fehl am Platz war, dieser Pathologe aus einem Kleinstadtkrankenhaus, das nur den Namen gemeinsam hatte mit den heiligen Hallen und Nobelklubs der Princeton University. Laut Harvey begann das Treffen mit zurückhaltender Höflichkeit, als Haymaker seine Pläne für Einsteins Gehirn darlegte und Harvey zuhörte. Doch in seinem Geplauder setzte Haymaker stillschweigend voraus, dass das Gehirn schon ihm gehöre, dass er Harvey nur ein bisschen um den Bart gehen müsse, damit der seinen Schatz herausrücke. Als Harvey sich weigerte, war es vorbei mit der Höflichkeit. Ohne Umschweife verlangte Haymaker das Gehirn. Harvey dachte nicht daran. Basta. Haymaker wurde zornig, aber Harvey ließ sich nicht beeindrucken. Als Harvey daran erinnert wurde, mit wem er es zu tun hatte (der US-Army, Siegerin zweier Weltkriege), sagte er: «Tjaa-nun ...», und zuckte mit keiner Wimper. Und wer lacht nun zuletzt? Wer ist tot – ohne eine einzige Ausnahme –, und wer ist jetzt auf Achse, mit dem Gehirn unterwegs nach Kalifornien, wer verputzt Cornflakes und gebackene Kartoffeln, wer schaufelt Pfannkuchen und grünen Salat und Hühnersuppe mit Nudeln in sich hinein?

«Harvey konnte seinen Arsch nicht von seinem Ellbogen und dem Gehirn unterscheiden», sagt Larry Kruger, der damals Doktorand bei Jerzy Rose war. «Er wollte das Gehirn nicht herausrücken, obwohl er kein Neuropathologe war, und dann war der Zug abgefahren. Ich meine, was sollte man damit? Ich habe gehört, er bewahrte es im Keller auf und zeigte es Besuchern. Manche Leute geben mit seltenen Shakespeare-Ausgaben an. Er sagte eben: ‹He, willst du Einsteins Gehirn sehen?› Der Typ ist ein Schwachkopf ... Er wollte berühmt werden und hat sich in den Finger geschnitten.»

Als ich Kruger später in Los Angeles besuchte, in seinem voll gepfropften UCLA-Büro, zu dem ein überdimensionales Buch mit dem Titel *A Dendrocyto-myeloarchitectonic Atlas of the Cat's Brain* gehörte, machte er eine Bemerkung, die ich später immer und immer wieder hören sollte, fast eine Drohung oder eine moralische Ehrenrettung für alle Forscher in weißen Kitteln, die Hirne in Formaldehyd schwimmen lassen oder in dünne Scheiben schneiden. «Was Harvey getan hat, ist wahrscheinlich illegal», sagt er. «Ich vermute, er ist ein etwas merkwürdiger Bursche. Wenn er klug gewesen wäre, hätte er aufgegeben und das Ding herausgerückt, aber er hat den großen Max gemacht und wahrscheinlich teuer dafür bezahlt.»

Sogar das FBI heftete sich an Harveys Fersen, schnitt gelegentlich Artikel über den Pathologen und Einsteins Gehirn aus und heftete sie in der Geheimakte über Einstein ab. Vermutlich hat J. Edgar Hoover nicht nur den lebenden Einstein für gefährlich gehalten, sondern auch den toten. Schließlich musste die Vorstellung, Einsteins Gehirn könnte in die Sowjetunion gelangen, in das Gehirninstitut, in dem schon Lenins Gehirn in Scheiben geschnitten, gewürfelt und unter größter Geheimhaltung untersucht worden war, im Klima des Kalten Krieges äußerst beängstigend sein, wo alles, von einer Marsinvasion bis zur weltverschlingenden Todesmaschine, ebenso möglich erschien wie das Klonen des großartigsten Gehirns der Welt.

Sobald klar war, dass Harvey nicht daran dachte, das Gehirn herauszurücken, hatte er die öffentliche Meinung gegen sich. Im Laufe der Zeit nahm die Schilderung des Autopsiehergangs immer grausigere Züge an, voller Horrorszenen und heidnischer Rituale, gekrönt von der Entfernung der Augen durch Einsteins Augenarzt Dr. Henry Abrams, der sie herausnahm, weil sie, wie er später sagte, «auch zum Gehirn gehörten und weil ich ein Andenken haben wollte».

1994 fasste Jonathan Freedland diesen Tag aus dem Jahr 1955 in einem Artikel für die englische Zeitung *The Guardian* wie folgt zusammen: «Im günstigsten Fall wurden einige moralische Regeln übertreten, im schlimmsten das Labor eines Pathologen in ein Schlachthaus verwandelt und der Leichnam eines alten Mannes, der zufälligerweise eine der bedeutendsten Figuren in der Geschichte der Menschheit war, zum Freiwild erklärt. (Einigen Berichten zufolge haben sich die skalpellwütigen Ärzte des Krankenhauses nicht mit den Augen und dem Gehirn begnügt: Ein Zeitzeuge erinnert sich, er habe am folgenden Tag Einsteins Herz und Darm in einem ‹Eimer› erblickt.) Wie Abrams zugibt, hat in der Aufregung darüber, dass man sich am Leichnam einer Legende zu schaffen machte, ‹niemand einen Gedanken an irgendetwas anderes verschwendet›.»

Doch obwohl Harvey der Sweeney Todd dieser Bosch'schen Vision war, beschreibt der Autor den Harvey von heute im selben Artikel als «einen harmlosen alten Mann mit einem krächzenden Lachen». Andere waren weniger nachsichtig. In einem Gedicht mit dem Titel «Love Letter, Static Interference from Einstein's Brain» hält sich die Schriftstellerin Joyce Carol Oates ganz an die Legende ihrer Heimatstadt Princeton und behauptet, Harvey habe eine «böse» Tat begangen. Gegen Ende seines Lebens hat Otto Nathan erklärt, Harvey habe gegen den Willen der Erbengemeinschaft gehandelt, und unterstrich damit die beliebte Version, Harvey sei ein Ketzer, der den Tempel geschändet habe. Wenn man Harveys ehemaligen Professor Harry Zimmermann nach dem Verbleib seines ehemaligen Studenten fragte, pflegte er viele Jahre lang – aus Unwissenheit oder Wunschdenken – zu antworten, der sei tot.

Die Jahrzehnte, in denen Harvey und das Gehirn verschollen waren, haben zur Entstehung eines Mythos beigetragen, der Harvey fast einen Kultstatus eingetragen hat, mit dem Ergebnis, dass höchst seltsame Geschichten von höchst seltsamen Leuten über ihn erzählt wurden. 1978 berichtete der Autor Steven Levy im *New Jersey Monthly,* er habe Harvey in Kansas aufgespürt, wo dieser das Gehirn hinter einem Bierkühler in einer Kiste mit der Aufschrift Costa Cider aufbewahre. Fast zwanzig Jahre später schilderte die Heavy-Metal-Band Attic of Love in dem Song «Stealing Einstein's

Brain» die Träume eines Kiffers, der plant, Einsteins Gehirn seinerseits von Harvey zu klauen:

He heard the rumor one morning; somewhere out in the Midwest
Einstein's brain was adorning a trophy shelf by the desk
of a general practitioner gentleman. Who was he to be so blessed?
So he formed a plan to take a stand,
and one day he'd attain the theft of Einstein's brain.
*Stealing Einsteins brain.**

1993 bekam Harvey Besuch von dem englischen Dokumentarfilmer Kevin Hull, der einen Film über das Gehirn machte. Das Resultat, *Einstein's Brain,* ist so irre gut, dass ich beschließe, Hull in London aufzusuchen, bevor ich mich mit Harvey auf die Reise mache, um die Meinung von jemand anders über den alten Mann zu hören. Als ich eintraf, schien ganz England entschlossen, sich sinnlos zu besaufen und sich in seine apokalyptischen Weihnachtspartys zu stürzen, um als heulendes Elend in den Gossen von Covent Garden zu enden. In einem kleinen Bistro unterhielt ich mich mit Hull über alles, vom Schicksal der Welt bis zum Unterschied zwischen englischen und amerikanischen Pissoirs. Er vertraute mir an, bei den Aufnahmen zu seinem letzten Film über die englische Rüstungsindustrie habe er vom britischen

* Er hörte das Gerücht eines Morgens; irgendwo im Mittleren Westen / schmücke Einsteins Gehirn den Trophäenschrank neben dem Schreibtisch / eines respektablen praktischen Arztes. Wer war er, dass er solches Glück verdiente? / Daher beschloss er, sich ein Herz zu fassen / und sich eines Tages Einsteins Gehirn unter den Nagel zu reißen. / Einsteins Gehirn zu stehlen.

MI6 die Information bekommen, dass Japan jetzt an einem Ort, der geheim gehalten werde wie einst Los Alamos, eigene Massenvernichtungswaffen baue.

Durch nichts als mein viertes Glas Wein fühlte ich mich bewogen, ihm einen bizarren Traum anzuvertrauen, den ich in der Nacht zuvor gehabt hatte, einen Traum, in dem es mich in ein fremdes Land verschlug, wo eine hungrige, zynische Menge von Fanatikern mit Steinen nach mir warf, wie in Shirley Jacksons Geschichte «The Lottery», doch ich fiel nicht zu Boden, gab das kleine Klümpchen meiner selbst nicht her, auf das sie es abgesehen zu haben schienen. Nein, je mehr Steine mich trafen, desto heiterer fühlte ich mich.

Hull hörte aufmerksam zu, einen verblüfften Ausdruck auf dem Gesicht, die dichten Brauen zusammengekniffen wie zwei Raupen, dann beugte er sich vor, unterbrach ohne Umschweife meine umständliche Erzählung, starrte mich mit seinen Knopfaugen an und sagte, als greife er damit meine Worte auf: «Harvey hat es geklaut. Der Scheißkerl hat es einfach geklaut …»

«Was geklaut?»

«Das Gehirn.»

«Du meinst, er hat es gestohlen?»

«Absolut klar, Mann», sagte er. «Es gibt zwei Dinge, die du nicht finden wirst. Erstens den Autopsiebericht. Der fehlt. Zweitens den Brief von Hans Albert an Harvey, in dem er ihm das Gehirn überlässt.»

«Hat es einen solchen Brief gegeben?»

«Genau das ist der Punkt. Soweit wir wissen, hat niemand Harvey das Gehirn überlassen.»

Doch als ich Harvey klipp und klar frage, ob er das Gehirn gestohlen hat, bleibt er trotzig bei seiner Version der Ereignisse: Nathan habe ihn ermächtigt, das Gehirn zu entfernen, und Hans Albert habe ihm gestattet, es zu untersuchen.

Auf Abrams und Einsteins Augen angesprochen, setzt er eine finstere Miene auf und wird ungewöhnlich zornig. «Ich war ganz und gar nicht einverstanden mit dem, was er tat», sagt er scharf. «Er hat sich vor ein paar Jahren an mich gewandt und mir die Augen angeboten, aber ich wollte sie nicht. Was soll ich mit ihnen?»

Abrams erklärt hingegen, von ein paar Urlaubskarten abgesehen, hätte er mit Harvey keinen Kontakt mehr gehabt, seit dieser vor fast vierzig Jahren das Princeton Hospital verlassen habe. Entschieden leugnet er, Harvey die Augen angeboten zu haben. Er sagt, wenn er heute ein- oder zweimal pro Jahr das Schließfach in der Stahlkammer seiner Bank in Philadelphia öffne, in der er Einsteins Augen verwahre, und die beiden weißen Planeten mit ihren höchst bemerkenswerten braunen Kreisen betrachte, überkämen ihn liebe Erinnerungen und er empfinde eine «tiefe Beziehung» zum Professor. Auch er leugnet dann Gerüchte, denen zufolge er mit Michael Jackson in Verhandlung stehe, dem Popstar und Sammler von Körperteilen, um ihm die Augen angeblich für einen Preis von mehreren Millionen Dollar zu verkaufen.

Gregory Stock, seines Zeichens Professor an der UCLA und Autor des Buches *Metaman: The Merging of Humans and Machines into a Global Superorganism,* glaubt, durch das Gerede von Geldangeboten für Einsteins Augen oder Gehirn würde man Harvey nur noch mehr verschrecken. Stock, der einen von Harveys Söhnen kennt, hat Harvey vorgeschlagen, das Gehirn Stück für Stück wiederaufzubauen, auf diese Weise eine 3-D-Rekonstruktion herzustellen und diese dann in einer Wanderausstellung zu zeigen. Stock behauptet, er habe nicht vorgehabt, Einsteins Gehirn in ein gewinnträchtiges Unternehmen zu verwandeln, doch Harvey, der den Vorschlag ablehnte, behauptet, genau das sei Stocks Absicht gewesen. Übereinstimmend sind ihre Aussagen aber darin, dass Stock Harvey in Kansas aufgesucht habe, wo das weiße Kaninchen laut Stock «das Gehirn auf einem Käsebrett ausgebreitet hat». Wie eine Vorspeisenplatte.

Egal, welche Absicht Stock auch gehabt haben mag, mit Sicherheit ist er nicht der Erste, der mit der Ausstellung von Einsteins Gehirn Geld machen wollte. Laut Harvey hat er für das Gehirn Angebote bekommen von der anatomischen Gesellschaft in Edinburgh, Schottland, von der Milken Foundation, Kalifornien, die von dem verurteilten Börsenspekulanten Michael Milken gegründet wurde, und von einem Mann, der behauptete, er wolle das Gehirn für sein «Museum für Historische Andenken, Merkwürdigkeiten und Kuriositäten», und der Harvey 15 000 Dollar für ein einziges Stück bot. Ferner hatte ein Unternehmer die Idee, hauchdünne Schnitte in Kugelschreiber und Erinnerungsplaketten einzugießen.

Neben den finanziellen Angeboten hat Harvey viele hundert andere Anfragen bekommen – von höchst aggressiven bis zu schmeichelhaften Briefen und nicht immer von Persönlichkeiten, die man als gefestigt bezeichnen könnte. In dem Kellerbüro bei Cleora bewahrt er zwei Schuhkartons voller Briefe auf: von einem Rabbi, der auf den blasphemischen Charakter seiner Tat verweist und die Herausgabe des Gehirns verlangt, um es angemessen zu begraben. Das Schreiben einer Frau aus St. Paul, die mahnt: «Der Geist gelangt bei der Geburt ins Gehirn und verlässt es mit dem Tode … Nach meiner Ansicht verschwenden Sie Ihre Zeit, wenn Sie das Gehirn untersuchen. Die denkende Seele ist schon lange daraus geflohen. Denken Sie darüber nach.» Andere Briefe kommen von braven Schülern, dilettierenden Mathematikern, Spinnern und einem Lehrer aus Oregon, der in einem Fall von wiedererlangter Erinnerung wegen sexuellen Missbrauchs angeklagt worden ist und Harvey für seine Verteidigung um Geld bittet.

Aber hat Harvey für den Besitz des Gehirns wirklich teuer bezahlt, wie Kruger meint? Vielleicht. Vom Arzt wurde er zum Arbeiter an der Strangpresse in einer Kunststofffabrik, vom verheirateten Mann zum dreifach geschiedenen, von jemandem, der in angenehmen Verhältnissen lebte, zu einem, der seine Tage im Keller verbringt. All das, nachdem er in den Besitz des Gehirns gelangt war. Vielleicht auch, weil er in den Besitz des Gehirns gelangt war.

«In der Rückschau erscheinen mir Harveys eigene Motive merkwürdig», meint Stock. «In gewisser Weise ist das Gehirn seine ganze Identität.»

Trotzdem lässt sich sein Leben nicht auf diesen einen Aspekt reduzieren. Wir können Harvey auch als glücklichen Mann sehen, der bei jedem Szenenwechsel glaubt, auf dem Sprung zum nächsten Abenteuer zu sein, bei jeder neuen Frau und jedem neuen Kind vielleicht das Gefühl hat, geliebt zu werden. Schauen Sie ihn an, wie er mit dem Finger über die Karte fährt, während wir durch Missouri gleiten: Lammfromm sieht er aus. Trotzdem, ich versuche, ihn vor mir zu sehen, wie er sich über Einstein beugt – in diesem einen, nackten Augenblick. War ihm da klar, dass sein Leben ab da eine Abfolge gebrochener Versprechen werden würde?

Nur gelegentlich erhascht man einen Blick auf die Brüche in dieser ansonsten vollkommen höflichen Persönlichkeit, und du siehst die gezückten Revolver und den Widerschein auf den Eckzähnen, die sich in gefährliche Hauer verwandeln. Wir sind getrieben von Begierde und Furcht. Nur in unserem einsamen Verlangen sind wir fähig zu den herrlich unerwarteten Sünden.

8

Wie man den Rest seines Lebens einen einzigen Menschen liebt

Wir sind schon ein richtiges Pärchen – Harvey und ich. Obwohl wir altersmäßig mehr als ein halbes Jahrhundert auseinander sind – er unter dem Stern von William Howard Taft geboren, ich unter den Napalmbomben von Lyndon Baines Johnson, er in schwarzen Wallabee Boots Größe 40 und lila Socken, ich mit cooler Sonnenbrille und Haarbüschel am Kinn, er mit einer Schar von Exfrauen, zehn Kindern und Stiefkindern und zwölf Enkeln am Hals und ich erst an der Schwelle meiner Fortpflanzungsphase –, so beginnen wir doch im Gleichklang zu denken, unbewusste Teamentscheidungen zu treffen. Beide trinken wir Seltzer, ein Schutz, wie Harvey sagt, gegen «GI-Aufstände». Wir lesen dieselben Straßenschilder und registrieren dieselben Leute in den vorbeifahrenden Autos – ein Mann mit Turban, der einen Lincoln Town Car fährt und seine Zigarette wie ein Gangster raucht, einen Burschen, der wie vierzehn aussieht und einen heruntergekommenen Leichenwagen lenkt. Und – der wichtigste gemeinsame Nenner – wir nehmen die gleiche Nahrung zu uns. Ein Omelette Deluxe bei Perkins, einen Milchshake Frosty bei Wendy's. Und jedes Mal wenn wir am Drive-in-McDonald's halten und eine Coke und Pommes verlangen, würde ich am liebsten ausrufen: *Wir haben Einsteins Gehirn im Kofferraum!*

Aber wer würde mir schon glauben?

Heute gibt es Ärzte, die behaupten, dass noch zu unseren

Lebzeiten Gehirntransplantationen und geklonte Menschen alltäglich würden. Im Grunde prophezeien sie, dass uns die Wissenschaft und nicht die Religion ein Leben nach dem Tode garantiert. Und trotzdem frage ich mich, was Einstein wohl mit Amerika angefangen hätte, wenn er jetzt auf dem Rücksitz säße – oder vielleicht, was er mit ihm anfängt, wenn er eines Tages wirklich dort sitzt. Und ich frage mich, ob diese Art von Weiterleben wirklich so toll wäre. Einsteins Gehirn im Körper eines männlichen Models? Oder Einstein wieder geboren, noch ein Leben von der Art, wie er es bereits gelebt hat, im Schatten seiner früheren Leistungen? Ein Leben, das begrenzt, festgelegt und vorgezeichnet ist, noch bevor es begonnen hat. Wie mag es sein, wenn die eigene FBI-Akte schon bei der Geburt angelegt ist? Oder zu wissen, dass man die Welt einst mit seiner Arbeit revolutioniert, aber nie wirkliche Liebe gefunden hat? Versucht man dann, das eine mit dem anderen zu vertauschen? Oder würde man einfach den ganzen Tag kiffen und gegen sich selbst rebellieren?

Einerseits wäre Einstein natürlich entsetzt über unsere Welt und ihre Auswüchse: das Land der unbegrenzten Freiheit und der Allradfahrzeuge. Die Absurdität unseres Lebens im Hamburger-Format. Vielleicht wäre er auch einfach erschlagen vom Tempo und der Gleichförmigkeit unseres Lebens. Anlass zur Klage hätte er genug: MTV, Microsoft, die Neon-Ödnis unserer Fast-Food-Oasen – sie alle dem gleichen Ziel verpflichtet, der Metamorphose eines Volkes in einen Einheitsbrei aus Hip-Hop- und Mausklick-Mentalität. Womöglich wäre er auch vom eigenen Marktwert schockiert, denn seit seinem Tode hat sein Ruhm eher noch zugenommen. Ein Poster-Promi für das neue Jahrtausend. Andererseits gäbe es eine Fülle von Dingen, die ein gefundenes Fressen wären für Einsteins ausgeprägten Sinn für Humor: Tae-Bo und

Tofu-Burger, Jesse Ventura [der Catcher] und Bill Clinton, Siliconbrüste und Penisvergrößerungen.

Die bloße Tatsache, dass du Einsteins Gehirn im Kofferraum hast, verändert die Art, wie du die Dinge siehst. Hier im Skylark scheint eine Art natürlicher Selektion stattgefunden zu haben: Die Karte unter Harveys altersfleckiger Hand nimmt den Großteil unseres gemeinsamen Lebensraums ein, genauso wie die M&Ms und die Stoned-Wheat-Crackers. Zwischen ihnen verstreut ein Teil meiner Survival-Ausrüstung, meiner Ur-Kassetten – gut für jede Lebenslage, vom Schlafen bis zur durchgeknallten Kilometerfresserei. Auf dem Rücksitz einige meiner Bücher. Ich habe die Angewohnheit, Monsterbände mitzuschleppen, *Moby Dick*, *Ulysses* oder *Auf der* Suche *nach der verlorenen Zeit* – als eine Art Sicherheitsmaßnahme, falls wir mitten im texanischen Panhandle eine Panne haben und drei oder vier Wochen festsitzen. Aber die Zeit reicht nie, ein einziges zu Ende zu lesen. Auf dem Rücksitz deponieren wir unsere Zeitungen und unseren Müll, still zufrieden sehen wir den Berg wachsen.

Harvey und ich besitzen auch eigene Talismane, Harvey die grüne Baskenmütze, die er entweder auf den Knien liegen hat oder in der Hand hält, um ihren Rand durch seine Finger gleiten zu lassen wie einen Rosenkranz. Ich habe eine Basketballkarte von 1979 am Armaturenbrett befestigt, eine Karte, die ich ständig mit mir herumtrage: ein Foto von Thurman Munson, dem Yankee-Kapitän mit Walrossschnurrbart und etwas lächerlichen Koteletten. Munson war kein gut aussehender Mann im traditionellen Sinn – vielleicht in *gar keinem* Sinn –, aber er war der Kopf und die Seele jener wunderbaren Yankee-Mannschaften Ende der siebziger Jahre, ein Spieler, den keine Verletzung stoppen konnte, keine frisch genähten Risse, keine Halsentzündungen, keine geschwollenen Knie und keine entzündeten Schultern. Und er war mein Baseball-Gott.

Ich habe mich oft gefragt, wie sich ein dürrer neun-, zehn- oder elfjähriger Knirps derart mit einem groben, ungehobelten Mann identifizieren konnte, der einem Reporter einmal einen Teller Spaghetti auf den Kopf kippte. Was für eine Gemeinsamkeit konnte es geben zwischen einem braven Messdiener und dem unflätigen Sohn eines Lastwagenfahrers, der mit Baseballschlägern nach Kameraleuten warf? Doch dann wurde ich selber Fänger. In der Jugendmannschaft unseres Städtchens erschien ich mit überdimensionalen Schützern und bewegte mich, als schleppte ich einen Sack Steine auf dem Rücken. Die bloße Tatsache, dass ich auf der gleichen Position wie Munson spielte, verlieh mir etwas von seinem magischen Glanz. Jeder wilde Schlag, den ich mit dem Körper auffing, jeder blaue Fleck und verstauchte Finger knüpfte das Band zwischen uns enger; der Schmerz stellte eine Verbindung her, die nichts mit Verstand, Erfahrung und Alter zu tun hatte. Für mich waren wir aus dem gleichen Holz geschnitzt.

Daher war sein Tod für meine Brüder und mich das Kennedy-Attentat. Als Munson mit seiner Cessna in Canton, Ohio, Starts und Landungen übte, überzog er die Maschine, sodass sie kurz vor der Landebahn senkrecht nach vorne kippte, die Bäume streifte, mit 170 Stundenkilometern in ein Maisfeld krachte und sich die Tragflächen abrasierte. An Bord waren noch zwei weitere Passagiere, die überlebten und versuchten, Thurman Munson aus dem Wrack zu ziehen. Er war bei Bewusstsein, aber wahrscheinlich gelähmt und schrie um Hilfe. Plötzlich lief Benzin aus und bildete neben ihm eine Pfütze. Die Cessna explodierte. Hinterher wurde er anhand seiner Zahnarztunterlagen identifiziert. «Es handelt sich um den Leichnam eines körperlich gut entwickelten, ausreichend ernährten Weißen», hieß es im Autopsiebericht, «der der Einwirkung eines Feuers und starker Wärmeentwicklung ausgesetzt war, was dazu führte, dass sein Körper die Haltung eines Faustkämpfers annahm.» Als jemand seinen Wagen holte, ein Mercedes 450 SL Cabrio, lag noch eine rauchende Zigarre im Aschenbecher.

Harvey hat noch nie von Thurman Munson gehört. Er erzählt mir etwas von einem Footballstar in Yale aus dem Jahr 1931, der Albie «Mighty Atom» Booth hieß, einem kleinen, schnellen Spieler, der gegnerische Mannschaften mit Alleingängen über den ganzen Platz fertig machte, der wie ein Slalomläufer die gegnerischen Abwehrreihen austanzte und einen präzisen Schuss hatte, mit dem er in seinem letzten Spiel Harvard 3 zu 0 abfertigte. «Mann, konnte der rennen!», sagt Harvey; und vor meinem geistigen Auge sehe ich Harvey mit den Insignien der Nobeluniversität und Pelzmantel, wie er Albie Booth zujubelte, obwohl ich weiß, dass das Bild wahrscheinlich völlig falsch war.

Es ist unser dritter gemeinsamer Tag, und die Februarsonne folgt unserem Auto, während wir Missouri durchqueren. Jetzt hat sich noch ein Vogel an unsere Fersen geheftet – eine große schwarze Krähe. Für mich ist es ein Zeichen. Aber wofür?

Vielleicht betrifft es den Tag oder den Umstand, dass wir mit jedem Kilometer Kansas City näher rücken, wo Harvey Verwandte hat, aber Harvey hat sich in den Kopf gesetzt, wahllos herausgegriffene Episoden aus der Geschichte dieses Landes zu erzählen. Jede beginnt er mit Worten wie «Als die Kanäle noch …» oder «An die Depression erinnere ich mich, weil der Kaffee …». Er berichtet mir von der Dalton-Bande, einer Horde von Brüdern und ihren Freunden, die aus keinem erkennbaren Grund von gesetzestreuen Brüdern zu Bankräubern mutierten und sich höchst erfolgreich in den

Great Plains tummelten und alle Welt terrorisierten, bis zwei der Brüder erschossen wurden. Wenn sie eine Bank oder einen Zug überfallen hatten, zogen sie sich oft in das Städtchen Meade in Kansas zurück. Harvey erzählt mir, was er über die Burschen weiß, aber in Zeitlupe, sodass immer viele Kilometer Platz für andere Themen bleibt. Bei einer solchen Gelegenheit versuche ich, das Gehirn noch einmal zur Sprache zu bringen. Ich weiß nicht, ob es an Harveys Gehör liegt oder einfach Widerspenstigkeit ist, jedenfalls klingt unser Dialog wie ein experimentelles Stück:

Die Dalton-Jungs haben ihre Beute aufgeteilt, hihi …
Aber dann, so unmöglich es auch erscheint …
Gesoffen und Karten gespielt in ihrem Versteck, vermute ich …
haben Sie einfach die beiden Gläser genommen und sind gegangen …
Echte amerikanische Gesetzlose aus Meade.

Etwas später, als Harvey sich an eine Episode aus seinem Leben erinnert:

Hab mal einen Burschen gekannt, der Segelboote baute, hihi …
Aber warum gab es so viele Diskussionen, wenn …
Er baute einen Schoner und segelte heim nach England …
Niemand ein Unrecht geschah und es nicht gestohlen war …
Weiß nicht, wie er es gemacht hat … und warum.

In Independence, Missouri, verließen wir die Interstate, um das Haus und die Präsidentenbibliothek von Harry S. Truman zu besichtigen. Der einstige Besitzer eines Geschäfts für

Herrenmode – noch dazu eines nicht sehr gut gehenden – wirkte als Präsident der Vereinigten Staaten entscheidend an einigen der wichtigsten Ereignissen des 20. Jahrhunderts mit, an den meisten während der ersten vier Monate seiner Amtszeit: dem 8. Mai 1945, der deutschen Kapitulation, der Konferenz von Potsdam, der Bildung der Vereinten Nationen, dem Abwurf der beiden Atombomben auf Hiroshima und Nagasaki, der japanischen Kapitulation. Wir gehen durch die Bücherei und betrachten die Ausstellungsstücke, die an die vielen weit reichenden Entscheidungen von Truman erinnern. Und als wir in Trumans Büro vor seinem leeren Tisch stehen, hören wir seine forsche Stimme von einer kratzigen Platte, die uns aus unsichtbar angebrachten Lautsprechern eine Botschaft aus dem Jenseits übermittelt.

«Hier spricht Harry S. Truman», sagt Harry Truman. «Dieser Raum ist eine exakte Nachbildung des Präsidentenbüros im Westflügel des Weißen Hauses, so wie er sich in den fünfziger Jahren präsentierte.»

Während sich jeder Zeitungsausschnitt und jedes Foto aus der Zeit für Harvey mit einer wirklichen Zeit und wirklichen Menschen verbindet – und während diese Erinnerung eine Tür in die Vergangenheit aufstößt, zu irgendeinem Gefühl von Patriotismus oder Nazi-Paranoia oder Freude, noch am Leben zu sein, das er während des Krieges empfunden haben mag –, ähnelt mein Versuch, mir diese Tage vorzustellen, eher der Situation eines Zuschauers auf den oberen Rängen. Ich sehe eine Menge kleiner Menschen auf einem Feld spielen, das weit entfernt ist: Nimm Truman, Hitler, Hirohito und Churchill, stelle sie aufeinander, und du hast die mittlere Größe eines heutigen Basketballspielers. Trotzdem haben sie große Teile von Europa und Japan zerstört und sie mit Millionen Toten bedeckt. Damals wurde plötzlich eine ganze Generation von Amerikanern eingezogen und in den

Krieg geschickt. Eben warst du noch Angestellter oder Verkäufer, und am nächsten Tag bist du schon als Soldat durch Frankreich marschiert. Als Angehöriger einer Generation, die dem Krieg nie näher gekommen ist als im Kino bei *Apocalypse Now,* kann ich diesen Sprung schwer nachvollziehen und mir eine Situation ausmalen, in der jedes Ideal und jeder Grundsatz der amerikanischen Nation aufs Spiel gesetzt wurde. In diesen Jahren hat sogar Harvey, der ein überzeugter pazifistischer Quäker ist, in einer staatlichen Fabrik gearbeitet, die Chemikalien für Waffen testete.

Im Andenkenshop kaufe ich eine Hand voll Anstecknadeln für die Wahlen von Roosevelt und Truman und hefte mir eine an die Brusttasche meiner Jagdjacke. Beim Hinauskommen begegnet uns ein Mann mittleren Alters, der, als er die Anstecknadel sieht, laut zu seinem Begleiter, auch einem Mann mittleren Alters, sagt: «Der hat 'ne Menge Menschen mit einem Federstrich umgebracht. Das steht fest.» Harvey scheint die Bemerkung nicht gehört zu haben, wendet sich an mich und meint postwendend: «Ich bin Harry Truman einmal begegnet. Durch Cleora. Sie war mit den Trumans befreundet, und wir haben ihn hier in der Bücherei aufgesucht, bevor er starb. Wirklich netter Mann. Ganz schlicht, und ein guter Präsident obendrein.»

Ich frage mich einen Augenblick, ob Harvey mich auf den Arm nimmt, aber natürlich tut er es nicht. Er ist Zelig, dieser chamäleonhafte Zeitgenosse, den das Leben ständig mit anderen, bedeutenden Menschen zusammenführt, sodass sich seine Existenz wie ein großes Gemälde entfaltet, das die ganze Geschichte umfasst – und das ist das einzig Faszinierende an ihm. Oder doch nicht? Wäre Harvey ohne Einsteins Gehirn einfach ein harmloser alter Trottel?

Wieder auf der Interstate, sehen wir Kansas City smaragdgrün im Sonnenuntergang liegen. Schräge Strahlen brechen sich in den Fenstern der Wolkenkratzer und feuern ihre Elektronen und Quanten wie einen unsichtbaren Kugelhagel auf uns ab. Jeder, der westwärts fährt, kneift die Augen zusammen oder versteckt sich hinter Sonnenblenden, nimmt den Fuß ein bisschen von dem Gaspedal und versucht, dem unerbittlichen Sonnenlicht auszuweichen. Harvey schließt die Augen und genießt die Wärme, als wäre er auf einer Insel in der Karibik. Er hat angedeutet, dass wir heute Abend bei einem Freund zu Abend essen, wollte sich aber nicht näher darüber auslassen und dirigiert mich nun durch die Stadt, bis wir mit dem Verkehrsstrom durch eine lang gezogene Einkaufsstraße zur Eighth Street rollen.

Er bezeichnet sie als seine «Ex», seine dritte Frau Raye. Nach der ersten Ex Ellouise, mit der er drei Söhne hat, und der zweiten Ex Alison, «einer intelligenten Australierin», die was von Geld verstand. Dies hier ist Raye, die ihn 1982 verließ. Eine großflächige Brille, die ihre haselnussbraunen Augen vergrößern, dünne Lippen, eine Silbermähne, die ihr bis auf die Schultern fällt. Eine ansprechende Schönheit, ein ironisches Lächeln, das eine dunkel aufsteigende Traurigkeit verdeckt. Ein etwas fahriger Blick – halb im Hier und Jetzt und halb im Nirgendwo. Sie ist fünfundsechzig Jahre alt, hat kein Geld mehr und ist bei ihrer Tochter, Harveys Stieftochter Virginia, eingezogen. Um das Handgelenk trägt sie ein rosa Kunststoffband.

Wir kommen zum Heim ihrer Tochter, die Hälfte eines Doppelhauses im ländlichen Stil, wo Virginia mit ihrem iranischen Mann und zwei Töchtern lebt. Dr. Harvey ruft nicht vorher an, sondern erscheint unangemeldet, und sie – Raye, Virginia und die beiden Enkelkinder, trotzige, dunkelhaarige Mädchen von vielleicht zehn und sechs Jahren – reagieren vollkommen gelassen, fast als hätten sie ihn erwartet, als wäre er nur fort gewesen, um eine Flasche Milch zu holen.

Dabei ist er schon fast ein Jahr nicht mehr in der Gegend gewesen. «Gebt Grandpa einen Kuss», sagt Virginia trocken. Die Kleinere schneidet Grimassen, streckt die Zunge heraus und zeigt mir den Stinkefinger. Ich spitze den Mund – *Gib Küsschen.* Sie wackelt herausfordernd mit dem Hinterteil, zeigt darauf – nach dem Motto: *Leck mich, du Mistkerl* – und springt zu ihrer Schwester aufs Sofa, wo beide augenblicklich in das sanfte Licht des Fernsehers getaucht sind. In dem Bemühen, ihr Interesse zu wecken, starrt Harvey auf den Bildschirm. Nach den Nachrichten eine uralte Sitcom mit Dad Bill Cosby, der heute Abend eine Ein-Mann-Show in Kansas City gibt.

«He, wo ist Cosby?», sagt Harvey, plötzlich ganz Komiker. Die beiden Mädchen schwenken die Köpfe vom Fernseher zum Großvater, offenbar befremdet von der Unterbrechung, ziehen finstere Gesichter und schwenken die Köpfe zurück. Harvey steht linkisch in der Mitte des Zimmers, in der Hand die Baskenmütze, deren Rand seine Finger eifrig bearbeiten.

«Du könntest mir wenigstens helfen, Tom», sagt Raye. Sie steht auf der anderen Seite des Zimmers und faltet Umzugskisten zusammen, nachdem sie ihre letzten Habseligkeiten aus dem alten Haus hierher verfrachtet hat. Sie sieht verletzlich aus, als würde sie jeden Augenblick zu weinen anfangen. Harvey lacht, räuspert sich und sagt: «Klar. Gern.» Er legt die Baskenmütze auf einen Tisch und macht sich ungeschickt an einem Karton zu schaffen. In der Zeit, die er für den ersten braucht, hat Raye schon drei weitere sauber zusammengefaltet.

Beklemmend ist nicht der kühle Empfang oder die mangelnde Vertrautheit – sie könnten fast Fremde sein –, ich kann schon verstehen, dass Menschen sich auseinander leben. Nein, beklemmend ist der kurze Augenblick, in dem ich ein Bild meiner selbst in Harvey erblicke. Er ist ein alter

Mann und allein. Und hier bin ich, in einem Zimmer voller Fremder, ebenfalls allein – und werde mit jeder Sekunde älter. Ich nehme an, wenn wir in San Francisco ankommen, bin ich selbst grau und gebeugt.

Wie ich Harvey so in seiner Nutzlosigkeit beobachte, frage ich mich, was einen zu einem Mann mit Exfrauen und Exfamilien macht, wie man als junger Arzt beginnt, dem die Welt offen steht, und als Arbeiter in einer Kunststofffabrik endet. Und wie man gegen Ende dieses Lebens in einem Körper aufwacht, der alle Absichten des Geistes durchkreuzt, geschwächt durch arthritische Gelenke, die einen die Straße dreimal so langsam entlangtragen wie einst. Bis man irgendwann in einem gesichtslosen amerikanischen Wohnzimmer in Kansas City steht, an der Wand ein religiöser Kalender, die Hälfte Amerikas hinter sich, die andere noch vor sich, und in einen tödlichen Kampf mit einem Umzugskarton verstrickt ist, als wäre er ein wilder Alligator.

Und noch etwas. Unter der Gleichgültigkeit der Familie in diesem Zimmer spüre ich auch einen Anflug von Missbilligung. Harvey hat, frei und ungebunden, wie er ist, diese Raststelle auf seinem Weg zu irgendwelchen anderen Bestimmungsorten wohl einmal zu oft angelaufen. Ich gewinne den Eindruck, dass das Gehirn in seinem Leben möglicherweise als Entschuldigung für mehr als einen Aufbruch herhalten musste und ihm gestattet hat, sich von einigen der ihm nahe stehenden Menschen zu lösen – Waffe und Schutzmechanismus zugleich.

Virginia ist offenbar nur bemüht, ihn rauszuekeln. Bei Raye ist es eher amüsierter Frust, der ein tieferes Gefühl zu kaschieren scheint. Denn zwischen ihnen, dem Exehemann und der Exfrau, ist eine alte Liebe bestattet worden, und jetzt stehen sie unbehaglich an ihrem Grab und betrachten den Sarg. Wie ich Harvey so im spröden Umgang mit Raye beobachte, werde ich an eine Äußerung Einsteins erinnert: «Ich bin ein richtiger ‹Einspänner›, der dem Staat, der Heimat, dem Freundeskreis, ja, selbst der engeren Familie nie mit ganzem Herzen angehört hat, sondern … ein nie sich legendes Gefühl der Fremdheit und des Bedürfnisses nach Einsamkeit empfunden hat.»

Doch gewiss hat es zwischen Harvey und Raye, wie zwischen Einstein und Mileva, einmal einen Tag gegeben, wo sie nervös waren in der Gegenwart des anderen, wo sie den wilden Ansturm einer gewaltigen, namenlosen Kraft verspürten, einer ungeahnten Hingerissenheit. Es muss einmal das Gefühl großer Nähe gegeben haben, einer Ewigkeit, die vor ihnen lag. Wie kann sich ein derartiges Gefühl verflüchtigen?

Wir gehen zu Bennigan's essen, zu dritt – Harvey, Raye und ich –, und wählen einen der kitschigen Räume, die auf Alt-Chicago getrimmt sind. Als wir das vom Schein falscher Tiffany-Lampen beleuchtete Reich der Mikrowellengerichte und Sodagetränke betreten, nimmt mich Harvey beiseite, senkt die Stimme, sodass Raye ihn nicht hören kann, und sagt: «Das geht auf meine Rechnung.» Alles ist hier so freundlich, bunt und stimmungsvoll. Nachdem wir in einer Nische Platz genommen haben, drängt Harvey Raye, Garnelen zu bestellen. «Du isst sie doch so gerne», sagt er. Sie sagt, als sie das letzte Mal zusammen essen waren, habe sie sich dadurch eine Lebensmittelvergiftung geholt. «Weißt du noch?» Er blickt zerstreut an ihrer Schulter vorbei auf ein Bild an der Wand, das einen Mann mit gezwirbeltem Schnurrbart und Melone zeigt.

«Was ist?», sagt Raye und dreht den Kopf. «Ist es meine Frisur oder etwas anderes?»

«Nein», sagt Harvey. «Nur der Bursche mit dem komischen Schnurrbart.»

Bevor das Essen kommt – gebratene Garnelen für Harvey, Suppe für Raye, Quesadilla für mich –, frage ich Raye, ob es sie belastet habe, Einsteins Gehirn im Haus zu wissen, ob das Leben mit dem Gehirn ihr Zusammenleben irgendwie verändert habe. «Aber ja», sagt sie und atmet tief durch, als könnte sie noch viel dazu sagen, «in Wahrheit hat Tom aber gar nichts damit angestellt ...»

Bevor sie fortfahren kann, mischt sich Harvey plötzlich ein. «Ich weiß, dass ich es nicht richtig angefangen habe», stößt er ärgerlich hervor. «Ich habe Fehler gemacht.» Dann wechselt er abrupt das Thema, reißt das Gespräch an sich und erzählt wieder die Geschichte der Dalton-Bande – die Banküberfälle und schließlich die Schießerei in Meade, die dem Spuk ein Ende machte. Er erzählt umständlich, als sei es ein Kampf gegen die Zeit, als müsse er eine Bombe entschärfen.

Während des Essens bramarbasiert Harvey weiter, und Raye ergibt sich stumm in ihr Schicksal, während die Geräusche des Restaurants in den Hintergrund treten – das dröhnende Gelächter eines Fleischfressers, der sich seine Serviette vor die Brust gebunden hat, das verstohlene Geflüster eines offensichtlich verbotenen Treffens in der Nische hinter uns. Bis da nur noch Raye und Harvey sind, Raye mit dem Stich in ihrem Herzen und Harvey, dessen lebhaftes Geplauder eine indifferente, kühle Distanz verdeckt. Die Komm-her-geh-weg-Choreographie zweier Menschen, die einander ganz nahe waren, bevor sie sich in verschiedene Richtungen entfernten.

Nach dem Essen bringen wir Raye wieder zum Haus ihrer Tochter zurück. Harvey begleitet sie zur Tür, während ich im Wagen bleibe. Es ist zehn Uhr abends und beginnt zu regnen, ein kalter, beharrlicher Nieselregen. Harvey und Raye bleiben einen Augenblick an der Tür stehen. Ich sehe ihre

Silhouetten gegen das Licht – Harvey ein bisschen gebeugt, Raye kerzengerade und auf Distanz bedacht. Dann wende ich den Blick ab und beschäftige mich mit dem Radio, bis ich den Landfunk habe. Bald kommt Harvey zum Mutterschiff zurückgeschlurft und lässt sich mit einem Seufzer der Erleichterung auf den Nebensitz fallen. Später, viele hundert Kilometer weiter, wird er bemerken, dass er seine grüne Baskenmütze vergessen hat, wahrscheinlich auf dem Wohnzimmertisch. Doch jetzt schnallen wir uns an, rollen rückwärts aus der Ausfahrt, beschleunigen und verschwinden, gleiten rasch unter dem Licht der Straßenlaternen dahin, wieder dem weiten Land entgegen. Harvey und ich und Einsteins Gehirn im Ashram des Skylark, wo wir die Perlen unserer Erinnerung durch die Finger gleiten lassen, die Verluste und die Gewinne.

9

Das Z abschießen

Selbst Einstein hätte nicht vorhersagen können, was mit ihm im Jahr 1905 geschah. Vor diesem Jahr hatte er eine Hand voll interessanter, aber wenig bemerkenswerter Arbeiten veröffentlicht. Dann kamen, wie im Rausch, drei phänomenale Abhandlungen: «Über einen die Erzeugung und Umwandlung des Lichtes betreffenden heuristischen Gesichtspunkt», wo dargelegt wird, wie elektromagnetische Strahlung und Materie eine Wechselwirkung erzeugen, die man dann als Fotoeffekt bezeichnete; «Über die von der molekularkinetischen Theorie der Wärme geforderte Bewegung von in ruhenden Flüssigkeiten suspendierten Teilchen», wo Einstein die Brown'sche Bewegung untersuchte und die molekularkinetische Theorie der Wärme bestätigte; und schließlich der Paukenschlag: «Zur Elektrodynamik bewegter Körper», wo er zum ersten Mal die spezielle Relativitätstheorie darlegte. Zwei Monate später folgte ein kurzer Aufsatz, in dem er behauptete, alle Energie besitze Masse, ein Gedanke, der so radikal war, dass Einstein zwei Jahre brauchte, um die Gleichung in die berühmte Formel $E = mc^2$ umzuformen.

Ohne dass die Welt es zunächst bemerkte – von den tonangebenden Wissenschaftlern der Zeit gar nicht zu reden –, hatte Einstein im Alleingang die heiligen Hallen der Wissenschaft zum Einsturz gebracht, Newton entthront und eine neue Sprache zum Verständnis eines neuen Universums geschaffen, das höchst kompliziert und vollkommen anders erschien als dasjenige, das die Menschheit bisher zu bevölkern meinte. Das Ganze war niedergelegt in unverständlichen Gleichungen und scheinbar willkürlichen Einfällen, in einen wissenschaftlichen Jargon verpackt, der ein bisschen unlogisch erschien, sich aber zu einem höchst schlüssigen, wenngleich sinnverwirrenden Gedankengebäude zusammenfügte.

Tatsächlich ist es unmöglich, die bestürzende Wirkung der Relativitätstheorie zu überschätzen, von der es in einer englischen Zeitung vollmundig hieß, sie sei «eine Beleidigung für den gesunden Menschenverstand». Es gab eine bemerkenswerte Übereinstimmung: Während Sir Isaac Newton 1666 vor der Pest aus Cambridge geflohen war und sich in seinem Haus im ländlichen Woolsthorpe allein mit dem allgemeinen Gravitationsgesetz herumgeschlagen hatte, kritzelte Einstein die Gleichungen der Relativitätstheorie in der Abgeschiedenheit seines Büros im Patentamt auf alle möglichen Schnipsel und Zettel. Als er Jahre später von Journalisten aufgefordert wurde, die Theorie zu erläutern, fasste er sie scherzhaft wie folgt zusammen: «Eine Stunde mit einem hübschen Mädchen vergeht wie eine Minute, aber eine Minute auf einem heißen Ofen scheint eine Stunde zu dauern.»

Nehmen wir eines der vertrautesten Beispiele für Einsteins Relativitätstheorie: Eine Frau fährt mit einem Zug. In Fahrtrichtung sitzend, glaubt sie, alles im Inneren des Zuges, einschließlich der Glühlampen über ihrem Kopf, sei statisch, während sich alles außerhalb des Zuges bewege. Derweilen glaubt ein Mann, der auf dem Bahnsteig steht, während der Zug vorbeifährt, alles im Inneren des Zuges bewege sich, alles enteilt mit der Geschwindigkeit des Zuges. Nehmen wir an, die Frau im Zug würde stoppen, wie lange ein Lichtstrahl aus der Glühlampe über ihr in senkrechter Linie bis zum Boden und zurück braucht, und der Mann draußen auf dem Bahnsteig würde denselben Lichtstrahl stoppen, der sich aus seiner Sicht allerdings diagonal durch den Waggon zu bewegen scheint. Wenn die Lichtgeschwindigkeit konstant ist und wenn der diagonale Lichtstrahl eine größere Entfernung zurücklegen muss, dann dauert dasselbe Ereignis, vom Bahnsteig aus gemessen, länger.

Was unter anderem bedeutet, dass die Zeit relativ ist. Oder dass die Frau und der Mann unterschiedliche Zeitempfindungen haben: ein Jetzt und ein Dann.

Außerdem scheint der Zug, aus Sicht des Mannes auf dem Bahnsteig, in Fahrtrichtung zu schrumpfen. Wenn der Zug sich der Lichtgeschwindigkeit annähere, so Einstein, würde seine Länge gegen null gehen und die Zeit zum Stillstand kommen.

Mit diesem Gedankenexperiment schlug Einstein die Idee eines relativistischen Universums vor, das nicht mehr von autonomen Gesetzen bestimmt wird, sondern ein Ort ist, wo Raum und Zeit eins werden, zur Raumzeit, der unsichtbaren Mylar-Folie des neuen Kosmos. In dem Versuch, dieses Konzept so auszuweiten, dass es die gesamte Physik und vor allem die Gravitation umfasste, machte sich Einstein daran, jenes System auszuarbeiten, das 1916 die allgemeine Relativitätstheorie werden sollte. In Abänderung von Newtons allgemeiner Gravitationstheorie meinte Einstein, dass ein Mensch in einer großen Kiste oder, sagen wir, einem Raumschiff, das auf dem Weg zu Neptun sein Tempo verschärfe, zu Boden gedrückt würde, obwohl es im All keine Schwerkraft gebe. Entsprechend würde auf der Erde ein Mensch in einem Fahrstuhl, dessen Tragseil gerissen wäre, schwerelos in der stürzenden Kabine schweben, als befände er sich im All. Einstein behauptete, in beiden Fällen, egal ob auf der Erde oder im Raumschiff, habe die Gravitation keinen Einfluss. Mit anderen Worten, in beiden Szenarien ruft die Beschleunigung die gleiche Wirkung hervor wie die Gravitation.

Von dieser Prämisse ausgehend, gelangte Einstein zu äußerst kühnen Schlussfolgerungen. Unter anderem sagt die allgemeine Relativitätstheorie vorher, dass sich die Raumzeit unter dem Einfluss eines Gravitationsfeldes krümmt, dass also in der Umgebung von Sternen, Planeten und Monden Wölbungen in der Raumzeitfolie auftreten, durch die Lichtstrahlen – Quanten in Einsteins Ausdrucksweise – abgelenkt werden. Zum Beweis und gewissermaßen als glorreiches Nebenprodukt leitete er eine Gleichung her, die die exakte Ablenkung des Sonnenlichts in unmittelbarer Nähe von Merkur vorhersagt – ungefähr 43 Bogensekunden pro Jahrhundert. Genau diesen Wert ermittelte Arthur Eddington zum Erstaunen der Welt, als er 1919 eine Sonnenfinsternis in Westafrika beobachtete. Während die spezielle Relativitätstheorie, ausgehend von der absoluten Lichtgeschwindigkeit, beweist, dass die Zeit relativ ist, zeigt die allgemeine Relativitätstheorie, dass nicht nur die Beschleunigung, sondern alle Dinge, nun auch die Lichtgeschwindigkeit, relativ sind.

Die Wucht und Bedeutung dieser Ergebnisse wurden jedoch mit Stillschweigen aufgenommen. Einstein hatte in einer einzigen Saison die Weltrekorde in sämtlichen leichathletischen Disziplinen gebrochen und nebenbei den Mount Everest bestiegen. Trotzdem rührte sich zunächst keine Hand zum Applaus. Seine spezielle Relativitätstheorie, die er als Dissertation am Eidgenössischen Polytechnikum einreichte, wurde als unverständlich beurteilt und abgelehnt. Die Gleichung $E = mc^2$ konnte erst in den dreißiger Jahren unter komplizierten Laborbedingungen bestätigt werden. Sogar der Nobelpreis, den er 1921 erhielt, wurde ihm nicht für die Relativitätstheorie verliehen, die heiß umstritten war und das konservative Nobelpreiskomitee verschreckte, sondern für seine Arbeit über den Fotoeffekt.

Heute, fast hundert Jahre nach Einsteins *annus mirabilis,* wissen wir sein Genie natürlich zu würdigen, denn den meisten von uns hat sich sein Bild als Genie eingeprägt. Und weil seine Arbeit heute noch fortlebt – in Gestalt von Bomben und Laserkanonen, Fusionsanlagen und Raumfahrtprogrammen. In den Sandia Labs in Albuquerque, New Mexico, haben Forscher enorme Fortschritte bei dem Versuch erzielt, mit kleinen Mengen von Elektrizität, die allenfalls für die Beleuchtung von vierzig Häusern ausreichen würden, eine Kernfusion zu bewerkstelligen. Die Elektrizität wird gespeichert und dann in eine Reihe von Behältern abgeschossen, ein gewaltiges Gebilde, das als Z-Maschine bezeichnet wird und in einem riesigen Lagerhaus am Rande des Luftwaffenstützpunktes Kirkland untergebracht ist. In einer Mikro-Explosion – man nennt sie «das Z abschießen» – hat die Anlage das Vierzigfache der Energieleistung der Welt entwickelt und das Lagerhaus buchstäblich vom Boden gehoben. Ich kann nicht umhin, mir die Z-Maschine als eine Verkörperung von Einsteins Gehirn vorzustellen.

Doch Einstein selbst betrachtete sich nie mit so viel Hochachtung, wie sie ihm von anderen entgegengebracht wurde. Trotz der Verpflichtungen, die der Ruhm mit sich brachte, setzte er seine Arbeit fort. Tage und Nächte vergingen wie im Fluge, und nach seinen Visionen war er benommen – und erschöpft. 1928, nachdem er wie ein Besessener gearbeitet hatte, um die einheitliche Feldtheorie zu entwickeln, die Gravitation und Elektromagnetismus als unauflöslich verflochtene Phänomene beweisen sollte, wurde er mit einem durch Überanstrengung vergrößerten Herzen ins Krankenhaus eingeliefert. Als ihn Helen Dukas besuchte, die

Frau, die bald seine Sekretärin werden sollte, und ans Bett gefesselt erblickte, sagte er: «Hier liegt ein alter Kindskadaver.»

Leider hatte er damit in mehr als einer Hinsicht Recht. Einsteins Kollegen waren der Überzeugung, dass er nach seiner letzten bahnbrechenden Entdeckung im Jahr 1925 – der Bose-Einstein-Kondensation, die zur Entwicklung der Quantenstatistik beigetragen hat – in den letzten dreißig Jahre seines Lebens genauso gut hätte angeln gehen können. Mit anderen Worten, wissenschaftlich war Einstein mit sechsundvierzig Jahren weitgehend am Ende – etwa in dem Alter, in dem Harvey vom Princeton Hospital entlassen wurde. Doch was ist mit der Sisyphusarbeit der restlichen Jahre, den Sackgassen, die ihn fast in den Wahnsinn trieben, den tausend und abertausend von Seiten und Zetteln und Papierservietten, die er mit Zahlen vollgekritzelt hat, dieser endlosen Kette aus Gedanken, Querverweisen und Anmerkungen, aus denen selbst heute nur wenige Experten schlau werden? Könnte es sein, dass sich irgendwo in den Hieroglyphen, die Einstein im Laufe von drei Jahrzehnten aufgeschrieben hat, im Wust seiner Notizen, die heute in der Hebräischen Universität in Jerusalem aufbewahrt werden, eine einheitliche, allumfassende Theorie, die Weltformel, versteckt?

Wahrscheinlich nicht. Obwohl er im Gedächtnis der Welt als Genie weiterlebt, ist wahrscheinlich der weitaus größere Teil seines Lebens geprägt von Vergeblichkeit, Scheitern und Ratlosigkeit. Zwar stellt niemand seine außergewöhnliche Begabung infrage – nur Einstein, so scheint es, hat den Finger am Pulsschlag dieses Jahrhunderts gehabt –, aber er hat doch oft die Zusammenarbeit mit anderen gesucht, ließ sich bei mathematischen Problemen helfen, trug Kollegen neue Ideen vor, bis sie ihre endgültige Gestalt gewonnen hatten. Als er jedoch älter wurde, geriet er in zunehmende Isolierung. Seine Frauen starben: Elsa 1936 und Mileva 1948. Seine

Söhne sah er nur selten und tat, um die Wahrheit zu sagen, wenig, um seine engsten Beziehungen zu pflegen.

Möglicherweise hat ihn die eigene Legende daran gehindert, die fruchtbare Zusammenarbeit früherer Tage fortzusetzen. Während er einst ein Problem in Angriff nahm, indem er sich eine bildliche Vorstellung davon machte, indem er einige einfache Beobachtungen aus der natürlichen Welt zugrunde legte und sie dann abstrahierte, begann er jetzt immer öfter mit Abstraktionen und versuchte, in umgekehrter Richtung zu arbeiten, wobei er sich dann oft in noch mehr Abstraktionen verstrickte. Sein Ruhm leistete ihm dabei schlechte Dienste, weil seine Fehlschläge oft verfrüht als Siege gefeiert wurden. Als er 1929 eine Arbeit veröffentlichte, in der er versuchte, seine einheitliche Feldtheorie zu erklären, versammelten sich hundert Journalisten vor seinem Haus. Nach der Veröffentlichung stellte ein Londoner Warenhaus den Aufsatz in einem seiner Schaufenster aus, worauf sich eine riesige Menschenmenge davor versammelte. Die Öffentlichkeit veranstaltete einen derartigen Rummel, dass Einstein sich verstecken musste, obwohl die Arbeit der Prüfung der Fachwelt nicht standhielt.

In gewisser Weise war der Ruhm verwirrend. Nachdem die Relativitätstheorie bestätigt und Einstein zum neuen Messias ausgerufen worden war, gab es eine Art von Goldrausch, der das Ziel hatte, ihn in Besitz zu nehmen. Dann folgten Jahre, in denen er sich in vollkommener Abgeschiedenheit abgemüht hatte, und nun schien er die Aufmerksamkeit wieder zu begrüßen. Zumindest nahm er wieder Einladungen an, begab sich auf Reisen, bezauberte seine Gastgeber, flirtete mit hübschen Frauen, hielt Vorträge über die Relativitätstheorie, besuchte Festbanketts und reiste gelegentlich ab, ohne seine Kleidung ein einziges Mal gewechselt zu haben. Es war gar nicht so übel, sich von den Kollegen feiern zu lassen – und der übrigen Welt. Und da Einstein außerordentlich großzügig war, wenn es galt, seinen Namen für irgendeine Sache herzugeben, die seinen linken Neigungen entgegenkam, stand seine Unterschrift immer unter dem einen oder anderen politischen Anliegen. Laut seiner FBI-Akte hat er auf diese Weise insgesamt mehr als siebzig politische Initiativen unterstützt.

Im Laufe der Zeit öffneten sich auch die Türen zu den höheren Etagen der Gesellschaft, und die Prominenz suchte seine Bekanntschaft. Er machte die Bekanntschaft von Sigmund Freud und Thomas Mann, Franz Kafka und Rabindranath Tagore, dem indischen Mystiker. Er soupierte mit seinem Freund Charlie Chaplin und dem Zeitungsgiganten William Randolph Hearst, ließ sich dadurch aber nicht von der energischen Feststellung abhalten, dass die Reichen in Amerika zu reich und die Armen zu arm seien. Er wurde ein guter Freund der Königin von Belgien und korrespondierte regelmäßig mit ihr, als er wieder nach Princeton zurückkehrte. Einen Großteil seines Ruhms verdankte er seiner Aura. Da sich für uns die erste Hälfte des 20. Jahrhunderts nur durch sepiafarbene Fotografien erschließt, müssen wir uns Einstein als eine merkwürdige, bunt schillernde Erscheinung unter schwarzweißen Geschöpfen vorstellen, denen er wie ein Heiliger erschien. «Einstein pflegte so oft von Gott zu reden», sagte sein Freund Friedrich Dürrenmatt, «dass ich beinahe vermute, er sei ein verkappter Theologe gewesen.»

Während der Jahre, in denen er keinen Lehrauftrag erhalten konnte – von dem Nötigsten für seine Familie ganz zu schweigen –, hatte er die Vorzüge der Starrköpfigkeit erfahren. Als es nun an der Zeit war, sich wieder der Arbeit zuzuwenden, inmitten der Hysterie, die ihn umgab, schottete er sich ab, schloss starrsinnig jeden Menschen aus und folgte dem Strom seiner Gedanken bis zu fernsten Horizonten, bis zum Rand des Kosmos, wo er in tiefes Sinnen verfiel. Vielleicht waren es gerade diese Starrköpfigkeit, diese einsamen Reisen durch seine Gedankenwelt, die ihm zum Verhängnis wurden.

Nach Einsteins atemberaubenden Entdeckungen kam die Wissenschaft sehr rasch voran. Physiker wie Niels Bohr, Max Born, Werner Heisenberg und Erwin Schrödinger drangen zusammen mit vielen anderen auf Gebiete vor, die bislang Terra incognita gewesen waren. Während sich die meisten Physiker der Zeit der Quantenmechanik zuwandten, einer Theorie, die stroboskopartiges Chaos vorhersagt, wenn man das Universum auf atomarer Ebene betrachtet, schlug Einstein die entgegengesetzte Richtung ein. In vielerlei Hinsicht war er noch genauso zerstreut wie damals, als er im Patentbüro mit grünen, blumengeschmückten Pantoffeln zur Arbeit erschien, doch er war plötzlich aus der mystischen Strömung geglitten, die ihn zwanzig Jahre lang vorwärts getragen hatte, und dümpelte nun in stehenden Gewässern vor sich hin.

«Ich habe hundertmal so viel über Quantenprobleme nachgedacht wie über die allgemeine Relativitätstheorie», sagte er, seine Niederlage andeutend, gegen Ende seines Lebens.

Selbst heute können wir uns Einstein kaum in der Dunkelheit seiner letzten dreißig Jahre vorstellen, so fest ist er für uns mit dem Begriff des Genies verbunden, so sicher trägt uns sein Name über die Grenzen unseres Begriffsvermögens hinaus in die äußersten Gefilde menschlicher Erkenntnis. Aber warum ist Einstein dann so gescheitert?

Nein, ich stelle mir Einstein als einen Menschen aus Fleisch und Blut vor, einen liebenswürdigen, etwas exzentrischen Mann mit starkem deutschen Akzent, der immer aussieht, als hätte er einen Finger in der Steckdose, der Anfang der dreißiger Jahre mit dem Zug quer durchs Land nach Los Angeles fährt – durch Pennsylvania und Ohio nach Chicago kommt, von Chicago nach St. Louis rollt, von dort in Richtung Kansas City, dann nach Süden, nach Lamy in New Mexico, schließlich durch Indianerreservate und Arizona ins südliche Kalifornien.

Ich stelle mir einen Mann vor, der an jedem Ort im Kosmos wie ein Fremder wirkte, der amüsiert und verwundert auf diese amerikanische Landschaft blickte und sich Fragen stellte: Wie kommt es, dass wir in einem Zug, der mit 130 Stundenkilometern über das Antlitz der Erde fährt, die mit 115000 Stundenkilometern um die Sonne saust, trotzdem das Gefühl haben zu kriechen? Oder uns gar nicht zu bewegen? Wie kommt es, dass wir, selbst wenn wir an Geschwindigkeit gewinnen und uns äußerst lebendig fühlen, tatsächlich gegen null streben?

10

Doktor Senegal, nehme ich an

In Lawrence, Kansas, fahren wir durch ein Viertel, das geprägt ist von Lattenzäunen und kahlen Bäumen, und parken vor einem kleinen roten Haus, der Fünf-Zimmer-Standard-Typ von Sears, Roebuck & Co. Draußen hat der Besitzer in den Rasen die riesige Form eines Penis geschnitten, als Landeplatz und Willkommensgruß für Besucher aus dem All. Als wir klingeln, nähert sich von drinnen jemand schwer atmend, der Türknopf dreht sich, und in der sich öffnenden Tür erscheinen, von Spektrallicht umrahmt, die Umrisse von Harveys einstigem Nachbarn, dem Schriftsteller William S. Burroughs, der schon bald das Zeitliche segnen wird.

Als Vater der Beat Generation, Verkörperung der Gegenkultur, Poet Laureate der Junkies war Burroughs zusammen mit Allen Ginsberg und Jack Kerouac der Rapper von Wahrheit und Schönheit, während er gleichzeitig die Tür zur amerikanischen Unterwelt aufstieß, zur Welt der Ruhe- und Heimatlosen, die nur für den nächsten Schuss, für die nächste Stunde leben. Obwohl Harvey gleich um die Ecke gewohnt hat, ist er nur einmal mit Burroughs zusammengekommen, bei einem Mittagessen, das Kevin Hull, der Filmemacher, spendierte. Jetzt klatscht Harvey in die Hände, spricht überlaut, weil er annimmt, der dreiundachtzigjährige Burroughs würde nicht mehr gut hören, was nicht stimmt, und zieht sich an den Armen des Schriftstellers empor, bis sie in einer ungeschickten Umarmung verstrickt sind, beide weiß wie Marmor.

«ECHT, ECHT TOLL, SIE ZU SEHEN!», stößt Harvey hervor.

«Ja, klar, geht mir ebenso, Doktor», sagt Burroughs. Er wedelt mit der Hand in Richtung der Wolken, aus denen gerade Eispartikel zu fallen beginnen, mustert den Himmel mit zusammengekniffenen Augen, als erwarte er den Einfall von Pterodaktylen, und bittet uns rasch herein. Burroughs setzt sich an die Wand, in einem Stuhl mit Rädern; Dynachair steht in prunkvollen Lettern darauf. Die Rückenlehne des Stuhls hat eine tiefe Furche in die Wand gegraben. Der Schriftsteller atmet heftig nach der körperlichen Anstrengung. Vor unserer Ankunft hat mir Harvey anvertraut, er habe versucht, eines von Burroughs' Büchern zu lesen – *Naked Lunch* oder *Junkie,* er weiß es nicht mehr genau –, aber vergeblich. «Ich habe es nicht verstanden», sagt Harvey, «aber sehr wohl gemerkt, dass er eine Art Genie ist.»

Burroughs bittet Harvey, sich neben ihn an den Tisch zu setzen, bestellte Drinks bei einem der drei Männer, die sich heute Abend um ihn kümmern, einem Mann namens Wayne. Burroughs trägt Jeans, Jeanshemd und einen grünen Militärmantel, den er zurückschlägt, sodass wir den Revolver in dem Halfter sehen, das er über der Niere trägt. Er hat einen gebeugten Rücken, wunderbare blaue Katzenaugen und Wangengrübchen, so scharf, als verdankten sie ihre Existenz einer Messerspitze. Ein Chaos von Falten überzieht sein Gesicht, die Landkarte, die Spuren eines Lebens: Mexico City, Tanger, Paris. In einer dieser Furchen, einer besonders tiefen, ist der Apfel, den er seiner Frau auf den Kopf legte, Wilhelm Tell im Meskalinrausch, bevor er sie versehentlich erschoss. Vor uns auf blauen Tellern liegen Cracker, Käse, Peperoni, Sardinen und Kaviar. «Ah, ja», sagt er, «die Eier vom Stör.

Sehr beliebt im Mittleren Westen.» Mit diesen Worten lädt er sich einen Berg der klebrigen schwarzen Blasen auf einen Cracker. Harvey stürzt den Rotwein gläserweise hinunter, bis er selbst rot wird. Burroughs leert fünf Gläser Cola mit Wodka, bevor er uns eröffnet, dass er gerade seine tägliche Dosis Methadon genommen hat.

«WAS IST DENN DAS?», brüllt Harvey, den Burroughs' Aussprache irritiert hat.

«Methadon, Doktor. Ein erstaunlicher Morphinersatz. Haben Sie mal Morphin probiert?»

«NEIN, NIE», brüllt Harvey ernsthaft.

«Unglaublich. In Tanger war es die herrlichste, die wichtigste Droge ... Bin dort gewesen, um es noch ein letztes Mal zu kriegen. Letztes Mal, dass ich da war. Was haben Sie für Süchte, Doktor. Erzählen Sie!»

«TJAA-NUN, HI-HI ...» Doch dann sagt Harvey gar nichts mehr.

Burroughs zündet einen Joint an und reicht ihn Harvey, der zögert; Rauch umspielt seinen Kopf wie in einem Türkischen Bad.

«SIND SIE SÜCHTIG GEWORDEN, WEIL SIE SCHMERZEN HATTEN?»

«Ich wollte, ich könnte das bejahen, Doktor, aber nein», sagte Burroughs. «Ich wurde süchtig, weil ich mehr wollte.» Er überlegt einen Augenblick hinter einer weißen Wolke. «Nein, es gibt mir einfach etwas, auf das ich mich freuen kann.»

Harvey nickt verständnisinnig, sagt aber nichts.

«Ja, ja, wie nett», sagt Burroughs, zum Tisch gewendet, und trommelt mit den Fingern. Er ruckt rhythmisch in seinem Dynachair, deutet mit den Zehen winzige Ballettschritte an, hantiert mit einem Paperback von Patrick McGrath. Dann spielt er mit seinem Kätzchen, denn der alte Mann liebt Katzen. Über ihm auf einem Regal stehen Medikamente gegen Verstopfung und Magenverstimmung. Der süße Duft von Marihuana vermengt sich mit dem Essen, das jemand in der Küche zubereitet. Selbst gemachte Tomatensoße. Zwiebeln und grüner Pfeffer und verdampfender Burgunder. «Hier, hören Sie sich das an», sagt Burroughs und hält einen Prospekt von *Guns & Ammo* in die Höhe, den Daumen auf einer Anzeige. «Die haben ein Gewehr für Schwarzpulverpatronen, das man per Post bestellen kann. Ist das zu glauben?»

Bevor Harvey antworten kann, ist der Schriftsteller plötzlich auf den Beinen und unterwegs in Richtung Ledercouch und dem Fenster darüber. Irgendeine Alarmglocke hat bei ihm geklingelt, obwohl eigentlich nichts auf eine wirkliche Gefahr schließen lässt. Nur Autoscheinwerfer von der Straße her, die still wie fliegende Untertassen über die Wände gleiten. «Wassdas?», knurrt er. Harvey sieht erschreckt aus, Burroughs greift nach seinem Halfter. Dabei bewegt er die andere Hand durch die Luft, als werde er von einem Mückenschwarm belästigt. Gier, Begehren, Verlangen. Wayne eilt herbei und beruhigt ihn: Setzen Sie sich, Meister. Es ist nichts. Wir haben was für Sie. Ein kleines, hübsches Geschenk.

«Ein Geschenk?», fragt Burroughs, die Alarmglocke geht aus, und er verfällt ebenso plötzlich in einen ekstatischen Kindheitszustand. Wayne ist zwischen vierzig und fünfzig, obwohl er mit seiner übergroßen Militärjacke – anscheinend eine Art Uniform hier – und dem dunklen Haarschopf jünger und winzig wirkt. Er führt den Schriftsteller zurück zu seinem Dynachair. «Nun, nun, was ist es?» Ein aufgeregter Stepptanz. Auch Harvey ist plötzlich gespannt und sitzt mit erhobenen Augenbrauen da – eine neugierige Katze.

«Nennen wir es den Knochen», sagt Wayne und verschwindet im dunklen Flur des Hauses, um das Geschenk zu holen.

«Der Knochen!», ruft Burroughs. «Der schöne, schöne Knochen!» Nun ist Harvey verwirrt, sein Blick irrt zwischen Burroughs und Wayne hin und her, während Wayne auf dem Couchtisch ruhig ein riesiges Paket auspackt. Wayne liest den Begleitbrief vor, von einem Anthropologen, der beigefügtes Objekt fand, als er im Südwesten der Vereinigten Staaten wanderte. Als er auf den Augenblick der Entdeckung zu sprechen kommt, schreibt der Anthropologe so etwas wie: «Das Objekt tauchte am Rande meines Blickfelds auf.» Burroughs verbeißt sich in die Formulierung, steht unter Wiederholungszwang: «Am-Rande-meines-Blickfelds! Am-Rande-meines-Blickfelds! Am-Rande-meines-Blickfelds!» Dann fällt er mit gierigen Händen über das Geschenk her und schält es aus seiner knisternden Hülle, und es erscheint – was sonst – ein riesiger brauner versteinerter Knochen.

Als Harvey ihn sieht, schreit er: «DER IST MIT KALZIUM INFILTRIERT!», als würde er jeden Augenblick explodieren, und wir müssten Deckung suchen. Doch nachdem er den Doktor in einen Zustand höchster Aufregung versetzt hat, entschwindet Burroughs in einen Zustand sanfter, postkoitaler Träumerei. «Absolut phantastisch», flüstert er, weit weg und streichelt ihn. «Fühlt sich wie Linoleum an.»

Wayne erklärt: «Der ist achtzig Millionen Jahre alt», sagt er. «Trachodon war ein Entenschnabel-Dinosaurier, ein hundsgemeiner Dino, der Scheißhaufen machte, so groß wie diese Couch.» Begeistert fuchtelt Burroughs mit den Händen. Die bloße Erwähnung schmutziger Wörter erinnert ihn an eine hübsche kleine Grässlichkeit in Afghanistan, wo eine Frau mit einem Mann erwischt wurde, der nicht ihr Ehemann war, und dafür gesteinigt wurde. «Nein, sie haben sie nicht gleich umgebracht», sagt Burroughs, «sondern bis zum Hals eingegraben und ihr dann einen schweren Stein auf den Kopf geschmissen. So.»

Er steht auf und wirft einen unsichtbaren Felsbrocken mit aller Kraft zu Boden. Setzt sich. Schaudert. Steht wieder auf. «So!» Wirft wieder. «Schrecklich!» Fällt in den Dynachair zurück, krümmt sich zusammen. Dann noch einmal. «So!» Und wieder. Zittert. Was unser Gespräch ganz unverkrampft auf Killer und grausige Morde leitet. Burroughs berichtet von einem Burschen in Kalifornien, der eine Frau vergewaltigte und verstümmelte, dann eine zweite umbrachte, was Wayne veranlasst, ein paar Kurzlebensläufe aus seiner Ruhmeshalle der Serienkiller abzurufen: Ted Bundy, Charles Ng und David «Son of Sam» Berkowitz. Und es gibt andere, die sich in diesem Augenblick in Amerika herumtreiben und auf die Menschheit losgelassen werden, die an Bahnübergängen warten, in Raststellen Cracker kaufen und sich ihr nächstes Opfer aussuchen, weil es in der Schlange an der Kasse steht und Licht auf ihr Haar fällt. Da es so aussieht, als würde Burroughs sich in die nächste Aufregung hineinsteigern, legt ihm Wayne ein paar seiner Bücher zum Signieren vor, was einen hypnotischen Effekt hat. Dem Anthropologen schreibt er: «Danke für den schönen Knochen. Blicken Sie nach vorn, wie wir zurückblicken. Mit den besten Wünschen, William S. Burroughs.» Für die kleine Widmung braucht er lange, und er liest sie sich selbst noch einmal vor. Und wieder in einer Art Singsang: «Der schöne Knochen. Der schöne Knochen. Der schöne Knochen.»

Als er fertig ist, lehnt er sich erschöpft zurück. Harvey, der bis jetzt den Trachodon-Knochen untersucht hat, brüllt: «WAS FÜR'N EXEMPLAR!» Doch Burroughs ist schon wieder Lichtjahre entfernt. Das Auftauchen des Dinosauriers hier, in diesem goldfarbenen Zimmer, in diesem Haus aus dem Katalog von Sears, Roebuck, in diesem uramerikanischen Viertel dieses idyllischen Städtchens in Kansas hat den dünnen Mann wieder ins Grübeln gebracht. Während der

Geist sich im Feuerwerk seiner Gedanken verliert, lebt der Körper von Methadon und Kaviar. Und nun, da der Körper dahinschwindet, läuft alles auf die Knochen hinaus. Der körperliche Verfall macht erst bei den Knochen Halt.

«Dr. Senegal», sagt Burroughs, «was hat dieses Jahrhundert an Gutem gebracht?» Harvey dreht sich auf seinem Stuhl um, weil er annimmt, dass ein anderer Arzt eingetroffen ist, dann wird ihm klar, dass Burroughs ihn als Dr. Senegal anredet. Er nimmt eine Pose tiefer Nachdenklichkeit ein.

«TJAA-NUN, ES HAT ECHTE VERBESSERUNGEN AUF DEM GEBIET DER PSYCHOHYGIENE GEGEBEN.»

«Chemische Verbesserungen?»

«NICHT NUR CHEMISCHE ...»

Doch Burroughs unterbricht ihn. «Nein, Doktor, das Ende wird nichts Gutes bringen. Noch mehr Polizeistaat. Noch mehr Verbrechen. Noch mehr Angriffe auf Schwule. Ich hoffe, das muss ich nicht mehr erleben.»

Das musste er nicht. Einige Monate später wird er tot sein. Doch jetzt ist er bestürzt, zuckt zu einer fernen Musik in seinem Kopf. Da wir nicht vorhaben, zum Dinner zu bleiben, schicken wir uns zum Gehen an, obwohl Burroughs zum Thema Endzeit noch eine Menge zu sagen hat. Computerchips, die den Gehirnen von Neugeborenen eingepflanzt werden, Poeten, die an den magnoliengesäumten Auffahrten zu Konzernverwaltungen aufgehängt werden, ein heulendes Inferno von Neonazis, Hip-Hop-Brothers, Wiedergeborenen und Black Muslims, die in den Straßen der amerikanischen Großstädte mit automatischen Waffen Jagd aufeinander machen. Offenbar hat Harvey die Sache noch nie unter diesem Blickwinkel betrachtet und wirkt ein bisschen verblüfft. Doch dann greift Wayne ein.

«Na, William», sagt er liebevoll, «so schlimm wird's schon nicht werden.» Er hilft Burroughs aus dem Dynachair, woraufhin uns Burroughs zur Haustür bringt. Auf der wackligen Veranda stehen sich Harvey und Burroughs gegenüber, um Abschied zu nehmen. Der Schriftsteller senkt die Stimme, um noch eine letzte Weisheit von sich zu geben, die Harvey mit wissendem Nicken entgegennimmt, obwohl keineswegs klar ist, ob er sie überhaupt hört.

«Was uns Alte am Leben hält, Dr. Senegal», flüstert Burroughs, «ist die Tatsache, dass wir lernen, böse zu sein.»

Dann stehen wir wieder draußen in der Nacht, in einem Platzregen, und bis Harvey schlurfenden Schrittes das Auto erreicht hat, scheint eine kleine Ewigkeit zu vergehen. Hinter ihm schwankt Burroughs, der die Arme wie Elefantenrüssel einrollt und entrollt, um schließlich die Haltung wie bei einem buddhistischen Gebet anzunehmen – bleich, delirierend, reglos.

Falls ich dachte, für Harvey wäre die Ankunft in Lawrence eine Art Heimkehr – er hat sechs Jahre in dieser Gegend gelebt und sie erst ein Jahr zuvor verlassen, um bei Cleora einzuziehen –, dann ist es eine merkwürdige Art von Heimkehr. Ja, die Götter haben uns ein geradezu biblisches Wetter geschickt. Nach unserem Besuch bei Burroughs fahren wir zum Abendessen in die Stadt. In dem eisigen Wasser, das als rauschender Bach durch den Rinnstein schießt, geht Harvey buchstäblich in die Knie, als er die Straße überquert. «WOW, WOW!», brüllt er, während er im Kreis hüpft, das Hosenbein durchnässt und über dem Kopf explodierende Lichtblitze. Doch nach dieser Aufregung hat der Nostalgie-Abstecher nur noch wenige Highlights zu bieten. Harvey hat beschlossen, die Kunststofffabrik, in der er noch vor einem Jahr gearbeitet hat, nicht aufzusuchen, eine Stellung, die er annahm, um seinen Lebensunterhalt zu bestreiten, nachdem ihm die Approbation entzogen worden war, aber er sagt mir, der Job und die Kollegen seien «wirklich, wirklich interessant» gewesen.

Als ich später seinen ehemaligen Chef, William Katz, Vorarbeiter bei E & E Display Group, aufsuche, erfahre ich Genaueres über Harveys Karriere in der Kunststoffbranche. Begeistert schildert Katz Harveys meteorhaften Aufstieg in der Fabrik – vom Posten am Fließband zum Hilfsstrangpresser und dann zum Strangpresser, dem Mann, der am Ende der Strangpresse arbeitet. Diese Anlage stellt die winkligen Plastikregale her, die meist dazu dienen, Grußkarten aufzubewahren. Als Strangpresser verdiente Harvey acht Dollar die Stunde. Sogar nachdem ihn die alte Dame mit dem Auto angefahren und ihm das Bein gebrochen hatte, kehrte Harvey an seinen Arbeitsplatz zurück und erledigte seine Aufgaben zur vollen Zufriedenheit der Geschäftsleitung. Unter anderem erklomm er ohne die geringste Klage eine drei Meter hohe Leiter, um den Trichter der Anlage zu überprüfen.

«Ich hatte keine Ahnung, dass Tom Arzt war», sagt Katz, «aber ich habe schon gemerkt, dass er ein anständiger Mann war. Gebildet und klug. Und zäh. Egal, ob er Gehirne zerschnitt oder Plastikteile herstellte, ich mochte den Burschen.» Das Geheimnis seines Strangpressers entdeckte Katz in einer Studentenzeitung der Kansas University. Dort stand ein Bericht über den Strom von Pilgern, die nach Lawrence kamen, um Harvey und Einsteins Gehirn zu sehen. «Ich hab den Artikel mitgebracht, ihn Tom gezeigt und gesagt: ‹Das ist ja wohl eine Zeitungsente.› Er war ein bisschen verlegen, sagte aber: ‹Nun ja, das stimmt.› Dann hat er mir erzählt, dass er Pathologe in New Jersey war, als Einstein starb. Er sagte, er habe es für seine persönliche Berufung gehalten herauszufinden, ob es irgendwelche physischen Belege für Einsteins Genie gebe, er habe aber bisher noch nichts Eindeutiges herausgefunden. Angeblich hat er es im Schrank aufbewahrt.»

Die Unterstellung von Harveys Kritikern, der Pathologe prahle mit Einsteins Gehirn, präsentiere es als stolzes Beutestück, ergibt keinen Sinn. Denn bei genauerem Hinsehen ist es erstaunlich, wie wenig Menschen, selbst solche, die sich für Harveys Freunde hielten, überhaupt wussten, dass er Einsteins Gehirn besitzt. Erstaunlich ist auch, wie geschickt Harvey es verstand, diese bizarren Aspekte seines Lebens, diese Lagunen, Vulkane und Gebirge unter dem Regenwald zu verbergen, wie es ihm gelang, ein Leben als Hologramm zu leben. Das zeigte sich auch an einem Besuch, den wir zu früherer Stunde einem Lawrencer Bioladen abgestattet hatten, wo er einst unentgeltlich gearbeitet hatte. Die Autos auf dem Parkplatz waren übersät mit Aufklebern: Freiheit für Tibet, Freiheit für Leonard Peltier, Freiheit für Versuchstiere, Freiheit für die Liebe. «Wirklich netter Laden», sagt Harvey, als wir eintreten. «Gute Sandwiches, wenn ich mich recht erinnere.» Damit entschwindet er in der Kräuterabteilung, zwischen Flaschen mit Echinacea und Kava-Kava.

Es ist der typische esoterisch-vegetarische Bioladen, wie man ihn in fast jeder Universitätsstadt findet, hell erleuchtet, die Kühlregale brechend voll mit Senfrauke und Karotten. Hier arbeitet kaum jemand über dreißig: ein buntes Völkchen mit unrasierten Gesichtern, geruchsintensiven Achselhöhlen, Tattoos und gepiercten Augenbrauen. Aus den Lautsprechern Ani Difranco und über allem der Geruch von Kreuzkümmel und braunem Reis. Ein paar der Mitarbeiter setzen das unechte Verkäuferlächeln auf, als sie Harvey sehen, weil sie ihn für einen normalen Kunden halten, wenn auch vom Planeten Oldie, doch die Mehrzahl bedenkt ihn mit einem Blick vagen Wiedererkennens. Schließlich nähert sich eine Frau mit Holzperlen und Erdmutter-Rock, kratzt sich bei Harveys Anblick am Kopf und sagt: «Hi – wo warst du denn die ganze Zeit?» In der Hektik des modernen Lebens scheint sich niemand an den Namen des alten Mannes zu erinnern.

«Tjaa-nun … bin weggezogen», sagt Harvey.

«Oh», sagt die Frau. «Schön, dass man dich mal wieder sieht.» Und damit entschwebt sie anmutig in Richtung der Kasse. «Finde ich auch», sagt Harvey, doch seine Worte verlieren sich in ihrem Kielwasser. Er schlurft zu einer Regalwand voller Elixiere, nimmt eine Flasche Happy Wanderer und liest sich das Etikett durch. Ziellos streift er durch das Labyrinth der Gänge und greift sich hier und da Waren heraus, die er von früher kannte. «Das stand immer dort», sagt er und zeigt mir einen Karton Kuskus.

Als ich ihn so sehe, muss ich an meinen Lieblingsfilm von Ingmar Bergman denken, *Wilde Erdbeeren,* in dem der alte Arzt Isak mit seiner jungen Schwiegertochter durch Schweden fährt, auf dem Weg zu einer Festlichkeit, die zu seinen Ehren stattfinden soll. Gegen Ende seines Lebens ist Isak ein streitsüchtiger alter Grantler, doch auf dieser Fahrt begegnet ihm seine Vergangenheit – das Sommerhaus seiner Jugend, die Menschen und Orte, die in seinem Leben eine Rolle gespielt haben –, und ein eisiger Gletscher in seinem Inneren beginnt zu schmelzen. Wie ein Vogelschwarm steigen die Geister auf, die in ihm wohnen, und unbeholfen versucht er, die Tage zu bejahen, die ihm noch bleiben. Aber das Leben ist anders: Trotz seiner wegbegleitenden Epiphanien ist Isak nicht plötzlich frei oder ganz oder rein oder erlöst. Er ist unausweichlich er selbst: Voller Liebe und Hass, bedeckt mit den Narben des Verrats und trotzdem noch immer von der Sehnsucht getrieben, so taumelt er seinem Tod entgegen.

Harvey scheint sein Leben mit weit weniger Skrupeln zu durchmessen. Wenn er ein Sünder ist, so ist ihm das offenbar verborgen geblieben. Wenn er Auto fährt, dann mit dem falschen Tempo auf der falschen Spur, vergesslich und ohne schlechtes Gewissen, während sein Blinker sinnlos und verkehrswidrig vor sich hin tickt – auf diese Weise macht er den Highway seit mehr als vierzig Jahren unsicher. Wenn er ein

Haus bewohnt, so ist es eines, das aus vielen unverbundenen Anbauten besteht, alle in Abständen von sechs oder sieben Jahren entstanden – und alle voller neuer Frauen und Kinder und Stellungen, wobei das einzige verbindende Element die Tapete ist, rosa Gehirnknospen, die zur Decke aufsteigen.

Nach einem Pasta-Essen besuchen wir einen von Dr. Harveys besten Freunden, Ahilleas Maurellis – Archie. Ein Berg von einem Mann mit einem struppigen Pferdeschwanz und den fleischig zusammengepressten Gesichtszügen seiner griechischen Vorfahren. Er ist Harveys WG-Genosse aus den letzten beiden Jahren seiner Lawrence-Idylle. Sie haben sich auf einer Quäkerversammlung kennen gelernt. Ich erfahre, dass Archie mit großem Erfolg Physik studiert, fünf oder sechs Sprachen spricht und ein hervorragender Musiker ist. Obwohl seine Fünf-Zimmer-Wohnung – einst von Harvey mitbewohnt – durchaus von studentischem Gepräge ist (alles eher einfach oder schlicht mit Ausnahme der Stereoanlage), ist er ein Mann von exzellentem Geschmack. Ein Liebhaber von Weinen und Musik, Schönheit und Kunst. Er hat eine raffinierte Art, seine Zigaretten zu rauchen, und lässt den Rauch in Nilpferdform aufsteigen. Vor einigen Jahren, als er in Sachen Frauen eine Pechsträhne hatte, entdeckte er eine Website, über die man Beziehungen zu Frauen in der Ukraine knüpfen konnte. Er machte eine Reise dorthin und fand eine Lady nach seinem Geschmack, doch dann ging die Sache plötzlich schief, woraufhin er zurückkehrte und Ersatz verlangte, den er in Gestalt der blonden Frau bekam, die jetzt neben ihm steht. Die beiden sind wie Turteltäubchen und wollen im Sommer heiraten.

Harvey kehrt als strahlender Held zu ihnen zurück und wird an der Tür von Archie herzlich umarmt. Hinter den beiden in inniger Umarmung verflochtenen Männern stehen Archies Mutter und Großmutter, die zufällig zu Besuch aus

Griechenland da sind. Archies Großmutter ist ungefähr in Harveys Alter, obwohl sie auf den ersten Blick viel älter aussieht. Sie trägt einen mit Pailletten besetzten schwarzen Bademantel und ihr Haar in einem Netz. Auch hört sie nicht mehr allzu gut, doch diesmal schreit der Enkel: «DAS IST TOM HARVEY, GROSSMAMA, DU WEISST DOCH, DER FREUND, DER EINSTEINS GEHIRN HAT.» Daraufhin leuchten ihre Augen plötzlich weiß auf, als wären tausend Schneegänse des Wiedererkennens von einem verborgenen See in ihren Pupillen aufgestiegen. Sie hat nur noch ein paar Zähne und spricht mit starkem Akzent. «Diescher Mann», sagt sie, «wasch der letzschte, der den groschenen Profeschor Einstein berührt hat. Er ischt … berühmt.»

Harvey hört das sichtlich gern und wird rot. «Ich freue mich wirklich, Sie kennen zu lernen», sagt er und will ihr die Hand geben. Doch Archies Großmutter schiebt die ausgestreckte Hand beiseite und drückt ihm ein Kuss auf die Wange. Wie er sich abwendet und ins Wohnzimmer geht, hängt sie sich an seine Fersen wie ein Schulmädchen. Als er sich aufs Sofa setzt, bringt sie ihn fast zu Fall, lässt sich neben ihn in die Kissen fallen, sodass er zwischen ihr und Archies Mutter eingezwängt ist. Soweit ich das beurteilen kann, trägt Harvey kein Aftershave mit tierischen Lockstoffen. Trotzdem muss er eine unwiderstehliche Aura haben, denn unzweifelhaft himmelt die Frau ihn von der ersten Sekunde an an. Dankend nimmt er Archies Einladung zu einem Brandy an. Sein Freund setzt sich und fragt: «Also erzähl, was gibt's Neues von Leben, Liebe und Hirn?»

«Tjaa-nun», meint Harvey gedehnt. «Ich bin jetzt in New Jersey.» Als Archie Genaueres wissen will, erwähnt Harvey vage eine Freundin, «die so freundlich war, mir Unterkunft zu gewähren», geht aber nicht näher auf Cleora ein. Auf die Frage nach meiner Rolle bei dieser Fahrt erklärt Harvey obenhin: «Er ist mein Chauffeur.» Und als Archie nach Einsteins Gehirn fragt, erfährt er, dass mit dem Gehirn alles bestens sei und dass «die Studie» vorankomme. Während Harvey spricht, fährt Archies Großmutter mit dem Zeigefinger abwesend auf seinem Bein umher, dem Oberschenkelknochen nach. Dann wendet sie sich an Archie und fragt, ob wir anderen sie mit dem Doktor allein lassen könnten.

«OHH ... NEIN, GROSSMAMA», sagt Archie lächelnd. «WIR SITZEN HIER SO SCHÖN ZUSAMMEN UND MÖCHTEN UNS ALLE MIT TOM UNTERHALTEN.» Er spricht ein perfektes, vornehmes Britisch, kann aber gleichzeitig nicht die Hände von seiner blonden Mieze lassen, der es nicht besser ergeht. Was das Geschehen auf der Couch zusätzlich anzuheizen scheint. Die einzig Unbeteiligten sind Archies Mutter, eine kleine Frau um die sechzig mit einem Muttermal auf dem Kinn, und ich. Unsere Blicke begegnen sich, aber es funkt nicht. Archie entschuldigt sich bei Harvey für seine Großmutter.

Dann zündet er sich eine Zigarette an, legt eine CD mit ukrainischer Volksmusik auf und holt Eis aus der Küche, die ich ebenfalls ansteuere, um mein Weinglas zu füllen. Er berichtet mir, als sie zusammen wohnten, habe Harvey manchmal das Gehirn auf den Küchentisch gestellt, allerdings nur, wenn er gekocht habe. «Zuerst war es unheimlich, es hier zu wissen», vertraut mir Archie mit dröhnender Stimme an. Anscheinend haben Harvey und er keine Geheimnisse voreinander. «Weißt du, du isst ein Schinkensandwich und starrst dieses riesige Stück Schinken an, aber es ist gar kein Schinken, sondern *Einsteins Gehirn.*» Er sagt, es seien viele Leute aus der ganzen Welt in die Wohnung gekommen – Kamerateams, Journalisten und Pilger, Südafrikaner, Brasilianer und Japaner. «Er ist ein berühmter Mann», sagt Archie, lässt seitlich aus seinem Mund eine spektakuläre Rauchfigur aufsteigen und macht eine Kopfbewegung, die Harvey hinter der Wand gilt. «Und er ist wirklich ein feiner Kerl, ein unheimlich feiner Kerl.» Das ist ein Refrain, den ich wieder und wieder hören werde. Als ich mit Patrick McAlinney spreche, Harveys einstigem Partner in einer Praxis für Allgemeinmedizin, die die beiden in der Region von Kansas City hatten, beschreibt er Harvey «als umsichtigen, konservativen Arzt, durch und durch ein Gentleman». Über die Zeit in Princeton sagt sein Kollege Lewis Fishman: «Er verfügt über gründliche Fachkenntnisse und ist ein erstklassiger Arzt, ehrlich und seriös. Sein Privatleben ist eine Tragödie. Jetzt ist er praktisch pleite. Er hat sein ganzes Geld in die Ausbildung der Kinder aus den verschiedenen Ehen gesteckt. Wirklich, er ist ein verteufelt netter Bursche.»

Als wir ins Wohnzimmer zurückkehren, lauscht Archies Großmutter immer noch begierig jedem Wort von Harvey – obwohl sie keins versteht. Sie sitzt da mit runzligem Mund und paillettenbesetztem Bademantel, die Hand auf dem Knie des großen Doktors, macht ihm verliebte Augen oder blickt verträumt und leicht schielend ins Leere. «Oh, Tom …, oh, Tom», murmelt sie von Zeit zu Zeit. Derweilen hat sich Harvey Archies Verlobter zugewandt und macht eifrig Konversation. «Natürlich mag ich ukrainische Musik», sagt er nachdrücklich. Auch Archies Verlobte scheint fasziniert zu sein. Archie betrachtet diese häusliche Szene und lächelt mir zu, als wollte er sagen, die Welt ist gut so, wie sie ist. Doch kaum, dass wir uns hingesetzt haben, dass wir anfangen, uns wohl zu fühlen, dass Harvey sein Glas Brandy verputzt hat, da wird er plötzlich unruhig. Einfach so. 45 Minuten, und es hält ihn nicht mehr an seinem Platz.

Allerdings ist er zwischen Archies Frauen so fest eingekeilt, dass der Aufbruch eine ganze Weile dauert. Je näher Großmutter den Abschied von *Doktor Schiwago* herankommen sieht, desto fester wird ihr Griff. Erstaunlich finde ich, dass etwa die Hälfte ihrer Leidenschaft einem anderen gilt – Einstein –, während Harvey nur der liebenswerte Stellvertreter ist. Erstaunlich ist auch, dass es heute noch Menschen wie sie gibt, die fasziniert sind von einem Mann, der schon so lange tot ist. Nachdem Einsteins zweite Frau Elsa gestorben war, erhielt er zahlreiche Heiratsanträge. «Wie viel heller wäre mein Dasein», schrieb eine Frau, «wenn ich Sie davon überzeugen könnte, dass wir beide glücklicher wären, wenn wir uns auf einem gemeinsamen Lebensweg gegenseitig Freude bereiten würden.» Und eine andere, eine Freundin von Elsa aus Wien, beginnt ihren Brief: «Eine heimliche Stimme tief in meinem Herzen (die mich selten täuscht) sagt mir, dass ich mein Leben Ihnen weihen muss ... Es ist mein höchster Wunsch, Professor Einstein den schönsten Lebensabend zu bereiten.»

Die Frauen können Harvey nur noch das Versprechen abringen, dass er sie bald in Griechenland besuchen wird. Dort wird es Schwimmen und Oliven satt geben! Obwohl Harvey es verspricht, klammert sich Großmutter noch immer an seinen Arm. Zum Schluss ist er ganz Kavalier. Der Star von gestern, der seine Groupies verrückt machte, er protzt nicht mit ihnen, aber er braucht sie auch nicht.

Es gibt einen schwierigen Augenblick, als für Großmutter alles, was an diesem Abend so vielversprechend begann, plötzlich zu Ende geht. Die unausgesprochenen Worte ergießen sich wie Fische auf die trockene Mole, wo sie glänzen und zappeln und sterben. Denn es ist spät, die Uhr ungeduldig, und Harvey strebt zur Tür. Selbst mit der Last an seinem Arm treibt es ihn hinaus und davon, diesen abtrünnigen Pathologen, der seit neuestem Senegal heißt, diesen wurzellosen Hersteller von Plastikregalen für Glückwunschkarten. Noch einmal setzt Großmutter ein strahlendes Lächeln auf.

I love the way you love … Mr. Wonderful Person … us forever. Dann reißt der Enkel sie von Harvey los. Das Lächeln bleibt auf ihrem Gesicht, während wir die Treppe hinuntergehen, uns erdwärts winden. Es bleibt bis zur letzten Sekunde, bis Harvey ihren Blicken entschwindet und sie den seinen, bis ihr klar wird, dass er fort ist.

11

Wassissdas?

Wir quartieren uns im Westminster Hotel am Stadtrand von Lawrence ein, unweit der Interstate-Überführung. Trotz britischer Namensgebung ist unser Hotel das typische zweistöckig-schmucklose Raststellen-Fertigteil. Die Wände sind dünn und mit Cowboy-Tapeten beklebt. Wie gewöhnlich nehmen wir benachbarte Zimmer, und sobald ich mich davon überzeugt habe, dass Harvey gut untergebracht ist, gehe ich in mein Zimmer und versuche, Sara anzurufen. Egal, wie lange ich das Telefon klingeln lasse, es ist vergeblich. Sie ist nicht zu Hause – wieder und wieder nicht.

Aber wo ist sie dann?

Das ist eine einfache Frage, aber eine, die, einmal gestellt, eine Flut von weiteren nach sich zieht: Was ist, wenn ihr etwas zugestoßen ist? Dort in Maine leben wir viele Kilometer von der nächsten Stadt entfernt, vom nächsten Krankenhaus, von Nachbarn, die ihr helfen könnten, wenn sie Hilfe brauchte. Oder was ist, wenn sie von der Straße abgekommen ist? Vor meinem Aufbruch geriet sie mit unserem gemeinsamen Pick-up auf Glatteis und drehte sich um sich selbst. Und die Elche! In Maine gibt es mehr Elche als Eichhörnchen. Massige 500-Kilo-Kolosse, die überall lauern und nur darauf warten, sich auf vorbeikommende Fahrzeuge zu stürzen.

Als ich mit den Horrorszenarien durch bin, findet meine Phantasie neue Nahrung: Was ist, wenn sie *fort* ist? Ihre Sachen gepackt und sich auf und davon gemacht hat? Einfach die Nase voll hat (wer könnte es ihr verdenken?), Schluss gemacht hat (was längst überfällig ist) und wenn das Telefon (angewählt von ihrem traurigen Freund in einem traurigen Hotelzimmer, Wand an Wand mit einem alten Mann und einem zerhackten Gehirn) jetzt neben einer Notiz klingelt, von ihr verfasst, auf einem aufs Geratewohl gegriffenen Briefbogen aus irgendeinem Hotel ihrer vielen Reisen, und die mir Sayonara wünscht, alles Gute? Ein Brief in einem Zimmer voller unbelebter Dinge, die nie wieder beseelt werden durch unser *Wir.* Dieser Gedanke wirft mich erbarmungslos in eine abgrundtiefe Trauer über das Ende einer Beziehung, das rein hypothetisch ist und doch so real, dass ich sein Gesicht berühren kann.

Tage und Jahre und Monate vergehen, und du entzündest die heilige Kerze, die du selbst bist, am Licht einer anderen, und gerade, wenn du denkst, dass du lange genug für sie gebrannt hast, entdeckst du, dass sie das Einzige ist, was dich über dich selbst hinausheben kann. Und jetzt lässt sie dich sitzen für einen Holzfäller oder für den empfindsamen Typen in der Stadt, dem der Buchladen gehört, oder für den Mann vom Paketdienst, der im Sommer immer diese engen Shorts trägt. Ausgerechnet der! Wie kann sie nur?

Und was ist mit unserem Hund Trout? Der Gedanke, dass die drei zusammen durch die White Mountains wandern, aus einer Wasserflasche trinken, sich in einer törichten, verliebten Privatsprache unterhalten, ist unerträglich. Und die Art und Weise, wie Menschen klarkommen und sich ein neues Leben mit jemand anders aufbauen, als hätte das Leben mit dir nie Bedeutung gehabt – wie kann sie es wagen?

Ich tue, was man tunlichst machen sollte, wenn die Gedanken so ins Trudeln geraten: Ich lenke mich ab. Suche in meinem Gedächtnis nach Leuten, die ich anrufen kann, wähle ein oder zwei Nummern, erreiche aber nur den Anrufbeantworter. Daraufhin beschließe ich, mich mit Evelyn Einstein in Berkeley, Kalifornien, in Verbindung zu setzen.

«Hallo?» Die Art, wie sie sich am Telefon meldet, ist halb Frage und halb Angriff, was, wie ich annehme, normal ist, wenn man Einstein heißt und lange genug zu später Stunde die Anrufe von all den Spinnern und Irren ertragen hat, die von Albert besessen sind und wirres Zeug stammeln. Vorher haben wir schon zweimal miteinander gesprochen – einmal, als ich in Maine war, und einmal, als ich in Princeton war; Evelyn hat sich widerstrebend bereit erklärt, obwohl sie von der Aussicht alles andere als begeistert zu sein scheint. Als sie hört, dass Harvey und ich schon in Kansas sind, tut sie einen tiefen Seufzer, als würde sie von einer Woge der Unausweichlichkeit fortgerissen. «Ich weiß nicht», sagt sie. «Bei mir sieht es schlimm aus.»

«Machen Sie sich keine Umstände», sage ich und blicke auf eine Ecke oben an der Decke, wo sich die Tapete abschält und mehrere auf dem Kopf stehende Cowboys sich über die Gesetze der Schwerkraft lustig zu machen scheinen. «Wir sind keine Sauberkeitsfanatiker. Oder wenn es Ihnen lieber ist ...» Ich biete ihr an, jemanden zu suchen, der bei ihr sauber macht. Wir könnten uns aber auch, sage ich, auf neutralem Boden treffen, irgendwo in einem Restaurant. Doch wie sich herausstellt, geht es weniger um den Zustand ihres Hauses als um ihre Gesundheit. Vor einigen Jahren wurde sie mit Steroiden gegen Krebs behandelt, und jetzt fürchtet sie, dass die Steroide ihren Körper verwüsten, indem sie ihre gesunden Zellen zerstören und ihre Leber kaputt machen. «Die Steroide, die sie mir gegeben haben», sagt sie, «würden für eine Herde Elefanten reichen. Diese Ärzte sind eine Pest.»

Dann unterhalten wir uns über verschiedene Dinge und kommen über die Invasion von Außerirdischen zu Sekten.

«Ich bin sicher, dass es eine Menge Sekten gibt, die Albies Gehirn gar zu gerne in die Finger kriegen würden», sagte Evelyn. «In meiner Eigenschaft als Sekten-Aufklärerin habe ich mit Staunen festgestellt, wie suggestiv sie den Namen meines Großvaters einsetzen.» Eine Sekten-Aufklärerin? Die Frage öffnet eine Büchse voller interessanter Würmer, denn Evelyn versichert, dass sie verdammt gut in ihrem Job gewesen sei. Während der Jahre, die sie in diesem Geschäft war, hat sie begriffen, dass Sekten überall sind. Einem fehlt etwas, man sucht etwas oder jemanden, der einen erlöst – Mutter oder Vater, Gott oder den Teufel. Sie gibt zu, dass sie auch zu diesen Menschen gehört hat, von ihrem Vater Hans Albert beiseite geschoben, der nur die Wasserwirtschaft und das Segeln im Kopf hatte, wie er selbst einst vom eigenen Vater beiseite geschoben worden war. Und so war Evelyn jahrelang ohne Orientierung.

«Ich bin in der EST-Sekte gewesen», sagt sie, «und es war entsetzlich. Sie wollten mich haben, weil der Name Einstein eine gute Werbung war. Viele glauben, man muss dumm sein, um auf Sekten reinzufallen, aber das ist Quatsch. Es ist unglaublich leicht, Leute dazu zu bringen, der eigenen Vernunft nicht mehr zu trauen. Erst schotten sie einen ab, und dann machen sie einem Angst. Sie sagen, denk an die und die, die vor einem halben Jahr abgehauen ist, sie ist von einem Auto überfahren worden. Eines Tages ging mir ein Licht auf, und ich dachte: ‹Himmel, so hat es Hitler gemacht.›»

Da ist sie abgehauen und hat für die andere Seite gearbeitet. Sie sagt, die verrückten Sektenmitglieder hätten sie überallhin verfolgt. Ihr Haus sei regelrecht umzingelt gewesen. Als sie eine gute Freundin aus einer Sekte befreit habe, sei sie von den anderen Sektenmitgliedern durch ein New Yorker Hotel gejagt worden. «Wenn ich noch gesund wäre», sagt sie jetzt, «wäre ich noch immer dabei. Man muss sie stoppen.»

Evelyn scheint gerade warm zu werden, als mich plötzlich der Verfolgungswahn packt. Überstürzt beende ich das Gespräch und sitze, nachdem ich aufgehängt habe, noch einen Augenblick nachdenklich da. Ich kann das Bild der beiden aggressiven Scheinwerfer nicht loswerden, die mich auf der Fahrt zu Burroughs im Rückspiegel geblendet haben und dann erneut, als wir nach dem Besuch bei Archie ins Hotel gefahren sind. Ist es Verfolgungswahn oder sind es dieselben Scheinwerfer seit Princeton?

Ich gehe zum Fenster und spähe durch die dicken Vorhänge. Unten auf dem Parkplatz steht ein Wagen mit laufendem Motor. Die Lichter sind aus, aber ich sehe die Abgase aus dem Auspuff aufsteigen. Der bloße Anblick dieses Wagens bewirkt, dass sich meine Gedanken überstürzen. Ich stelle mir einen Mann vor, der durch eine beschlagene Windschutzscheibe auf unsere beiden Zimmer starrt, Kippen raucht, kaltblütig Doughnuts verputzt, Sätze einer fremden Sprache in ein Handy murmelt und den richtigen Zeitpunkt abwartet.

Unruhig gehe ich im Zimmer auf und ab. Ich stelle den Fernseher an, den Ton ganz leise, und setze mich auf den Bettrand, kerzengerade, alle Antennen ausgefahren. Es ist absolut still und ruhig in dem Zimmer, ausgenommen die Kugel am Ende der Lampenkette, die langsam schwingt, erst hin, dann zurück. Da draußen, das könnte auch jemand völlig Harmloses sein. Ich gehe zur Wand und lausche, von Harvey ist nichts zu hören. Dann fällt mein Blick auf mein Bild im Spiegel über dem Waschbecken, bleich mit dunklen Ringen unter den Augen, abermals verschwistert mit jeder anderen verschlissenen Seele, die in irgendeinem anderen Motelzimmer panikgeschüttelt in einen Spiegel blickt.

Ein Televangelist namens Bob Larson tritt in einer lokalen Fernsehstation auf und wedelt mit einer Nummer der Zeitschrift *Rolling Stone* herum, die auf ihrer Titelseite die Goth-Rock-Ikone Marilyn Manson präsentiert. Aus irgendeinem Grund beruhigt mich das. «Unsere Fünftklässler werden von Satan verführt», blökt er. Seine Augen sind wie Gewehrmündungen, und ab und zu blitzen in den raschen Bewegungen seines Mundes spitze Zähne auf. «Wir werden den Teufel besiegen ... aber wir haben KEINE ZEIT mehr.» Von der Zeitschrift starrt mich Manson an, ein Auge eisig blau, das andere schwarz und beide aus den Höhlen getreten, als wäre er eine Echse, die man in der Leibesmitte eingeschnürt hat. Seine schwarzen Lippen sind leicht geöffnet und heben sich kaum ab gegen einen dunklen, abstrakten Hintergrund. Er könnte gerade aus dem Schlamm irgendeines Sumpfes gekrochen sein. Der Dark Prince, der sich, wie es heißt, ein paar Rippen hat entfernen lassen, damit er sich selbst einen blasen kann, der Mephisto, der verhaftet wurde, weil er auf der Bühne den Penis eines anderen Mannes im Mund hatte. Der finstere, abseitige, fellationierende Händler der Apokalypse.

Bob Larson dagegen ist um die fünfzig oder etwas darüber, trägt einen merkwürdigen ambossförmigen Haarschnitt und einen struppigen Bart. Die Hemdsärmel aufgerollt und der Schlips gelockert. Behaarte Fingerknöchel und die Augenbrauen wie Fledermausflügel. Die sorgfältig stilisierte Aufgelöstheit eines Mannes, der ganz in seinem Schöpfer lebt und dem man daher einfach einen gewissen Prozentsatz seines Einkommens schuldet. Seine Sendung wird aus einem Raum übertragen, der wie ein Studio aussieht. Durch die halb geöffneten Metallrollläden sieht man Autos durch die Straßen einer Vorstadt in Denver fahren. Er hat etwas seltsam Tröstliches, wie ein General, der seinen Schutzbefohlenen erspart, jemals eine eigene Entscheidung zu treffen.

Ein Teenager namens Rusty ruft an. Sein Freund ist vom Satan besessen, da hat sich Rusty Bobs Buch *In the Name of*

Satan gekauft, und nun führt er gerade eine Teufelsaustreibung durch, aber der Dämon will den Freund nicht verlassen. Bob Larsons Gesichtszüge nehmen eine Miene großer Anteilnahme an. «Benutz das Buch, Andy», zischt er. «Und das andere Buch.» Bei diesen Worten wedelt er mit der Bibel, als wäre sie ihm gerade noch rechtzeitig eingefallen.

Ein Anruf aus Peoria. Ein anderer aus Des Moines. Der Teufel ist überall. In dem Gespräch mit Pete aus Tallahassee, dem Satan gerade erfolgreich ausgetrieben wurde, legt Bob Larson sein Programm für Amerika vor: Zunächst die Zerschlagung aller Heavy-Metal-Bands und die völlige Vernichtung von Marilyn Manson, und dann natürlich der flächendeckende Verkauf seines Buchs *In the Name of Satan.*

«Seid ihr an meiner Seite?», fragt Bob Larson. «Glaubt ihr an die Macht des Wortes?» Wieder hält er sein Buch hoch. Diesmal vergisst er die Bibel.

Auf diese Weise, unter den Augen von Bob Larson, behütet von seinen Worten, trägt mich eine bewegte Strömung hinaus aufs Meer der Träume. In einem haben Harvey und ich uns in der Medina einer alten Stadt verlaufen, stolpern durch labyrinthische Straßen, werden durch einen Sack behindert, den ich auf dem Rücken schleppe, und von Männern in schwarzen Kapuzen verfolgt. Auch in einem anderen taucht der Sack auf, aber dieses Mal kommt Harvey nicht vor, nur ein alter Mann, offenbar ein Bettler, der mich davor warnt, in den Sack zu blicken. Ich scheine auf einer langen Reise irgendwohin zu sein und halte mich, solange ich vermag, an seine Warnung. Doch dann ist es mit meiner Geduld vorbei, und ich öffne den Sack; als ich schließlich hineinblicke, werde ich vom Licht verschlungen.

Viel später wache ich schreckhaft auf, die Füße auf dem Fußboden und noch immer angezogen. Das erste Grau des Tages sickert durch die Vorhänge. Auf dem Fernsehschirm herrscht dichtes Schneetreiben. An der Tür klopft es. Wie lange schon?

Benommen rappel ich mich hoch, von der bösen Vorahnung erfüllt, die sich einstellt, wenn man abrupt aus dem Schlaf gerissen wird. Blitzschnell laufen vor meinem geistigen Auge ein paar Szenarien ab, unter anderem eins, in dem mein Compadre das Hotel schon vor Stunden mit einem Mann in schwarzem Kapuzenumhang verlassen hat. Doch als ich die Tür aufstoße, steht da … Harvey!

«Ich hab meine Sachen schon lange gepackt», sagt er, «aber Sie sind nicht gekommen, um meine Sachen zu holen.»

Ich starre den alten Mann an, der in einen Schal gewickelt und mit rot geränderten Augen vor mir steht – Harvey, der Duracell-Hase, bereit, es mit dem Schneesturm aufzunehmen.

Ich könnte ihn umarmen, verabrede mich aber nur zum Frühstück mit ihm.

Der Schnee hat so viel Wucht, dass er waagerecht treibt, unsere Windschutzscheibe mit einer Eisschicht überzieht und sich auf dem Skylark türmt, bis er aussieht wie eine Monster-Ente, die sich von der Parade zum Memorial Day hierher verirrt hat. Alles türmt sich zu Haufen an diesem eisigen, geruchlosen Wintertag: die Autos, die ins Schliddern geraten und sich im Straßengraben sammeln, der Schnee, der dicke Verwehungen bildet, die Eiszapfen, die an den kahlen Bäumen wachsen – wie in Erinnerung an eine Zeit vor 500 000 Jahren, als ganz Kansas gefriergetrocknet unter einigen hundert Metern Eis lag.

Brechend voll ist es im Village Inn Pancake House: Collegestudenten und Rentner und alles, was altersmäßig dazwischenliegt: Hemdsärmelige HALLOs und HIs schwirren durch den Raum, Steak und Eier nach Art des Hauses schweben auf superweißen Tellern vorbei. Einige alte Männer tragen Arbeitshosen und Baseballmützen mit Autologos, die Mützen der Studienanfänger tragen die Namen von Baseballteams oder Slogans wie GOOD TO GO. Selbst im Nichtraucherbereich rauchen alle – etwas, worüber sich Harvey fürchterlich aufregen kann. Doch heute Morgen herrscht so viel menschliche Nähe und Behaglichkeit, dass sich jeder Groll verflüchtigt. Draußen heult der Schneesturm, und drinnen sind wir übergossen vom goldenen Schein der Kameradschaft und der Pfannkuchen.

Lasst mich in Frieden mit euren geheiligten Kongresshallen und eurem dollargesegneten Börsenparkett, Amerikas Fundament sind seine Pfannkuchen-Diners!

Unsere Restaurantaufenthalte unterliegen inzwischen einer festen Routine, an der sich auch heute Morgen nichts ändert: Harvey brütet über der Speisekarte, analysiert sie, seziert sie, extrapoliert und differenziert, was sein Magen wirklich möchte. In der Zwischenzeit hole ich mir eine Zeitung, überfliege einige Sparten, bevor er endlich weiß, was er bestellen will. Selbst die Tatsache, dass zwei Jugendliche angeklagt sind, einen Mann im Central Park ermordet und zerstückelt zu haben, kann den existenziellen Konflikt in Harveys Kopf nicht unterbrechen: salzig oder süß, Eier oder Waffeln.

Nachdem er eine besonders sorgfältig bedachte Bestellung aufgegeben hat, nimmt er gelegentlich eine ebenso bedachte Korrektur an ihr vor. Zum Glück ist unsere Kellnerin eine pathologisch lächelnde Studentin der University of Kansas, bewandert in der Dynamik von Frühstückszuständen, in Kaffeesucht und der ganzen koffeininduzierten Verwirrung. Sie wartet, während Harvey die Karte ein zweites Mal studiert. Mir kommt es vor, als sei eine Woche vergangen, bis er sich endlich zweimal räuspert, wieder eine nachdenkliche Pause einlegt, doch sie lächelt geduldig und zwitschert zurück: «Spiegeleier von beiden Seiten, Bacon, Weizentoast, Bratkartoffeln. Noch Kaffee?»

Eine scheußliche Vorstellung, dass nette Menschen wie sie vor zwanzig Jahren bei einem Kernwaffenangriff in Asche verwandelt wurden. Jedenfalls in dem Film *The Day After* mit Jason Robards. Die wenigen Überlebenden irrten in postapokalyptischer Erstarrung umher, die Kleider zerfetzt, die Körper mit wulstigen Narben bedeckt und verzweifelt bemüht, ein winziges Glas unverseuchtes Wasser zu finden. Dass die Stadt Lawrence in der Vorstellungswelt der Nation mit der Verwüstung durch einen Atomkrieg verknüpft wurde und dass Einsteins Gehirn, dessen Leistungsfähigkeit die Bombe unwissentlich möglich machte, hier viele Jahre lang unter Harveys Obhut heimisch war, ist ein ironischer Akzent, der Harvey zu entgehen scheint. Als ich ihn danach frage, sagt er: «Tjaanun, ich nehme an, das ist richtig, okay.»

Tatsächlich war sich Einstein selbst anfangs nicht klar darüber, dass er mit der Relativitätstheorie die Pandorabüchse der atomaren Vernichtung geöffnet hatte. Als Einstein 1935 auf einer Pressekonferenz gefragt wurde, ob es möglich sei, eine Atombombe zu bauen, antwortete er, die Wahrscheinlichkeit, Materie in Energie umzuwandeln sei «genau so, als würde man im Dunkeln auf Vögel schießen, und zwar in einem Land, wo es kaum Vögel gibt». In der Rückschau zeigt sich, wie weit Einstein zu diesem Zeitpunkt schon von den Entwicklungen in der Wissenschaft seiner Zeit entfernt war, wie sehr er sich in seinen starrsinnigen, theoretischen Isolationismus verrannt hatte. Doch inzwischen war Einstein in den Augen der Welt schon weit mehr als ein Wissenschaftler geworden. Während seine größten Entdeckungen in den Zeitraum von 1905 bis 1925 fielen, erfolgte in den letzten dreißig Jahre seines Lebens, in denen er sich der Forschung keineswegs in geringerem Maße widmete, sein Aufstieg als politische Figur, wenn auch von etwas onkelhaftem Zuschnitt, die für viele Menschen genauso viel moralische wie intellektuelle Bedeutung besaß.

Doch vier Jahre später, als die Kriegsmaschinerie der Nationalsozialisten Europa überrollte, entwickelten Leo Szilard und Enrico Fermi ein schlüssiges Konzept zum Bau der Atombombe und legten es Einstein vor. In einem Brief vom 2. August 1939 drängte Einstein, der gefeierte Pazifist, Präsident Roosevelt, sofort mit dem Bau einer Atombombe zu beginnen. «Im Laufe der letzten vier Monate», schreibt Einstein an den Präsidenten, «hat sich die Wahrscheinlichkeit kristallisiert ... dass sich in einer großen Uranmasse eine nukleare Kettenreaktion [sic] hervorrufen lässt, in der große Energiemengen und viele neue radiumartige Elemente erzeugt würden. Heute erscheint es fast sicher, dass sich dies in unmittelbarer Zukunft realisieren lässt.»

Im Fortgang skizziert Einstein Trägersysteme für die Bombe: «Eine einzige Bombe von dieser Art, die von einem Schiff befördert und in einem Hafen zur Explosion gebracht wird, könnte sehr gut den ganzen Hafen nebst angrenzenden Gebieten vernichten. Allerdings würden sich solche Bomben unter Umständen als zu schwer für den Lufttransport erweisen.» Dann äußerte er seine Besorgnis über die Uranvorkommen in der Welt. «Die Vereinigten Staaten haben nur sehr unergiebige Uranvorkommen [sic] mit bescheidenen Fördermöglichkeiten. Es gibt einige reichhaltige Vorkommen in Kanada und in der ehemaligen Tschechoslowakei, während die größten Uranschätze in Belgisch Kongo liegen.»

Als Roosevelt den Brief erhielt, reagierte er zunächst zögernd, erkannte dann aber rasch den Ernst der Situation – wenn die Amerikaner gerade anfingen, über den Bau der

Bombe nachzudenken, waren die Nazis, denen so bedeutende Wissenschaftler wie Heisenberg zur Verfügung standen, möglicherweise schon dabei, eine zu vollenden. So beauftragte Präsident Roosevelt seinen Generalstabschef, unter größter Geheimhaltung die Pläne für den Bau einer Atombombe auszuarbeiten. 1942 entstand auf einer Tafelfläche in New Mexico die Stadt, die es nie gab – Los Alamos. Unter der Leitung des Physikers Robert Oppenheimer wurden Little Boy und Fat Man gebaut, die beiden Atombomben, die schließlich Hiroshima und Nagasaki zerstörten.

Da man Einstein mit großem Argwohn begegnete – selbst in Roosevelts Regierungsapparat, wo ihm seine Unverblümtheit den Ruf der Unzuverlässigkeit eingetragen hatte –, wurde er nicht aufgefordert, sich Oppenheimers Mannschaft anzuschließen. Tatsächlich hatte er nicht das Geringste mit der Bombe zu tun, obwohl Oppenheimer und andere seinen Brief später für den Versuch benutzten, sich reinzuwaschen, als wäre Einstein nicht nur für den Bau der Bombe eingetreten, sondern auch für ihren Abwurf über Hiroshima und Nagasaki. Tatsächlich quälte ihn dieser Brief bis an sein Lebensende und brachte zumindest ein Mitglied seiner Familie in Gefahr, nämlich Hans Albert, der bei einem Vortrag einmal körperlich von einem Mann angegriffen wurde, der seinen Vater für die Bombe verantwortlich machte. Zu Linus Pauling meinte Einstein später, der Brief an Roosevelt sei der «eine große Fehler» seines Lebens gewesen. Als die Bombe am 6. August 1945 auf Hiroshima fiel, hörte er die Nachricht im Urlaub am Saranac Lake, als er aus dem Mittagsschlaf aufwachte. «Oh, weh», sagte er, «also doch.»

Nach dem Frühstück trotzen wir den Elementen. Auf dem Parkplatz packt uns der Sturm. Wie ein kleiner Tornado wirbeln Harveys Haare auf dem Kopf. Wir befreien den Skylark von dem kleinen Gletscher, der ihn in Besitz genommen hat, und fädeln uns wieder auf der Interstate 70 Richtung Westen ein. Um unsere kostbare Fracht besorgt, frage ich, ob wir das Gehirn nicht lieber nach vorne holen sollen, damit es im Kofferraum nicht zum Eisklumpen gefriert. Doch Harvey gibt keine Antwort. Er bleibt vollkommen stumm, weder verstimmt noch erfreut, sondern blickt einfach versonnen in den Blizzard. Dreißig Kilometer weiter fällt der Schnee plötzlich nur noch in vereinzelten Flocken, weißes Licht füllt den Himmel und reißt die Wolken auf. Heute ist ein besonderer Tag, denn wir erleben alle vier Jahreszeiten. Was einem durchaus passieren kann, wenn man lange genug mit Einsteins Gehirn im Kofferraum umherfährt. Die Zeit krümmt sich, beschleunigt und überschneidet sich. Sie bewegt sich rückwärts, senkrecht, beschreibt Loopings und gehorcht den Gesetzen der Gleichzeitigkeit.

Gewöhnlich bleibe ich bei Tempo 120 bis 130, halte dabei Ausschau nach Cops, und wenn mir danach zumute ist oder ich mich zu Tode langweile, beschleunige ich auch mal auf 140. Und genau dafür muss ich dann auch blechen – 140 Stundenkilometer in Zone 100. Sirenen heulen auf, und Harvey schaut ein bisschen unbehaglich drein. Der Polizist im Streifenwagen lässt uns in eine Ausfahrt biegen – warum, weiß ich nicht – und nähert sich dann langsam der Fahrertür. Ich beobachte ihn im Seitenspiegel, wie er gewichtig in seinen glänzenden schwarzen Stiefeln zur Tat schreitet.

Ich stecke den Kopf aus dem Fenster.

«Wie geht es Ihnen heute, Sir?»

«Nehmen Sie den Kopf wieder in den Wagen», sagt er streng. Dann verlangt er meine Papiere – Führerschein und Fahrzeugbrief. Ich reiche ihm das Verlangte. Er nimmt die Dokumente entgegen, untersucht sie argwöhnisch und fordert mich auf, zu ihm in den Wagen zu steigen. Er begleitet mich zu seinem Crown-Vic-Streifenwagen, wo George Jones plärrt. Ich verteidige meine Handlungsweise nicht – der Geschwindigkeitsrausch. «Wo wollt ihr beiden denn so eilig hin?», fragt er. Durch das Rückfenster des Skylarks sehe ich lediglich die Silberkrone auf Harveys Kopf. Ich fühle den unwiderstehlichen Drang zu einem Geständnis. Zwar haben wir nicht wirklich eine Leiche im Kofferraum, aber auch nicht wirklich keine.

«Kalifornien», sage ich.

«Wozu?»

«Na ja, Familie ... Treffen ... Ferien.»

Der Polizist hebt eine Augenbraue.

«Familientreffen», sage ich.

Aber das scheint unseren Polizisten schon nicht mehr richtig zu interessieren. Er hat sich ans Ausrechnen gemacht. Mit Harvey auf dem Vordersitz, hilflos in dem roten Stroboskoplicht, sehen wir genauso wenig nach zwei Drogenhändlern aus wie nach zwei Burschen, die Einsteins Gehirn an Bord haben. Er schreibt den Strafzettel aus, legt mir mit drohendem Unterton ans Herz, nie wieder 140 Stundenkilometer in seinem Staat zu fahren, und lässt mich gehen. Als er auf der Straße wendet und in entgegengesetzter Richtung mit George Jones davonfährt, bleiben wir auf der Interstate-Überführung stehen und blicken hinaus auf die Furcht einflößende Schönheit der nackten Plains, die sich bis zu einem schnurgeraden Horizont erstrecken. Links von uns ist nichts zu sehen, rechts ebenfalls nichts, bis auf eine Straße, die nach Norden führt. Also nehmen wir sie.

DRITTER TEIL

12

Der Garten Eden

Die Straße ist golden und mystisch und verläuft geradewegs durch die geographische Mitte Amerikas, auf jener Nahtstelle, wo der Westen sich vom Osten löst, sodass nichts mehr dem Osten gleicht, aber auch gar nichts. Wir befinden uns an dem Ort, wo die Güterzüge, die das Land durchqueren, plötzlich von einem anderen Licht getroffen werden, von längeren, helleren Strahlen, einem glühenden Orange, wo sich lilafarbene Schatten auf alles legen und wie ein wundersames Unheil auf die Kleinstadtbanker und -kellnerinnen fallen, die, in Fleecejacken gehüllt, ihre Cafés verlassen. Alle Menschen erscheinen gleich in diesem Licht und diesem Schatten, in dieser prachtvollen, klaren Luft.

Wir sind auch an dem Ort, wo der Himmel weiter und wilder wird, mit gewaltig sich türmenden Wolkenschlössern, und wo alles improvisierter wirkt: Wohnwagen, die planlos auf weiten Plateaus stehen, umgeben von ihren Habseligkeiten und jahrzehntealtem Schrott – alten, verrosteten Gaskühlschränken aus den dreißiger Jahren, Sprungfedern, auf denen Generationen gezeugt und geboren wurden, durchgerosteten Autos, den verrotteten Schauplätzen von Herzklopfen erregenden Verabredungen, ersten Küssen und Begräbnisprozessionen. Alle diese Geister werden lebendig, als wir eine unsichtbare Maginotlinie überschreiten, als sich die Metamorphose des amerikanischen Geistes von der beengenden Raffiniertheit der Städte über ein Zwischenreich praktischer Nüchternheit zum Adlerflug des Westens vollzieht.

Der Schnee ist hinter uns zurückgeblieben. Die Erde ist dunkelbraun. Aber der Sturm ist noch da und scheint in dem endlosen Nichts noch an Geschwindigkeit hinzuzugewinnen. Ab und an rafft er ein paar lose Pflanzen zusammen und rollt sie abwesend vor sich her wie Wagenräder. Erst als wir von der Interstate runterfahren, wird mir klar, was für eine Erleichterung die Nebenstraßen für unsere kleine Dreieinigkeit bedeuten.

Angesichts dieser Leere fühlt Harvey sich veranlasst, von seiner zweiten Frau zu berichten. Nach ihrer Trennung war er erstaunt, was sie aus ihrem Leben nach Harvey machte: «Wissen Sie, sie ist ins Investmentgeschäft gegangen», sagt Harvey. «Cleveres Mädchen mit einem Kopf für Finanzangelegenheit. Hatte 'n eigenes Unternehmen unten in Florida, glaube ich. Machte 'ne Menge Geld. Ist an Krebs gestorben.» Ich stelle ihm ein paar Fragen, um ihn ein bisschen aus sich herauszulocken, und er geht darauf ein. Sie stammte aus Australien, eine Stewardess. Jahre nachdem sie mit dem Fliegen aufgehört hatte, lernten sie sich in Kansas kennen. Harvey machte ihr den Hof, und sie heirateten – und dann? Wer weiß schon wirklich, was dann geschah? Aus Vertrautheit wurde Distanz, aus Distanz ein breiter Canyon. Egal, ob Einsteins Gehirn etwas damit zu tun hatte, sie trennten sich. Das war's. Tjaa-nun, hihi, sie machte hinterher 'ne Menge Geld. «Das Mädchen», sagt Harvey, «war wirklich ein cleveres Ding, wie sich herausstellte.»

Nach einigen Kilometern gelangen wir mitten im Nichts an ein Halteschild und wenden uns nach links. Noch ein kleines Stück, und dann kommt das winzige Städtchen Lucas, Kansas, mit seinen fünfhundert friedliebenden Bürgern und dem legendären Brant's Meat Market, wo der Besucher, so ein Fremdenverkehrsprospekt, der die Glanzlichter von Lucas herausstreicht, «Dougs selbst gemachte Mortadella frisch aus dem Rauch probieren kann». Unser Interesse gilt jedoch den Schildern, die auf den Garten Eden verweisen. Zu Beginn des 20. Jahrhunderts erbaut, ist der Garten das Werk des «amerikanischen Maverick» Samuel Perry Dinsmoor. Wenn wir Amerikaner von *Maverick* (Außenseiter) sprechen, meinen wir gemeinhin jemanden, der sich an den Grenzen zur Verrücktheit bewegt – oder sie überschreitet, ohne dass es auffällt –, der dann etwas völlig Verrücktes tut, aber im Laufe der Zeit, vor allem wenn er irgendwie erfolgreich ist, den Ruf der Verrücktheit mehr und mehr verliert und sich einen Platz in der Geschichte erobert. Generationen wachsen heran, die den Einfallsreichtum und den Mut des Mavericks bewundern, während sie gleichzeitig seine unübersehbare Verrücktheit vertuschen. Solche Männer machen die Größe eines Landes aus.

S. P. Dinsmoor ist in dieser Hinsicht keine Enttäuschung. Als grauhaariger alter Kauz erbaute er aus mehr als hundert Tonnen Zement ein «Blockhaus» und drum herum seine Version des Gartens Eden, bestehend aus etwa dreißig Zementbäumen und fünfzig Skulpturen. Der Garten selbst sieht ein bisschen wie ein Abenteuerspielplatz aus, die roh behauenen Phantasien eines Drittklässlers. Wir nehmen an einer Führung teil, die von einer sehr freundlichen Frau namens Darla durchgeführt wird. Sie hat entfernte Ähnlichkeit mit Bob Dole, der nicht weit von hier, in Russel, aufgewachsen ist. Sie sagt «Ze-mint» für «Zement», ein Wort, das uns wie ein Fetisch durch den Garten Eden verfolgen wird. Außer Harvey und mir nehmen an der Führung noch zwei Rentner teil, die aus dem Süden des Staates Kansas angereist sind. Der eine trägt eine gelbe Windjacke und war in den letzten zwei Jahren schon einige Male im Garten Eden. Da ihn der Garten immer noch lockt, hat er beschlossen, dem Wetter zu trotzen und die Pilgerfahrt mit seinem Kumpel zu machen, einem Gartennovizen in nagelneuen schneeweißen Reebok-Wanderschuhen.

Unsere Führerin nimmt ihre Rolle als Lehrerin, Historikerin und Alleinunterhalterin äußerst ernst und serviert uns Dinsmoors Geschichte sämig wie Streichkäse, altmodisch und etwas sprunghaft. Dinsmoor hatte am Bürgerkrieg teilgenommen und behauptete, General Lees Kapitulation miterlebt zu haben. Als Farmer und populistischer Politiker ließ er sich in Lucas nieder und starb dort 1932. «Der gute Mr. Dinsmoor scheint sich so seine eigenen Gedanken über die Welt gemacht zu haben», sagt Darla. Dann hält sie inne, zieht eine Augenbraue ironisch in die Höhe, zeigt auf den zementenen Abenteuerspielplatz vor uns und verdeutlicht uns so, dass Dinsmoor, der alte Haudegen, einen ganzen Haufen verrückter Auffassungen hatte. «Der Adler als nationales Symbol gefiel ihm ganz und gar nicht. Schauen Sie einmal nach oben.» Die Rentner scheinen eine bisschen verblüfft, wenden aber die Augen brav himmelwärts. «Betrachten Sie die amerikanische Flagge aus Zement, und Sie können erkennen, dass sie als Gegenentwurf einen Zementtruthahn zeigt. Ja, Sie haben richtig gehört: einen Truthahn! Der alte Dinsmoor fand, der Truthahn müsse unser Nationsvogel sein.»

Die Rentner schauen sie sprachlos an. Der Novize holt ein Etui aus der Tasche, vertauscht die Brille, die er trägt, gegen eine andere und guckt sich das Ganze nochmal an. «Fanden ihn die Leute am Ort nicht ein bisschen absonderlich?», fragt er.

Unsere Führerin lächelt und lässt ein künstliches Lachen erklingen. «Oh, ha, ha, ha, ha ... ja, tsss, das taten sie wohl. Der alte Mr. Dinsmoor war berühmt für sein – wie soll ich sagen? – abweichendes Verhalten.» Wieder die Augenbraue und ein ironisches Vorwölben der Lippen, dann fährt sie fort und ruft die gespeicherten Fakten ab. Sie berichtet uns, wie Dinsmoor die Hauptwasserleitung der Stadt anzapfte, um ein kleines Planschbecken anzulegen, wie er wilde Sauftouren unternahm und mit den jungen Mädchen in der Stadt anbändelte, woran eine Anzahl junger Zementfrauen im Garten erinnern, und wie er seine erste Frau zu Pferde ehelichte. Als die alte Dame verblich, machte er seine zwanzigjährige tschechoslowakische Haushälterin zu seiner zweiten Frau und schickte sich im rüstigen Alter von einundachtzig Jahren an, zwei weitere Kinder zu zeugen.

Abermals bleibt den Rentnern der Mund offen stehen. Der in der gelben Windjacke hat offenbar seit seinem letzten Besuch Dinsmoors Biographie größtenteils vergessen oder lässt sich von dieser dramatischen Wendung völlig gefangen nehmen, jedenfalls ist er augenscheinlich genauso schockiert wie sein Kumpel. Gewiss, der alte Dinsmoor war keine Schönheit – graubärtig, fischäugig, mit einem Kopf wie ein verbeulter Halloweenkürbis –, und ein Michelangelo war er auch nicht. Aber für diese beiden Männer scheint das eher eine Sache der Moral zu sein. Als ich einen Blick auf Harvey werfe, der etwas abseits der Gruppe steht, sehe ich, dass er lächelt, doch erst als ich bemerke, dass seine Schultern kaum merklich auf und ab hüpfen, wird mir klar, dass er kichert. Nur andeutungsweise, aber ohne jeden Zweifel: Er kichert.

Darla fährt in ihrem Programm fort. Sie zeigt uns Engel und Teufel, ein großes Auge, das, wie wir erfahren, das Auge Gottes ist, und Störche, die Glühlampen im Maul und Babygesichter unter den Flügeln tragen. Alles hier hat seinen Grund und ist beschrieben in Dinsmoors Buch über den Garten – *The Cabin Home*. Was das in Beton gegossene Brüderpaar Kain und Abel angeht, so behauptet Dinsmoor, Kain habe

Kürbisse angebaut, aber «der Herr mochte keine verfaulten Kürbisse, was ich Ihm nicht verdenken kann». Abel dagegen opferte Gott «einen erstklassigen kleinen Merino-Bock», und der Herr mochte «gutes Hammelfleisch». Als Kain also auf die Idee kam, Abel umzubringen, «konnte er ihn nicht mit einer Kanone umlegen», schlussfolgert Dinsmoor. «Ich stelle mir einfach vor, er hat Abel auf den Kartoffelacker gelockt und ihn mit seiner Hacke erschlagen.»

Als Darla uns Adam und Eva zeigt, die drei Meter hoch in Beton gegossen das Tor zu einer Laube bilden, wirft sie uns einen pfiffigen Blick zu. «Sie können erkennen, dass ein Teil des Zements an Adam und Eva neuer als der Rest ist», sagt sie. Ein zarter Hinweis auf die beiden Lendentücher, die das Paar trägt. «Nun, ich darf ihnen mitteilen, dass der alte Mr. Dinsmoor noch heute unglücklich über die Stadträte ist, die seine Arbeit zensierten, doch irgendwie müssen sie ihn überzeugt haben, dass er auf die Sittsamkeit der Jugend Rücksicht nehmen müsse, denn er kam heraus und bedeckte die Genitalien mit Zement.»

Der Mann in den weißen Reeboks holt wieder seine alte Brille hervor und tritt ganz nahe an Adams Lendentuch heran, um die Sache eingehend zu betrachten. Sein Kumpel nimmt sich Eva vor und unterzieht deren Zement einer ähnlich Prüfung. Nachdem sie fertig sind, kommt Harvey und überzeugt sich mit eigenen Augen von dem Sachverhalt. Das Ganze scheint ihn köstlich zu amüsieren. Ich weiß nicht, ob es der Wind oder die Führung ist, jedenfalls ist sein Gesicht hochrot.

Zu diesem Zeitpunkt fressen wir Darla schon aus der Hand. «Und nun, da Ihnen der alte Mr. Dinsmoor so vertraut geworden ist», sagt sie theatralisch und weist auf ein niedriges Mausoleum auf der anderen Seite des Weges, «möchten Sie ihn vielleicht persönlich kennen lernen.» Bei diesen Worten erbleichen die Rentner. Doch Harvey meldet sich zum ersten Mal während des ganzen Rundgangs zu Wort. «Klar möchte ich das», sagt er und setzt sich über den welk-braunen Rasen und gegen den strammen Wind in Richtung Mausoleum in Bewegung, gefolgt von unserer Führerin, den beiden Rentnern, die jetzt offenbar Angst haben, allein zu bleiben, und schließlich mir.

Laut Darla ist das Mausoleum ein höchst eindrucksvoller Ort. Entschlossen, hier mit seiner ersten Frau bestattet zu werden, ließ Dinsmoor sie aus dem Friedhof des Ortes ausgraben und neben sich in dem von Zement umgebenen Stahlgewölbe beisetzen. In den Sargdeckel ist eine Glasplatte eingelassen, sodass jeder einen Blick hineinwerfen kann, was rund zehntausend Touristen jährlich tun. Dinsmoor hat behauptet, der Sarg sei speziell für den Tag des Jüngsten Gerichts konstruiert, sodass sich der Betondeckel am Morgen der Auferstehung heben wird «und ich wie eine Heuschrecke hinausfliege». Er verspricht auch jedem, der bezahlt, um ihn zu sehen, ein Lächeln. Unsere Fremdenführerin kämpft mit dem Schloss, findet offenbar nicht den richtigen Schlüssel, und während die Rentner ihr Gewicht unruhig von einem Fuß auf den anderen verlagern, steht Harvey ganz still, in gesammelter Erwartung.

Ich muss zugeben, dass ich Dinsmoor bisher für alten Spinner gehalten habe, aber die Nummer mit seinem Tod hat schon was: dieser feste Glaube an die eigene Unsterblichkeit. Schon fast ein Meisterstück, denn selbst heute noch scheint die Stadt Lucas ihre Existenz in erster Linie Dinsmoor zu verdanken. Wenn er zu Lebzeiten von den Einwohnern verachtet und geschmäht wurde, so haben die wirtschaftlichen Aspekte seiner Unsterblichkeit für seine vollständige Wiederauferstehung gesorgt. Und dieser etwas unheimliche Augenblick – unsere unmittelbare Begegnung mit dem Leichnam des alten Mannes – ist der makabre Höhepunkt der Lucas-Attraktion.

Doch Dinsmoor ist nicht der Erste seiner Art. Tatsächlich ist er nur einer in einer langen Reihe von Leichen, die in der ganzen Welt aus politischen, wirtschaftlichen, medizinischen und spirituellen Gründen über ihr Verfallsdatum hinaus aufbewahrt werden. So barbarisch es auch erscheint, die Konservierung und Inbesitznahme menschlicher Leichenteile ist so alt wie die Geschichte der Menschheit. Aus dem 20. Jahrhundert sind die bekanntesten Bewohner solcher luxuriösen, wohl temperierten Mausoleen: Lenin, Mao, Ho Chi Minh, Kim Il Sung und der mongolische Revolutionär Sukhe Bator. In Scottsdale, Arizona, verwahrt das Unternehmen Alcor Dutzende von tiefgefrorenen Leichen und Köpfen, die darauf warten, dass die Menschheit ein Mittel findet, den Tod zu überwinden. Auch die Idee, Körperteile als Erinnerung an Tote aufzubewahren, stammt nicht von Thomas Stoltz Harvey. Während der Romantik im 18. Jahrhundert waren Herzen groß in Mode. Nach seinem Tode wurde Chopins Herz nach Polen überführt. Die Herzen von Shelley und Byron wurden aus ihren Leichnamen herausgelöst und konserviert. Auch das des Schriftstellers Thomas Hardy wurde entfernt, doch als es seiner Frau geschickt wurde, fraß es ein Hund.

Mit der Entwicklung der Wissenschaft und den Fortschritten in der Medizin begann man, sich für Gehirne zu begeistern. Allerdings verband manch einer mit ihrem Erwerb nicht das geringste wissenschaftliche Interesse. Die Köpfe von Franz Joseph Haydn, Pancho Villa und Emanuel Swedenborg sind einfach verloren gegangen, während die Gehirne von John Dillinger und John F. Kennedy – neben vielen anderen – auch spurlos verschwanden. Andere berühmte Körperteile sind von Zeit zu Zeit wieder aufgetaucht:

Hitlers Schädel in Russland, Beethovens Haar im Zentrum einer Debatte um DNS-Analysen und Napoleons Penis in einem Auktionshaus, wo er aber angesichts der heftigen Reaktion der Öffentlichkeit wieder aus dem Angebot genommen wurde.

Große geistige Nähe zu Dinsmoor verrät der englische Philosoph Jeremy Bentham, der im 18. Jahrhundert gelebt hat. Bentham äußerte den Wunsch, man möge sein Skelett mit schwarzem Anzug und Zylinder bekleiden und so auf einen Stuhl setzen, als wäre er noch lebendig. Bentham bezweckte damit, sein Skelett – zusammen mit seinem «konservierten» Kopf – für medizinische Vorlesungen und Demonstrationen zur Verfügung zu stellen, um der Nachwelt vor Augen zu führen, wie schön ein Körper sein kann. Bentham war der Überzeugung, eines Tages würden alle Menschen ihre Körper auf solche Art konservieren, sodass die Welt konkret bevölkert wäre von Lebenden und Toten, wobei Letztere gewissermaßen Bilder ihrer Selbst wären. Leider machte man bei der Konservierung von Benthams Kopf einen Fehler, sodass er, wie ein Zeitzeuge berichtet, «so hart wie der Schädel der Neuseeländer wurde» – ein Imageschaden, von dem sich die von Bentham beabsichtigte Bewegung nie erholte. Schließlich wurde Benthams Kopf aus dem University College in London gestohlen, und zwar von Studenten des rivalisierenden King's College. Später wurde er zurückgegeben, doch bis auf den heutigen Tag geht das Gerücht, sein Geist spuke auf den Fluren des Colleges und gebe mit einem Stock unheimliche Klopfzeichen von sich.

Als ich jetzt vor Dinsmoors Zementsarkophag stehe, habe ich Schmetterlinge im Bauch. Hinter dieser Tür wartet auf uns alles, was wir aus Bequemlichkeit verdrängen – indem wir die alten Menschen in Pflegeheime sperren, die Toten diskret entsorgen und uns Schönheitschirurgen und Fettabsaugern ausliefern. Wir sind im Begriff, die Grenze zu überschreiten, um Dinsmoor, den großen Betongießer, kennen zu lernen. Endlich hat Darla das Schloss besiegt, und die Kette fällt klirrend zu Boden. Von hinten drängen sich die Rentner an Harvey und unserer Führerin vorbei, sodass sie zuerst hineingelangen. Darla leuchtet mit einer Taschenlampe und erfasst den Sarg mit einem hellen Strahl, woraufhin die beiden alten Männer ein kollektives Stöhnen ausstoßen und schleunigst den Rückzug antreten. Offenbar brauchen sie dringend Sauerstoff.

Harvey tritt dicht an Dinsmoor heran und blickt auf ihn hinab, ein verwittertes schwarzgelbes Skelett im Sonntagsstaat und unter Glas. Offenkundig ist die Versiegelung nicht luftdicht, und Dinsmoor hat teuer dafür bezahlt. Wenn er im Leben schon hässlich gewesen war, so ist sein Anblick heute kaum zu ertragen – selbst mit zusammengekniffenen Augen nicht. Am Fuß des Sarkophags befindet sich ein Krug mit einem Liter Wasser, falls der oberste Chef Dinsmoor in die Hölle schickt. Beim Anblick des alten Maverick kann Harvey nicht mehr an sich halten. All die unterdrückten Lacher der letzten halben Stunde platzen aus ihm heraus.

Harvey kann kein Ende finden. Lange verweilt er an der Seite des alten Dinsmoor. Auf dessen knöchernem Antlitz liegt ein törichter Ausdruck, als habe er nicht damit gerechnet, dass mit seinem Ableben alles vorbei sein würde. Nein, offenbar hat er geglaubt, er würde ewig auf seinem Besitz herumspuken, über alles schimpfen, was ihn ärgert, und seine eigenen geheimnisvollen Klopfzeichen ertönen lassen. Doch jetzt sind von ihm nur noch diese traurigen Knochen übrig. Er muss uns das versprochene Lächeln schuldig bleiben. Als wir das Mausoleum verlassen, kehrt Harvey zur Blockhütte zurück, um sich Fotos von Dinsmoor anzusehen. Identifiziert er sich in irgendeiner Weise mit Dinsmoor? Imponiert ihm der bizarre Ehrgeiz dieses Mannes? Oder sitzt es tiefer? Haben das Leben und der Tod eines Mannes, der so vollständig außerhalb der Gesellschaft gelebt hat, aber ebenso unbedingt dem eigenen geheimnisvollen und absonderlichen Stern gefolgt ist, etwas Tröstliches für Harvey? Schöpft er daraus vielleicht die Hoffnung, dass er im Gedächtnis der Menschen nicht nur als hoffnungsloser Spinner weiterleben wird?

Draußen schlendert Harvey noch einmal zu Dinsmoors Darstellung der sieben Todsünden in Gestalt von sieben Politikern, Bankern und anderem ekligen Ungeziefer des Kapitalismus. Der Zufall will es, dass Dinsmoor seine produktivsten Jahre zur gleichen Zeit wie Einstein hatte. In dieser Zeit brachte sein leicht verwirrtes Gehirn dies alles hervor: seine Vision der Menschheit, seine etwas eigenwillige einheitliche und allumfassende Theorie, so wie Einstein versucht hat, die seine zu entwerfen – und wir versuchen, die unseren zu entwerfen.

Später im Auto, nachdem wir uns auf Nebenstraßen nach Süden gewandt haben, Richtung Dodge City, und schon 50, 60, ja mehr als 100 Kilometer von Lucas entfernt sind, weit und breit nichts als Land so platt wie ein Pfannkuchen, sehe ich, dass Harveys Schultern noch immer unmerklich hüpfen und seine Mundwinkel nach oben wandern. Er kichert wieder.

Da draußen erblicken wir auch einen Regenbogen, was Harvey veranlasst, von einem weiteren gescheiterten Projekt seines Lebens zu berichten. «In Kansas habe ich mehr Regenbogen gesehen als in irgendeinem anderen Staat», sagt er und blinzelt mit wässrigen Augen in das strahlende Spektrum von Blau und Grün, Orange und Gelb. «Früher habe ich versucht, Regenbogen zu fotografieren, aber sie sind nie was geworden.»

13

Die Pfeffergabel

Ein Geständnis: In der letzten Woche habe ich in Raststätten und Drive-ins, in Restaurants und bei zufälligen Reisebekanntschaften unser kleines Geheimnis eisern bewahrt, doch allmählich beginnt es an mir zu zehren. Wenn ich mit dem Gehirn allein war – Harvey auf dem Klo oder woanders herumtrödelte –, hat es Augenblicke gegeben, da habe ich den Kofferraum geöffnet, hineingeblickt, den silbernen Griff vom Reißverschlussschieber zwischen Daumen und Zeigefinger genommen, gerade so viel Zug ausgeübt, dass der Verschluss anfing, sich zu öffnen, und es dann doch nicht über mich gebracht. Der Vertrauensbruch wäre zu groß gewesen, ein unkittbarer Riss in unserer überschaubaren Männergesellschaft – die auf der gerechten Verteilung von Crackern und Keksen beruht –, auch wenn Harvey die graue Substanz ganz für sich beansprucht, auf der das Fundament unserer privaten Skylark-Demokratie gründet. Tatsächlich hat er in all den Tagen, die wir nun schon zusammen sind, noch nicht die geringsten Anstalten gemacht, mir das Gehirn zu zeigen.

«Dr. Harvey», sage ich schließlich geradeheraus, «wie stehen die Chancen, dass ich einen Blick auf das Gehirn werfen kann?» Einen Herzschlag lang überlegt Harvey. Die unverblümte Frage scheint ihn nicht zu überraschen und nicht aus der Fassung zu bringen. Dabei habe ich ihm eine wichtige Empfindung mitgeteilt: Dass ich meinen ersten flüchtigen Blick auf Einsteins Gehirn im schummrigen Licht des Verstecks in Princeton nur als Appetitanreger, als Vorspiel zu einer richtigen Inspektion betrachte.

«Tjaa-nun ...», sagt er. Damit scheint er wieder tief in seine Gedanken zu versinken und lässt erst einmal einen Kilometerstein vorbeihuschen, um es zu beweisen. Und dann noch einen und noch einen, bis mir klar wird, dass er mir einen Body- und Ellenbogencheck verpasst hat, wie sie einst Albie Booth auf dem Footballfeld von Yale austeilte. Höchst merkwürdig. Und dann liest er mir wieder, wie schon einige Male zuvor, aus der Karte, die er auf dem Schoß ausgebreitet hat, die Geschichte Amerikas vor, die klingenden Namen der Orte, die wir passieren: Otis, Radium, Pawnee Rock, Zook. Den genauen Sinn dessen, was er mir vorliest, verstehe ich nicht. Es ist eher, wie wenn du Kindern abends am Bett etwas vorliest: Zuerst willst du sie zur Ruhe bringen, aber dann vertiefst du dich in die Geschichte, bis du eine Stunde später feststellst, dass alle schon längst eingeschlafen sind.

Und doch lässt es mich nicht kalt. Er weist mich darauf hin, dass die Route 56, auf der wir gerade fahren, später am Arkansas River entlangführt und dass wir, würden wir ihr bis zum Ende folgen, in einem Ort namens Turkey Mountain landeten. Er lässt mich wissen, dass wir 51 Kilometer östlich am Stacheldrahtmuseum in La Cross vorbeigefahren sind und 40 Kilometer nördlich des größten von Hand gegrabenen Brunnens der Welt in Greensburg. Harvey hat durchaus Humor, wenn auch nur sehr sporadisch und trocken. Es hat keinen Zweck, auf ihn zu warten; genauso gut könnte man darauf warten, dass sich ein Kuckuck pünktlich hören lässt. Dieser besondere Kuckuck meldet sich nur alle sechs oder sieben Stunden. Als Harvey die Salt Fork – also die Salzgabel oder -gabelung – des Arkansas Rivers auf der Karte entdeckt, sagt er mit ausdruckslosem Gesicht: «Tjaa-nun, und wo verstecken sie die Pfeffergabel?»

Mit der Wasserader des Flusses Ogallala irgendwo unter unseren Rädern und riesigen euterförmigen Wolken über unseren Köpfen gewinnen wir eine neue Wertschätzung füreinander. Im Radio: Ochsenkälber und Färsen zum Verkauf, Red-Angus-Bullen, Jährlinge mit gutem Stammbaum und erstklassig im Fleisch. Und dann singt Bobby Darin «Beyond the Sea». Harvey klopft den Takt mit einem Finger auf seinem Knie, und das Gehirn schwappt in den Tuppergefäßen. Jenseits des Armaturenbretts entrollt sich die Erde – endlose Kilometer von braunem Gras und Lehm. In diesem glücklichen Augenblick könnten wir wahrscheinlich ewig so weiterfahren. Im Dämmerlicht das Nocturne eines warmen Regens auf dem Dach des Skylarks. Wir passieren die stechenden Ausdünstungen einer Stickstofffabrik, die selbst aussieht wie ein verschlungenes Metallgehirn. Einen Moment lang taucht der Mond zwischen den Wolken auf. Wie Raumschiffe schimmern Wassertürme im Silberlicht, Telefonmasten huschen wie Kruzifixe vorbei, und Kornspeicher wachsen wie Orgelpfeifen aus der Ebene.

In den Außenbezirken von Dodge City kommen wir an Mastviehanlagen und urzeitlichen Schlachthäusern vorbei. Wir können dunkle Silhouetten in den Pferchen ausmachen, zu Tausenden – British Whites und Herefords, Charolais, Simmentaler und Black Angus. Einmal erblicken wir eine große ungeschlachte Kuh als komischen Schattenriss gegen das Mondlicht, sie steht oben auf einem Misthaufen, aus der Masse der dunklen Leiber herausgehoben. Als wir das eigentliche Stadtgebiet von Dodge City erreichen, ist es, als tauchten wir in das fluoreszierende Wasser eines Korallenriffs. Wir galoppieren die Mainstreet hinunter, an einer endlosen Reihe von Salons vorbei, reiten mit Wyatt Earp und Bat Masterson, vorbei am Boot Hill, wo die ersten Revolvermänner nach sinnlosen Pokerspielen und zu viel Fusel ihre letzte Ruhestätte fanden. Ihre krummen weißen Kreuze bestätigen Einstein, der von Amerika sagte, «dass die Menschen sich dort so ungeheuer langweilen». Es gab einmal eine Zeit, da wurden riesige Herden von Longhornrindern über den Santa Fe Trail bis in die SÜNDHAFTESTE KLEINE STADT DES WESTENS getrieben, von wo aus sie per Bahn in die Schlachthäuser des Ostens befördert wurden. Auf den Straßen von Dodge City tummelten sich so viele Rinder, dass mit einem Pferd kein Durchkommen war, und offensichtlich gab es so viele Bordelle, dass auch die Tugend kaum eine Chance hatte.

Heute kommt fast ein Drittel des amerikanischen Fleisches aus dem Südwesten von Kansas. Die Kühe werden in Viehtransportern herbeigeschafft und fahren, zehntausend Stück pro Tag, die Wyatt Earp Avenue hinab, vorbei an einer Reihe von Motels, darunter auch einem mit Namen Astro Motel, in dem wir uns nach einem köstlichen Filetsteak im Cowtown Salon zur Ruhe begeben. Ich bin noch nie in einem Motel abgestiegen, das per Schild kundgibt, sich in amerikanischem Besitz zu befinden. Mein Zimmer ist ausgerüstet mit einem alten Fernsehapparat, einer hübschen alten Holztäfelung und einer neonfarbenen rosa Fliegenklatsche, auf der steht: Sie haben richtig gewählt ... Hiermit töten Sie 25 Prozent mehr Fliegen.

Als ich am nächsten Morgen die Schlüssel an der Rezeption abgebe, nimmt sie der Motelmanager entgegen, ein freundlicher Mann mittleren Alters, ein Einheimischer, der mit seiner Frau, deren Haar wie krause Zuckerwatte aussieht, offenbar in einem kleinen Zimmer hinter dem Empfangspult wohnt. «Wohin soll's denn gehen?», fragt er. Und seine Augen verraten, dass er mit uns kommen würde, wenn er könnte. Das unbezähmbare Verlangen, das in diesem Gesicht zum Ausdruck kommt, bringt mich irgendwie dazu, mein Herz auszuschütten. Ich erzähle ihm, dass wir das Gehirn im Kofferraum haben und dass wir auf dem Weg nach Kalifornien sind, um es Einsteins Enkelin zu zeigen. Ich erzähle ihm, dass der alte Mann in Zimmer 22 der Bursche ist, der das Gehirn aus Einsteins Kopf geschält hat. Der Manager stockt einen Augenblick, als hätte ihn ein Schlag getroffen, und mustert mich mit einem verstohlenen Blick – ehrlich gesagt, ich bin nicht weniger überrascht von der Situation –, merkt aber, dass ich es ernst meine, und versucht, Verständnis zu zeigen.

«Einstein? Donnerwetter! Der Knabe hatte was auf dem Kasten», sagt er, verschränkt die Arme über der Brust und verlagert sein Gewicht auf den anderen Fuß. «Der hatte wirklich ein Gehirn. Aber ich hätte keine Lust, damit zu leben. Wissen Sie ... ein bisschen irre ist das schon.» Er lässt einen Finger um sein Ohr kreisen. «Ich habe einen Neffen, der eine Art Genie ist, aber der ist noch nicht durchgedreht. In Kalifornien habe ich mal einen Burschen gekannt, der war so schlau, dass er nicht sprechen konnte. Klar, er konnte dir sagen, was es auf dem Mond zu sehen gibt, aber nicht, wie man sich die Schuhe zubindet.»

Als wir später in einem Pulk von Zwölftonnern Richtung Abilene rollen, denke ich über die Unterhaltung nach und frage mich, warum ich mit unserem Geheimnis herausgeplatzt bin, als hätte ich sehr lange die Luft angehalten oder umgekehrt, als hätte ich ein Sandwich bestellt. Es war ganz einfach und hat richtig gut getan. Ich habe nicht angegeben, sondern mich mitgeteilt – ja, meine Seele erleichtert. Allerdings habe ich keine Ahnung, ob er mir geglaubt oder nur so getan hat, um mich aus der Hotellobby hinauszubekommen. Vielleicht bin ich ihm ja so seltsam erschienen wie der

Anblick, der sich jetzt im Autofenster bietet: Der Himmel von reinem Azur; die spärlichen bonsaiartigen Bäume; der Wind ein flüchtiger Haiku; und ein Ozean von Sonnenquanten, die sich aus einer Entfernung von 150 Millionen Kilometern durch Sonneneruptionen und lilafarbenes All auf die Erde ergießen, um das papierne Gesicht von Thomas Stoltz Harvey zu beleuchten, einem Mann, der von einem Schweigen ins andere fällt.

Es scheint, als hätten wir das Wetter und die Jahreszeit hinter uns gelassen. Mit dem alterslosen, fast sexuellen Zauber der ersten warmen Sonnenstrahlen auf der gespenstischen Winterhaut werfen wir eine Kleiderschicht nach der anderen ab und sind ganz benebelt von der Wärme. Als wir durch Meade, Kansas, kommen, erinnert sich Harvey plötzlich unvermittelt, dass diese Stadt das Versteck der Dalton-Bande war. Er schaut sich aufmerksam um, als wir durch die Stadt fahren, reckt den Hals und blickt in die leeren Seitenstraßen, aber nach einer Minute ist alles vorbei – Jo Mama's Drive-in und Thorsell's Drugstore verwandeln sich augenblicklich wieder in brachliegende Weizenfelder, als wäre das Ganze nur eine Fata Morgana gewesen. Er lässt sich in seinen Sitz zurückfallen und sieht etwas verdutzt aus.

In Liberal – dem Geburtsort von L. Frank Baum, dem Autor des Buchs *Der Zauberer von Oz* – essen wir in einem Glassarg, der Mr. Breakfast heißt. Alte Leute kommen in verrosteten Ford-Pick-ups, zünden eine Zigarette an der anderen an, husten schleimig. Wischen halb rohe Eier mit Toastbrot vom Teller auf, stürzen schlammfarbenen Kaffee hinunter. Wenn ich mich so umschaue – Harvey ein Teil dieser mampfenden, anonymen Menge –, habe ich nicht das Gefühl, mich unter Leuten zu befinden, die dem 21. Jahrhundert ungeduldig entgegenfiebern. Einer kratzt sich im Schritt, einem anderen hängen Eierreste im Schnurrbart. Derweilen beobachtet Harvey aufmerksam eine Fliege, die die Runde von einem Teller zum nächsten macht. Was sieht er, wenn er diese Fliege beobachtet? Ist es vielleicht weniger, als Einstein sehen würde, wenn er an diesem Platz säße und dieselbe Fliege beobachtete? Bedeutet Genie einfach nur, die Dinge so einfach wie möglich zu sehen, das Bild wahrzunehmen, das bereits existiert, und auf die Kamera wartet oder die Idee zu entdecken, die vorhanden ist und darauf wartet, dass sie ins Bewusstsein dringt? Schließlich hat sich Einstein die Relativitätstheorie durch einen fallenden Körper erschlossen.

Und Harveys Genie? Er überlebt … und er hat das Gehirn.

In der Tat, da sitzt er, ruhig und immer *jünger* werdend. Und wir anderen? Wir sitzen in einem Raum, der so voller Rauch ist, dass es aussieht, als würden wir selber schwelen, wir altern mit der Geschwindigkeit von gekochten Eiern und hoffen vielleicht alle, dass irgendetwas passiert und uns rettet. Warum soll Einsteins Gehirn nicht genauso wie Christi Vorhaut oder Buddhas Zehennägel seine eigene Schar von hingebungsvollen Jüngern haben? Schließlich gehört Einsteins Gehirn zu jenen seltenen Objekten, in denen sich Naturwissenschaft und Religion begegnen. «Wissenschaft ohne Religion ist lahm», hat Einstein einmal gesagt, «Religion ohne Wissenschaft ist blind.»

Mich überrascht, dass einige Forscher in Gegenwart von Einsteins Gehirn eine geradezu ekstatische Ehrfurcht empfunden haben – so beschreibt Marian Diamond beispielsweise ihre erste Begegnung mit diesem Objekt der Begierde als eine Art «Erregung, eine Offenbarung» –, dass aber andere vehement bestreiten, ihm könnte irgendeine besondere Macht innewohnen. Als ich mit Sandra Witelson, der kanadischen Forscherin spreche, weist sie mich unwirsch zurecht, weil ich die törichte Vermutung geäußert habe, das

Gehirn könnte mehr sein als nur Hirnlappenteile, die in Formaldehyd schwimmen. «Das hat nichts mit Religion zu tun», erläutert sie. «Das ist eine rein wissenschaftliche Frage.»

Doch dann ist da noch Harvey. Zwar beansprucht er das Gehirn im Namen der Wissenschaft, hütet es aber wie eine Reliquie. Auch wenn die Aufbewahrungsart (Bonbongläser, Kaminsimse) gelegentlich ungewöhnlich waren, so scheint er doch eine Art Macht und Erkenntnisfähigkeit aus dem bloßen Bewusstsein zu ziehen, dass das Gehirn immer da, immer zum Greifen nahe ist. Dadurch, dass Harvey keinen endgültigen Bericht über das Gehirn veröffentlicht hat – und auch keine Verlautbarung, die besagt, dass es nichts gibt, was einen endgültigen Bericht wert wäre –, hat er im Laufe dieser letzten vier Jahrzehnte dazu beigetragen, das Gehirn zu mythologisieren. Das Warten und Wundern, die Magie der Mutmaßungen und die Macht des Unbekannten – Faktoren, auf denen die heutige Wirkung von Einsteins Gehirn letztlich beruht – haben alle Realität überwuchert. Wenn das Gehirn den Blicken der Welt entzogen ist, wie es gegenwärtig der Fall ist, dann lebt es in der Phantasie der Gläubigen, als ein Symbol wie die Hostie des Abendmahls.

Nach dem Essen durchqueren wir Oklahoma (Tyrone, Hooker, Guymon und Texhoma) und dann den Texas Panhandle (streifen die Rita Blanca National Grasslands und kommen durch Stratford, Dalhart und Romero) – flaches Land, auf dem die Bohrtürme wie Metronome ticken. Ich habe mir angewöhnt, Harvey unter den Schildern und Denkmälern zu fotografieren, die uns auf unserem Weg begegnen, so auch im Garten Eden. Er ist kein Spielverderber und hat vor den zementenen Abbildern der Todsünden posiert – die Wollust schaut ihm über die rechte, der Geiz über die linke Schulter –, desgleichen vor dem Astro Motel unter dem Schild IN AMERIKANISCHER HAND, und als wir an einem riesigen Holzcowboy vorbeikommen, dessen Coltlauf in die leeren Plains weist, stellt sich Harvey zwischen seine Beine. Noch lange Zeit nach unserer Fahrt, nachdem mein Leben schon längst wieder den Anschein von Normalität angenommen hat, sind diese Fotos winzige Gleichnisse an der Wand über meinem Schreibtisch.

An der Grenze zu New Mexico verwandeln sich die Farmhäuser aus Holz in Adobebauten. Wir kommen an einer Emu-Farm vorbei, über der ein Schild prangt: *Amerikas neues weißes Fleisch.* Doch als ich die dürren Geschöpfe sehe, die neurotisch mit den Schnäbeln aufeinander einhacken, mag ich nicht recht daran glauben. In Tucumcari beginnen, fast auf Kommando, der rote Staub und der weiße Fuchsschwanz. Wir fahren durch tiefe Wagenfurchen und seichte Gewässer, über Tafelebenen und Mesas. Hier sehen die Hügel wie Testikel und die alten, abgetragenen Erhebungen wie Venushügel aus, doch alles wirkt tot und ausgelaugt, ein Monument früherer Fruchtbarkeit und einer Zeit, als diese Gegend von «hundsgemeinen Dinos», wie unser Freund Wayne sagen würde, bevölkert war.

Einmal kommen wir an einem goldfarbenen Caddy vorbei, der auf dem Seitenstreifen gestrandet ist und wie El Dorado in der Sonne glänzt. Wir bremsen ab, als sich von der anderen Seite ein Polizeiwagen nähert. Durch das offene Vorderfenster sehen wir eine Frau, deren Kopf über der Rückenlehne hängt. Vielleicht schläft sie einen Rausch aus oder Schlimmeres. Der Polizist winkt uns vorbei, und wir fahren weiter. Aber diese Frau mit ihrem langen, geknoteten Haar, die ein bisschen aussah wie Janis Joplin, mit dem offen stehenden Mund und dem bleichen Gesicht, mit den Problemen, gleich welcher Art, die sie auf diese Standspur irgendwo im Osten New Mexicos gebracht haben, sie begleitet mich, nimmt einen festen Platz ein unter den Bildern, die ich unterwegs gesammelt habe, und sucht mich noch Monate später in den unerwartetsten Augenblicken heim.

Während die Kakteen vorbeihuschen und uns das sanfte Schaukeln des Skylarks einlullt, muss ich zugeben, dass sich mein Ärger über den Argwohn, mit dem Harvey über das Gehirn wacht, langsam in eine Art wohlwollenden Respekt verwandelt, die plötzliche Ahnung, dass Harvey in Wirklichkeit so etwas wie ein revolutionärer Held sein könnte. Denn hat er es nicht allen gezeigt und sich mit dem Gehirn aus den Staub gemacht? Vielleicht war er ja der Meinung, er müsse es vor den so genannten Fachleuten beschützen oder das Gehirn eines der größten Pazifisten der Welt vor dem Zugriff des US-Militärs bewahren. «Ich bin sicher, ohne Harvey wäre es verloren und vergessen – wie so viele andere berühmte Gehirne», sagt Elliot Krauss, der Mann, der heute Harveys ehemalige Stellung als Pathologe des Princeton Hospitals innehat. «Niemand hätte sich so darum gekümmert wie er. Ich glaube, die Geschichte wird sehr freundlich mit Tom Harvey umgehen.» Und im Übrigen: Wird Harvey durch seinen Starrsinn nicht zum perfekten Einstein'schen Helden?

Vielleicht wusste Harvey bei aller Beschränktheit seines Wissens doch genug, um dafür zu sorgen, dass Einsteins Gehirn nicht vom Mahlstrom des Systems aufgesogen wurde.

Im Schatten des Jemez-Gebirges schlängeln wir uns durch Kakteen und niedriges Gestrüpp. Ich werfe einen Blick auf den alten Mann und sehe, dass er zum ersten Mal während der ganzen Reise kurz eingedöst ist, glücklich von der fernen Strömung einer Pfeffergabel gewiegt. Ich glaube, ich bin auch etwas eingenickt. Auf einer geraden Strecke schaue ich auf den Tacho: Wir fahren mit mehr als 180 Stundenkilometern.

14

Worüber sprechen wir, wenn wir über Fleisch sprechen?

Während wir so durch New Mexico rasen und ich hin und wieder einen Blick auf Harveys unbewachtes Schlafgesicht werfe, ein Gesicht, das absolut nichts verrät, kommt mir eine vage Idee: Vielleicht bin ich Harveys Alter Ego bereits an einem Ort begegnet, der weit von hier entfernt ist. Sein Name ist Kenji Sugimoto, und er lebt in Japan. Bevor ich mich mit Harvey auf die Fahrt durch Amerika machte, hatte ich eine Reise durch Zeit und Raum angetreten, um Sugimoto in Osaka aufzusuchen.

Zugegeben, das ist ein langer Weg, um einen unbekannten Mathematikprofessor an einem Ort zu treffen, der Kinki-Universität heißt, doch Sugimoto ist zugleich einer der eifrigsten Sammler von Einstein-Erinnerungsstücken auf der Welt. Und er gehört zu denen, die glauben, Einsteins Gehirn sei eine Reliquie. Als ich ihn in seinem Universitätsbüro aufsuche, trägt er einen grünen Schlips mit Einsteins Gesicht. Braune Teeflecken zieren sein Hemd. Einen seiner Socken hat er verkehrt herum an. Und sein Haar ist ein wildes Durcheinander wie weiland Einsteins Mähne.

Neben einer elektrischen Schreibmaschine auf Sugimotos Schreibtisch liegt eine Schachtel Omar-Sharif-Zigaretten. Er bietet mir einen Stuhl an, bemerkt dann aber, dass er von einem riesigen Ölgemälde belegt ist, ein unbeholfenes, aber liebevolles Porträt von Einstein aus den späteren Jahren. Die Nase ist nicht ganz getroffen, eher Karl Malden als Albert

Einstein – aber Sugimoto hat es von einem seiner Studenten geschenkt bekommen. Er hält es einen Augenblick bewundernd in der Hand, womit er wohl eher der Bedeutung des Modells Tribut zollt, und stellt es dann auf den Fußboden neben einen gefährlich schwankenden Turm von Einsteinbüchern. Irgendwo gräbt er einen Schatz von Schwarzweiß-Fotos aus, die Einsteins Japanreise im Jahr 1922 dokumentieren, eine Reise, die den großen Mann unter anderem auch an diesen Ort geführt hat.

Es war eine wirklich aufregende Zeit. Auf einer Schiffsfahrt von Shanghai nach Japan, die Teil eines Triumphzuges nach Singapur, Hongkong, Palästina und Spanien war, erreichte ihn die Nachricht von der Verleihung des Nobelpreises. Das Schönste daran schien für ihn nicht der Preis selbst zu sein, auch nicht das Preisgeld (32 000 Dollar, die seine Frau Mileva als Teil der Scheidungsabfindung erhielt), sondern ein Glückwunschschreiben seines guten Freundes Niels Bohr. Als die beiden Wissenschaftler sich das nächste Mal in Kopenhagen trafen, vertieften sie sich derartig in eine Debatte über Quantenmechanik, dass sie Stunden in einem Straßenbahnwagen zubrachten. Der ordentliche, fast pedantische Däne und der Deutsche, der aussah, als wäre gerade seine Zigarre explodiert, verpassten ein ums andere Mal ihre Haltestelle.

In Japan sprach Einstein vor brechend vollen Sälen. Einmal hielt er 2000 Menschen mittels eines Dolmetschers einen sechsstündigen Vortrag über die Relativitätstheorie. Ein Grund für Einsteins Popularität beruhte auf einem kleinen Missverständnis: Die japanischen Schriftzeichen für «Relativitätsprinzip» haben große Ähnlichkeit mit denen für «Liebe» und «Sex», weshalb offenbar einige Japaner der Meinung waren, ein etwas verwahrloster Tantra-Guru sei zu ihnen gekommen. Ein Japaner, der Einstein begegnete und annahm, Einstein sei kein Wissenschaftler, sondern ein heiliger Seher, war sehr erstaunt, dass der schlampige Deutsche, jemand, der ganz und gar nicht nach einem Engel aussah, so genau in Gottes Himmel blicken konnte. «Er hat einen sehr ruhigen Gang», schrieb der japanische Karikaturist, der Einstein auf seiner Reise begleitete, «als habe er Angst, die Wahrheit zu verscheuchen.»

Nun zeigt mir Kenji Fotos, die bei Einsteins Besuch in Osaka aufgenommen wurden. Sie gehören zu seinen kostbarsten Besitztümern: Einstein in einem dicken Mantel und einem breitkrempigen Hut gegen die Dezemberkälte, ein Aufzug, in dem er eher einem Exorzisten als einem Physiker ähnelt. Einstein, der die Tasten eines Klaviers bearbeitet. Einstein vor einer Tafel, die mit unentzifferbaren Gleichungen übersät ist: Umgeben von einem Heiligenschein aus Zahlen, ruhen die bewundernden Blicke seiner Zuhörer auf ihm.

Während wir die Fotos durchsehen, lässt der Professor seine Finger über sie wandern, als wollte er Blindenschrift entziffern. Er fährt den Weg nach, auf dem man Einstein gehen sieht, und seine Augen werden feucht, als sie auf einem Bild aus späterer Zeit ruhen, als Einstein das Gewicht der Jahre anzusehen ist und der Betrachter weiß, dass der große Mann nur noch wenige Jahre zu leben hat. «Ich wollen Einstein unbedingt kennen lernen, aber er sterben, als ich acht war», sagt Kenji, der nach dem Krieg in Nagasaki aufwuchs. «Wenn treffen Albert Einsteins Gehirn, dann treffen Einstein.»

Wir werden durch ein Klopfen an der Tür unterbrochen – drei scharfe Schläge –, und ins Zimmer tritt ein Mann von sehr gepflegtem Erscheinungsbild, der mir nur als Abe vorgestellt wird, ein guter Freund von Kenji und Sekretär des Einstein-Weltkongresses, einer Organisation, die von Sugimoto gegründet wurde, um die Zusammenarbeit von Einstein-Forschern und -Bewunderern zu fördern und um das erste Albert-Einstein-Museum der Welt zu gründen. Abes sehr eleganter Anzug hat die Farbe des Meeres vor Bora Bora. Sugimoto und Abe stehen inmitten des Durcheinanders – des Strandguts, das sich in Sugimotos Büro gesammelt hat – und reden übers Geschäft. Drei Millionen Dollar brauchen sie, um das Museum ins Leben zu rufen, vor allem aber brauchen sie die Unterstützung des mächtigen Herrn Kobe, des Direktors der Kinki-Universität und des Mannes, der offenbar Goldtaler regnen lassen kann, wenn ihm deine Nase gefällt. Abe ist gekommen, um sich uns anzuschließen, denn er ist wie wir mit dem mächtigen Herrn Kobe zum Mittagessen verabredet. Als Sugimoto auf die Armbanduhr blickt und feststellt, dass wir spät dran sind, sehen die beiden Weltkongressmitglieder plötzlich äußerst besorgt aus, versuchen, ihre Haltung zurückzugewinnen, rücken ihre Krawatten zurecht und schlagen sich aufmunternd auf die Schulter. Dann führen sie mich aus dem Büro und in den Fahrstuhl.

Als es mir vergönnt ist, einen ersten Blick auf den mächtigen Herrn Kobe zu werfen, sitzt er hinter einem großen Schreibtisch und spricht ins Telefon. Er ist größer als Sugimoto und Abe, hat starke Hände und ein unbewegtes Gesicht. Er hat eine besondere Art, durch einen hindurchzublicken und sozusagen die radiologische Realität dessen zu erfassen, der man wirklich ist. Er begrüßt mich mit einem durchdringenden Blick und einem zermalmenden Händedruck. Ich werde ihm als amerikanischer Wissenschaftler vorgestellt, aber er tut noch nicht einmal so, als kaufe er uns den Unsinn ab. In seiner Gegenwart nimmt sich sogar Sugimoto zusammen und tritt ein bisschen seriöser auf. Es folgt ein wenig Smalltalk unter ernsthaften, schwer arbeitenden Männern. Die Stimme des mächtigen Herrn Kobe ist ein leises, nachdrückliches Grollen, wie eine Panzereinheit, die durch ein verlassenes Dorf rollt. Alles sammelt sich hinter ihr.

Zum Mittagessen gibt es Algensalat und eine Schüssel mit dampfenden Nudeln, Platten mit Godai und einen wabbeligen Gelatinebrei, bei dem sogar Kenji kneift, während der mächtige Herr Kobe ihn in einem einzigen gewaltigen Zug hinunterschlürft. Das Essen hebt die Stimmung. Abe legt einen Unternehmensplan für das Einstein-Museum vor, und Sugimoto ergänzt ihn hin und wieder durch eine Feststellung, die, so seriös sie auch vorgebracht wird, äußerst unseriös klingt. Bei jeder Unterbrechung lässt der mächtige Herr Kobe ein leises Grunzen ertönen, als würde er von Verdauungsproblemen gequält, und widmet sich dann wieder dem Kettenrauchen. Die Einstein-Kongressleute deuten das als ein gutes Zeichen – und es scheint tatsächlich eines zu sein! Selbst jetzt, da der mächtige Herr Kobe auf das Kusunoki-Gebirge hinausblickt, scheint er die Kosten-Nutzen-Rechnung der Hochglanzvorschläge für das Einstein-Museum der Kinki-Universität in seinem Herzen zu bewegen, für eine Institution, vor der die Besucher aus aller Welt, die Taschen prall gefüllt mit Yen, Tag und Nacht Schlange stehen werden.

«Einstein geben Herrn Kobe glückliches Gefühl», sagt Sugimoto, als wir das Büro verlassen, wobei mir völlig unklar ist, ob irgendwas wirklich geregelt worden ist. Und plötzlich zischt Sugimoto durch das Tor der Universität, schwimmt durch die Straßen, vorbei an Elektronikläden und Bürogebäuden, auf eine Frau zu, die am Horizont wartet, eine schöne Frau, deren Augen im Schatten eines Annie-Hall-Huts liegen. Sie ist klein und zierlich und ruht in sich selbst. Unberührt steht sie im Treibeis des menschlichen Hastens um sie herum, trägt ein traumhaftes braunes Kleid mit Samtbesatz, weder wartend noch nicht wartend, als schlichtes Yoga-Nachbeben. Ihr Haar fließt an ihr herunter und bildet einen Strudel an ihrem silberfarbenen Planeten-Anhänger, eine Art Merkur aus Metall. Sie lächelt, ein glückseliges Lächeln, wie sie dort an der Schwelle zwischen der sichtbaren und unsichtbaren Welt steht, strahlender und lebendiger als andere atmende Geschöpfe, weshalb man sie unmöglich übersehen kann.

Und doch schießt Kenji glatt an ihr vorbei, in Gedanken versunken, vertieft in einen inneren Dialog mit dem großen Meister. Zehn Meter weiter bleibt er stehen und schnipst mit den Fingern. «Einstein bewegen meine Füße», sagt er mit verschämtem Lächeln: «Direkt an meiner Frau vorbei.» Sie heißt Sami und ordnet sich ebenfalls im Kielwasser von Kenji ein, der uns nun zum Kompon Dai-to, der Großen Pagode, führt, dem Bauwerk, das Einstein vor fünfundsechzig Jahren besichtigt hat. Das riesige Gebilde in Zinnober und Weiß beherbergt die Statue von Dainichi Nyorai, dem kosmischen oder Sonnenbuddha des esoterischen Buddhismus.

Wenn du mit Kenji Sugimoto zusammen bist, weißt du nie, wohin du gehst, bis du da bist.

Wir machen einen Rundgang durch die Pagode, dann schießt Sugimoto wieder in halsbrecherischem Tempo davon durch den angrenzenden Park, hält in der Nähe eines Mannes an, der Futter für die zahmen Hirsche verkauft, schnuppert in der Luft, dreht sich zu uns um und verkündet: «Einstein kommen hier!» Dann ist er wieder weit voraus, bleibt in einem Hain von Kirschbäumen stehen, blickt mit verrenktem Hals zu den Ästen empor. Er wirft einen vielsagenden Blick zurück auf den Parkweg, den wir eben entlanggekommen sind, nimmt das Bild tief in sich auf und stößt hervor: «Auch, Einstein hier!»

Sami und ich müssen ihm fast im Laufschritt folgen, und Sami gibt zu, dass sie sein Verhalten befremdet hat, als sie vor fünfundzwanzig Jahren heirateten. «Ich wurde eifersüchtig», sagt sie in ausgezeichnetem Englisch, während Kenji schnurgerade auf einen Laubhaufen zusteuert. «Ich dachte, ich heirate einen Mann, und plötzlich waren wir zu dritt.» Sami musste feststellen, dass ihr Mann einen Doppelgänger hatte: Einstein. Es gab so viele unheimliche Parallelen zwischen den beiden. Beide versagten an der Universität in wichtigen Examina, beide hatten Schwierigkeiten, nach ihrem Examen Anstellungen zu finden. Doch während es bei Kenji einfach Hilflosigkeit war, erwuchsen Einsteins Schwierigkeiten offenbar aus dem anmaßenden Bewusstsein seiner Begabung und hatten ihre Ursache nicht zuletzt darin, dass er seinen Lehrern ihre relative Unwissenheit mit Vergnügen unter die Nase rieb.

Wenn wir den Vergleich fortführen wollen, muss Kenji, der jetzt sechsundvierzig Jahre alt ist, erst noch ein wichtiges neues Prinzip des Universums entdecken, obwohl er behauptet, das sei nur eine Frage der Zeit. Warum auch nicht? Wie jeder andere Außenseiter kann es auch Professor Kenji Sugimoto sein. Als wir uns wieder in der Kinki-Universität befinden, platziert Kenji Sami und mich auf ein Sofa im Aufenthaltsraum für Dozenten, entschwindet im Eiltempo und kommt mit einem Videoband zurück, dem Film, den der BBC-Dokumentarfilmer Kevin Hull gedreht hat, jener Filmemacher, den ich in London traf. Es geht um Kenjis Reise nach Amerika auf der Suche nach Dr. Harvey und Einsteins Gehirn. Kenji bezeichnet das Band als «meinen Film». Darin fährt er kreuz und quer durchs Land, eine bizarre, monatelange Odyssee von den Fluren des Princeton Hospital zu einer Reihe öder Städte im Mittleren Westen, wo er jeden bekniet, der etwas über Einsteins Gehirn wissen könnte, bis er Dr. Harvey in Lawrence, Kansas, entdeckt, einen alten Mann, der auf einem Sofa in einem winzigen Apartment schläft. Als Kenji um ein Stück von Einsteins Gehirn bittet, nimmt Harvey ein Steakmesser, greift mit der Hand in ein Bonbonglas voller Hirn, fischt einen Klumpen heraus und lässt ihn auf ein Holzbrett platschen, wo er schweigend ein Stück abzuschneiden beginnt.

Es ist ein außerordentlich seltsamer und wunderbarer Augenblick. In einer Aufwallung unbezähmbarer Freude umschlingt Kenji den alten Mann von hinten, presst die Hände auf Harveys Magen und lehnt seinen überdimensionalen Kopf gegen den kleinen Vogelkopf des Arztes. Und so verharrt er. Während Sami und ich die Szene betrachten – wobei Sami in hemmungsloses Gelächter ausbricht –, wieselt Kenji pausenlos aus dem Dozentenzimmer raus und wieder rein, er kann einfach nicht stillsitzen. Auf dem Bildschirm grunzt und knurrt er, im wirklichen Leben stößt er die gleichen Urlaute aus, wie eine Herde Schweine, die in Schlamm und Orangenschalen wühlen.

In Hulls Film, der Sugimotos Film ist, hat der Pilger, wie alle Pilger, viele beschwerliche Kilometer durch ein fremdes Land zurückgelegt; er hat sich den Magen verdorben mit altbackenen Blätterteigbrötchen in einer endlosen Prozession von Frühstückslokalen. Sein Körper ist schwer geworden, damit seine Seele sich aufschwingen kann. Und nun ist der Kenji auf dem Bildschirm, als er eine Scheibe von Einsteins Gehirn erhalten soll, einfach überwältigt. Er ist der Philatelist, der die Blaue Mauritius in Händen hält, der Gourmet, der das perfekte Filet Mignon serviert bekommt, er ist der Moslem auf dem Hadsch, der in bebender Erwartung die Kaaba siebenmal umschreitet.

An dieser Stelle greift der Kenji vor dem Fernsehschirm, der reale Kenji, ein. Ungeduldig und mit weit ausholender Geste stellt er einen weißen Kanister auf den Tisch, dorthin, wo Sami und ich sitzen. Zweimal läuft er dann um den Tisch, bevor er sich die Ärmel aufkrempelt, den Schlips lockert und den Deckel des Kanisters öffnet. Darin befindet sich eine Teedose (Marke Twinings, Geschmacksrichtung Lapsang Souchon Te). Vorsichtig nimmt Kenji sie heraus und öffnet einen weiteren Deckel. Er greift langsam in den dunklen Innenraum und entnimmt ihm zwei Tablettenschachteln aus Kunststoff. Diese legt er feierlich auf den Tisch, als wären es zwei Fabergé-Eier.

Als er diese letzten Deckel aufdreht, beugen wir uns beide erwartungsvoll vor. «Einsteins Gehirn», sagt Kenji mit breitem Lächeln und zeigt auf das Formaldehyd in beiden Schachteln. Als Erstes fällt mir der Geruch auf; Sami lehnt sich sofort wieder zurück und sieht seekrank aus. Ich beuge mich weiter vor und atme ganz flach. Was da in der Flüssigkeit schwimmt, sieht eher wie Auswurf als wie Gehirn aus. Einfach dicke Schleimstücke. «*Shono*», stößt Kenji hervor, der in seiner Aufregung vorübergehend sein Englisch vergisst. Kleinhirn. Geformt wie ein Bonsaibaum. «Stück von Einsteins Gehirn bringen Harmonie», sagt er. «Mein Geist gehören Einsteins Gehirn.» Er blättert in einem japanisch-englischen Wörterbuch, das er aus seinem Büro geholt hat. «*Shugo*», sagt er. Göttlicher Schutz. Dann: «*Ishiki*.» Bewusstsein, Selbst. Wir sitzen schweigend da, nach einiger Zeit nähere ich mich wieder den schwimmenden Gehirnstücken. «*Omamori*», sagt Kenji. Ein Zauber, ein Talisman.

Sein Glauben ist allumfassend und beeindruckend. «Aber was bedeutet es?», frage ich, zugleich abgestoßen und fasziniert. Kenji legt die Stirn in Falten, öffnet den Mund, um zu sprechen, hält inne, beginnt wieder, denkt noch einmal über die Frage nach, versucht, einen grammatisch einwandfreien Satz zu bilden. «Sein oder Nichtsein», sagt er schließlich. «Das ist es, worum es bei Einsteins Gehirn geht.»

Nachdem wir das Gehirn gesehen haben, bleibt uns nichts anderes zu tun, als das Ereignis in einer Karaoke-Bar zu feiern, ein beliebter Treffpunkt von Kenji und seinen Kollegen. Anwesend sind sieben oder acht «Damen», die sich um die Kunden kümmern, und eine Reihe von gut gekleideten Männern in verschiedenen Stadien der Betrunkenheit. Ich werde mit Miss Michiko Miyata, der Chefin, bekannt gemacht, einer kleinen, freundlichen, überaus geschäftigen Frau, die über ein umfangreiches Zeichenrepertoire verfügt – Handbewegungen, geflüsterte Aufforderungen, Rippenstöße und Fußaufstampfen, das alles von einem Lächeln begleitet –, um ihre Mädchen auf Vordermann zu bringen. Die Hostessen haben Namen wie Jun und Kyoko, und eine neunzehnjährige chinesische Sängerin mit feuchten braunen Augen so groß wie Untertassen heißt Lily.

Auch der mächtige Herr Kobe ist da, trägt seine undurchdringliche Noh-Maske, empfängt die Besuche seiner Günstlinge, raucht eine Omar-Sharif-Zigarette nach der anderen und spricht seinem Scotch fleißig zu. Ich erfahre, dass er an sechs Abenden in der Woche hier ist, nur am Sonntag nicht. Und ich erfahre weiter, dass ich, wenn ich zu ihm gerufen werde, gehalten bin, eine Zeit lang bei ihm sitzen zu bleiben. Als ich wirklich zu ihm zitiert werde, begleitet mich Sami als Dolmetscherin, während Kenji in ein Lied vertieft ist, das er zusammen mit einer Hostess singt. Er wiegt sich wie in Trance und liest den Text von einer großen Leinwand ab.

Der mächtige Herr Kobe betrachtet mich durch einen Vorhang von Zigarettenrauch, lässt sich aber nicht anmerken, dass er mich wieder erkennt. Sein Gesichtsausdruck ist ernst, ein ständiger Schatten, den das schwere, schwere Gewicht dieser Welt darauf wirft. Dann ertönt das dumpfe Panzergrollen seiner Stimme, und er feuert ein paar Fragen auf mich ab – über Amerika, über den Freihandel, über meinen Eindruck von Japan. Dann schickt er noch ein paar Fragen nach, über seine Universität und wie sie im Vergleich zu den amerikanischen Nobeluniversitäten abschneidet. Trotzdem scheinen ihm meine Antworten nichts zu bedeuten. Nein, es sind die Fragen, die wichtig sind. Oder vielmehr die dramatische Inszenierung dieser Fragen. Der lange bogartmäßige Zug an seiner Zigarette, das Ausspucken des Tabaks, die langsame Bewegung, mit der die gewaltige Hand des mächtigen Herrn Kobe die Zigarette zum Aschenbecher führt. Mit einem Grunzen bin ich dann plötzlich entlassen, und irgendein anderer armseliger Wicht nimmt meinen Platz ein.

Eine der angenehmsten Überraschungen des Abends ist die schöne Wayne-Newton-Stimme, mit der Sugimoto singt, mühelos und sonor bringt er «Blue Airport», einen sentimentalen japanischen Schlager, zu Gehör, die Geschichte zweier Liebender, die durch irgendeine Flugzeugreise getrennt werden, dann aber wieder glücklich vereint werden, als sie das Rückflugticket in Anspruch nehmen. Er wiegt sich im Rhythmus und ballt die Faust, um seinen Seelenschmerz auszudrücken. Mit jedem, der es möchte, singt er im Duett, oder er schmettert allein und entblößt seine Seele vor einer Bar voller melancholisch blickender Männer, die melancholischen Gedanken nachhängen.

Irgendwann sind sie alle besoffen und auf einer rührseligen Reise zu einem unbekannten Ziel. Sami sitzt neben mir, die Hände im Schoß, und lächelt. Wenn es ihr etwas ausmacht, den Geisha-Mädchen zu begegnen, mit denen Kenji seine Karaoke-Abende zu verbringen pflegt, dann lässt sie es sich jedenfalls nicht anmerken. Vielmehr scheint sie sich für jede Äußerung dieser wartenden Frauen zu interessieren, die alle mit Feuerzeug und warmen Tüchern bewaffnet sind. Von Lily, die im Laufe des Abends mit zahlreichen Männern gesungen hat, berichtet mir Sami, dass es ihr letzter Abend in der Bar ist, nachdem sie hier drei Jahre und ein fester Bestandteil im Leben der Stammgäste war. Am nächsten Morgen wird sie nach China zurückfliegen.

Es ist sehr spät, als Lily auf Drängen der Chefin eines der

schnurlosen Mikrophone nimmt und ein langsames, trauriges Abschiedslied auf Chinesisch beginnt. Sie ist ohne jede Frage hinreißend – lange schwarze Haare, üppige Lippen, ein schmaler Rücken, den das Kleid teilweise frei lässt. Während ihre weiche Stimme die Töne moduliert und sie ihre ganze Seele in dieses letzte Lied legt, bemerke ich, dass die Menschen weinen. Die Hostessen. Die Männer. Sami. Und Lily, die sich bisher so gut gehalten hat, die aber jetzt der Mut verlässt, der klar wird, dass es vorbei ist, dass das Leben, das sie nachts in der gemütlichen Welt dieser in rosa Licht getauchten Bar geführt hat, unter so vielen Männern, die wie Väter für sie waren, unter den Schwestern, die sie zur Frau heranwachsen sahen, dass dieses Leben in Geld und Freiheit und Freude grausam enden wird mit dem kurzen Flug nach Peking in der gefängnishaften Enge ihrer Familie.

Und dann heult sie, echtes Schluchzen, das sie zu unterdrücken versucht, Kummer, der gnadenlos im professionellen Scheinwerferlicht bloßgestellt wird. Die Musik spielt ohne sie weiter, traurig, langsam, aber mit einer Spur von Bosheit jetzt, wie es scheint. Obwohl sie versucht, das Gesicht zu wahren, kann sie bei dem Versuch, Schritt zu halten, von jeder Zeile nur ein oder zwei Wörter hervorstoßen. Dann krümmt sie sich und bedeckt die Augen mit den Händen. Ausgerechnet bei ihrem letzten Auftritt in der Karaoke-Bar versagt sie vollkommen auf der Bühne. Plötzlich geht eine Welle des Unbehagens durch den Raum. Wie ist das möglich? Peinlich! Aber dann, plötzlich, als eine der Hostessen sich anschickt, dem zusammengekrümmten Mädchen auf der Bühne zu Hilfe zu eilen, erklingt eine Stimme aus dem Nichts wie ein Vogel mit weiten Schwingen, aus dem Schatten des Raumes, über ein zweites schnurloses Mikrophon. Eine kräftige, sonore Stimme, tief und sicher, die mit jedem Ton das Weh und Pathos des Abschieds vermittelt, die

Gefühle aller Anwesenden zum Ausdruck bringt, das Ende einer Ära, der Lily-Jahre, beklagt. In dieser Stimme ist so viel Gefühl, ein ganzes langes Leben an Gefühl, an echtem Gefühl, und doch auch so viel Stärke, dass selbst Lily aus ihrer kauernden Haltung aufblickt, eine funkelnde Träne auf der Wange. Und dann steht er auf von seinem Tisch und tritt ins Licht der Scheinwerfer, und es ist – man mag es nicht glauben – der mächtige Herr Kobe.

Seine Bühnenpräsenz ist überwältigend. Und wer wusste überhaupt, dass er Chinesisch spricht? Er steht in seinem maßgeschneiderten Anzug vor Lily, reicht ihr aber nicht die Hand. Er singt nur. Lily blickt zu ihm auf, gewinnt ihr Gleichgewicht zurück, erhebt sich vom Boden, beginnt auch zu singen und wird von ihm sicher bis zum Ende des Lieds geleitet. Alle – auch Kenji – grölen begeistert. Als das Lied zu Ende ist, lächelt Lily, wendet sich dann dem mächtigen Herrn Kobe zu und verbeugt sich. Er nickt steif und geht an seinen Tisch zurück. Als sie sich später ein letztes Mal zu ihm gesellt und auf dem Besucherstuhl sitzt, reicht er ihr einen Umschlag voller Geld. Auch nachdem Förmlichkeit und Zurückhaltung wieder hergestellt sind, weiß jeder, dass etwas geschehen ist, was niemand vergessen wird. Nie habe ich einen aufrichtigeren Akt der Liebe erlebt.

Als wir dann auf der frühmorgendlichen Straße stehen, quetschen wir uns zu sechst in ein Taxi – Kenji, Sami, ich und drei ihrer betrunkenen Freunde. Niemand sagt etwas. Wir beobachten stumm, wie die Neonlichter der City von Osaka in die melancholischen Strudel des Flusses stürzen. Erschöpft und leer, aber eng zusammengepresst. Nachdem im Krieg Tokio zerbombt worden war, griffen amerikanische Jäger Osaka an und zerstörten einen Großteil der Innenstadt, durch die wir jetzt fahren. Kenji wurde wenige Jahre nach der Vernichtung seiner Heimatstadt Nagasaki geboren. Irgendwie haben seine Eltern die Schrecken überlebt, die Einsteins zweifelhaftestes Erbe – die Bombe – über sie gebracht hatte.

Als wir vor meinem Hotel halten, als ich schon aus dem Taxi ausgestiegen bin und die Hand an der verschlossenen Tür habe, findet Kenji plötzlich aus irgendeiner entlegenen Region seines Geistes den Weg ins Hier und Jetzt. «*Sein*, Mr. Michael», sagt er. «Es ist viel besser *zu sein.*»

15

Ich bin ein Bein von dir

Die eintönige Straße hat uns in Trance versetzt. Ohne es recht zu merken, werden wir ein bisschen kurzatmiger und auch ein bisschen benommener, und schuld daran ist der allmähliche Anstieg auf zweieinhalbtausend Meter, durch Santa Fe hindurch, dann nach Nordwesten auf schmalen Serpentinen durch die Felswände, die das Parjarito-Plateau begrenzen, nach Los Alamos. Vor dem Zweiten Weltkrieg war das einfach indianisches Brachland. Doch einige Zeit nach dem Brief, in dem Einstein Präsident Roosevelt drängte, den Bau einer Atombombe in Angriff zu nehmen, beschlagnahmte das Verteidigungsministerium dieses Stück Niemandsland. Die Wissenschaftler und Angestellten von Los Alamos lebten hinter Stacheldraht, wurden mit Nummern und nicht mit Namen angeredet und erhielten alle Post über ein Postfach in Santa Fe – Fach 1663. Die Bombe wurde nur als «*the gadget*» (Gerät) bezeichnet. Und die Zeit wurde in Gefallenen gemessen, denn nach der Gleichung von Los Alamos bedeutete jeder Tag, um den sich der Bau der Atombombe verzögerte, den Tod weiterer amerikanischer Soldaten.

In der Stadt haben die Kasernen und schlammigen Straßen der vierziger Jahre schmucken Immobilien im Westernstil und anderen Insignien amerikanischen Wohlstands Platz gemacht. Wir kommen an einer prächtigen Schwimmhalle vorbei. Wir kommen an hübschen, imitierten Adobehäusern vorbei, und wir kommen, da alles irgendwie mit allem zusammenhängt, an jener Stelle vorbei, wo einst die Jungenschule stand, in die William Burroughs gegangen ist. Wir kommen an hohen, unter Hochspannung stehenden Zäunen vorbei, hinter denen heute die modernste amerikanische Waffenforschung stattfindet. Hinter denen, wie die Bundesbehörden bald entdecken werden, jemand seit Jahren hoch geheime Informationen an China geliefert hat.

Harvey hat ein so ernstes Gesicht aufgesetzt, dass der Eindruck entsteht, sein Besuch und der von Einsteins Gehirn habe historische Qualität. Schließlich ist Albert Einstein durch seinen Brief an Roosevelt unabsichtlich einer der Gründungsväter der STADT, DIE ES NIE GAB. Nun ist ein Teil des großen Wissenschaftlers hier eingetroffen – wenn auch rund fünfzig Jahre zu spät – und befindet sich auf dem Weg zum Bradbury Science Museum.

Das Museum ist ein moderner, aus drei Räumen bestehender Pavillon, dessen Wände mit Text und körnigen Schwarzweißfotos bedeckt sind – eine detaillierte Dokumentation der wissenschaftlichen und menschlichen Herausforderungen, die der Bau der Bombe bedeutete, und gleichzeitig ein Heldenepos auf die patriotischen Männer und Frauen, die zum Manhattan Project beitrugen, vor allem auf seinen Leiter Robert Oppenheimer. Natürlich ist das erste Exponat eine Fotografie von Einstein und dann eine Kopie seines Briefs an Präsident Roosevelt, hinter Glas. Harvey steht davor, liest ihn, nickt tiefernst, geht weiter. Mit keinem Wort wird erwähnt, dass Einstein später bedauert hat, den Brief geschrieben zu haben. Stattdessen entsteht durch geschicktes Weglassen der Eindruck, dass dies alles – das Museum, die Stadt und der Abwurf der beiden Bomben – Einsteins Billigung fand. Das Museum – und die Philosophie von Los Alamos überhaupt – ist in seiner Aussage am deutlichsten dort, wo seine Kuratoren in Bezug auf die Bombe das eine oder andere vergessen zu haben scheinen.

Was hier nicht gezeigt wird, ist die Innenstadt von Hiroshima an einem Morgen im August 1945, die Straßenbahnwagen zum Bersten gefüllt mit Zivilisten, die Straßen voller Schulmädchen. Das Museum zeigt nicht den B-29-Bomber *Enola Gay* mit seinem Piloten Paul Tibbets im Cockpit, der sich in einer Flughöhe von fast 10000 Metern nähert, und nicht die vier Tonnen Metall, die abgeworfen werden: Little Boy. Oder die Seite der Bombe, die mit Autogrammen und obszönen Botschaften bedeckt ist (eine beginnt mit den Worten «Grüße an den Kaiser …») und das krude nackte Ebenbild von Rita Hayworth trägt. Vergessen werden die 43 Sekunden tiefsten Schweigens, die Zeit, die Little Boy braucht, um auf die Stadt zu fallen, und vergessen wird die Explosion, die 12500 Tonnen TNT entspricht. Und dann die Horrorvision bei Ground Zero, an der Aioi-Brücke: Vögel, die sich in der Luft entzünden, Menschen, die wie Fackeln brennen und sich aufblähen wie Bronzebuddhas. Und das ist erst der Anfang.

Das Museum zeigt nicht den Feuersturm, der die Stadt in kurzer Zeit pulverisiert, die nuklearen Stürme, die wie Tornados wüten. Die Todesrate von 90 Prozent in einem Umkreis von 1,6 Kilometern vom Explosionsort, die 200000 Toten, die schließlich gezählt werden, und den klebrigen schwarzen Regen, der den radioaktiven Fallout transportiert und pausenlos auf die Überlebenden herabfällt. Es zeigt nicht die Menschen, denen die Hautfetzen wie Kimonos herabhängen. Und es zeigt nicht, was kurz darauf in Nagasaki passiert ist, wo 140000 Zivilisten auf ganz ähnliche Weise starben. Man kann Stunden in dem Museum verbringen, wie Harvey, und am Ende begeistert vom Erfindungsreichtum der Wissenschaft verlassen – doch das tödliche Vernichtungswerk bleibt unsichtbar.

Was für eine Rolle hat Einstein in diesem Zusammenhang tatsächlich gespielt? Der vorherrschende Eindruck von Einstein, derjenige, der von seinen Sachwaltern nach seinem Tode mit Vorliebe verbreitet wurde, ist im Wesentlichen der eines Pazifisten für alle Lebenslagen. «Ich appelliere an alle Männer und Frauen …», schrieb er in einer Botschaft an die Internationalen Kriegsdienstverweigerer, «dass sie sich weigern, in Zukunft irgendwelche Kriege oder Kriegsvorbereitungen zu unterstützen.» In einem späteren Brief an den Chefredakteur einer Zeitschrift ging er etwas genauer auf seine persönlichen Gefühle ein: «Mein Pazifismus ist instinktiver Natur – ein Gefühl, von dem ich besessen bin. Der Gedanke des Mordes an einem menschlichen Wesen erfüllt mich mit Abscheu. Meine Haltung ist nicht von intellektueller Theorie, sondern von einem tiefen Widerwillen gegenüber jeglicher Art von Grausamkeit und Hass motiviert.»

Trotzdem ist verständlich, dass er von den Nazis mit ihren Konzentrationslagern voller Juden aus seiner pazifistischen Reserve gelockt wurde. Während der Kriegsjahre reduzierte sich die amerikanische Einstellung auf die simpelste aller Formeln: Mach kaputt oder geh kaputt. Insofern ist Einsteins berühmter Brief an Roosevelt, in dem er den Bau einer Atombombe befürwortet, vielleicht paradox, aber erklärlich. Und natürlich hat er später in dem Gespräch mit Linus Pauling diesen Brief widerrufen. Aber war das vielleicht nur ein Lippenbekenntnis, mit dem Einstein sein Image aufpolieren wollte? War ihm der Pazifismus nur genehm, wenn er ihm gut zu Gesicht stand?

Überraschenderweise war der Wissenschaftler trotz seines pazifistischen Heiligenscheins viel tiefer in die amerikanischen Kriegsanstrengungen verstrickt, als die meisten Menschen glauben, ein Umstand, den Einstands Biograph Ronald Clark ans Licht gebracht hat. Zu einer Zeit, als Hoover und seine Agenten unermüdlich Beweise gegen «den extremen Radikalen» zusammentrugen, ein Bemühen, das sie bis zum Tode des Wissenschaftlers fortsetzten, wurde Einstein in unregelmäßigen Abständen vom Waffenamt der US-Navy als Berater in Fragen der Wissenschaft, Technik und Sprengstoffe beschäftigt. Zu den vielen Projekten, an denen er mitwirkte, gehörte auch die Begutachtung von amerikanischen Plänen zur Verminung und Zerstörung eines japanischen Marinestützpunktes.

Als ich nach unserer Fahrt die Einstein-Akte im Nationalarchiv in College Park, Maryland, lese, stoße ich auf zahlreiche Briefe, die Einstein an Lieutenant Stephen Brunauer vom Waffenamt der Navy geschrieben hat. Nach einem Sicherheitscheck am Eingang des Archivs – das in einem modernen Gebäude aus Glas und Stahl untergebracht ist – werde ich in einen riesigen Lesesaal geführt, wo mir die Ordner von John Taylor ausgehändigt werden, einem verhutzelten, gebeugten Männchen mit einem liebenswürdig-schleppenden Südstaatenakzent. Er ist etwa achtzig Jahre alt und arbeitet seit dem Zweiten Weltkrieg im Archiv. Fröhlich teilt er mir mit, dass er sein Bestes tun wird, um mir die «Leckerbissen» herauszusuchen, was immer das heißen mag, und verschwindet.

Nach rund einer Stunde taucht Taylor mit einem einzigen Ordner auf, der die Registriernummer RG 74 trägt. Und da sind sie: Neun mit Schreibmaschine geschriebene Briefe aus dem Zeitraum von Juni 1943 bis Oktober 1944, alle an Lieutenant Stephen Brunauer adressiert, dazu mehrere Seiten, die eng mit Einsteins zierlicher, ordentlicher Schrift bedeckt sind. Zunächst verwirren mich die Briefe, denn nachdem ich mich durch so viel FBI-Propaganda gelesen habe, die Einstein als Staatsfeind geißelte, will mir unmöglich erscheinen, dass die Navy irgendetwas mit ihm zu tun gehabt haben könnte. Und doch pflegte sie ganz unbefangenen Umgang mit ihm. Einige von Einsteins Briefen enthalten Skizzen von Torpedos und Torpedoköpfen, Auslösemechanismen und Gleichungen, in denen er die effektivste Detonation unter der Panzerung eines feindlichen Schiffes zu berechnen versucht.

«Man sollte einen Mechanismus entwickeln, der einen Torpedo genau an der richtigen Stelle unterhalb eines Schiffes zur Explosion bringt», schreibt er in einem Brief. «Ich habe eine Idee für einen elektromagnetischen Mechanismus, der diesem Zweck dienen könnte, und würde gern Ihr Urteil darüber hören.» In einem anderen Brief spricht der Mann, der in jungen Jahren Deutschland verließ, um dem Wehrdienst zu entgehen, und der sich durch die brutale Geisteshaltung alles Militärischen zutiefst abgestoßen fühlte, von «meiner Navy-Stellung» und in einem anderen von «finanziellen Angelegenheiten». Außerdem scheint sich Einstein häufig mit Navy-Vertretern in der Mercer Street 112 getroffen zu haben.

Es ist kaum vorstellbar, dass sich Einstein in dieser Weise hat einspannen lassen – selbst wenn man seine Abneigung gegen das nationalsozialistische Deutschland berücksichtigt. Ich bin bestürzt darüber, dass Einstein sein Gehirn in den Dienst militärischer Zwecke gestellt hat, und ich kann mir bei der Lektüre dieser Briefe plötzlich durchaus vorstellen, dass man Einsteins Gehirn klonen und erneut für die Zwecke der Vernichtung nutzbar machen könnte. Bedrückend sind die Briefe auch, weil sie einen Schatten auf Einsteins öffentliche pazifistische Erklärungen werfen. Schließlich haben die großen Pazifisten unserer Zeit ihre Auffassung durch Beharrlichkeit und unbeirrbaren Glauben an ihre Sache unter Beweis gestellt, dadurch, dass sie nicht von ihrer Überzeugung abgewichen sind, und häufig auch dadurch, dass sie diese Überzeugung mit ihrem Leben bezahlt haben. Welche Glaubwürdigkeit hätte Gandhi noch, wenn er in seiner Freizeit Torpedos entworfen oder überlegt hätte, wie sich das mörderische Potenzial einer Explosion erhöhen lässt?

Offenbar hat auch Einstein damit seine Probleme gehabt, denn später hat er jede Beteiligung an den Kriegsanstrengungen geleugnet. Auf eine Frage zur Atombombe erwiderte Einstein 1952 einem Journalisten: «Sie irren sich, wenn Sie mich für eine Art Wortführer jener Wissenschaftler halten, die die Wissenschaft für militärische Zwecke missbrauchen. Ich habe nie auf dem Gebiet angewandter Wissenschaft gearbeitet, vom Militär ganz zu schweigen. Ich verurteile die militärische Geisteshaltung unserer Zeit genauso wie Sie. Tatsächlich bin ich mein Leben lang Pazifist gewesen und halte Gandhi für die einzige wirklich große politische Persönlichkeit unserer Zeit.»

Der Unterschied liegt natürlich darin, dass Einstein kein politischer Führer war, obwohl er seine politische Überzeugung immer wieder öffentlich geäußert hat, in der Hoffnung, eine Welt verändern zu können, die ihm in vielerlei Hinsicht barbarisch erschien. Trotzdem kann ich mich des Gedankens nicht erwehren, dass diese neun Briefe Einsteins Geheimnis sein könnten, wie Los Alamos Amerikas Geheimnis ist. Weit mehr als seine Schwäche für Frauen – die er nie geleugnet hat – lassen diese Briefe Einsteins Charakter in einem zweifelhaften Licht erscheinen. Denn seine Emphase für die Gesetze eines unpersönlichen Universums scheint ihm als Entschuldigung dafür gedient zu haben, dass er sich von den Menschen, die ihn geliebt haben, zurückgezogen und ausgerechnet sie am schlechtesten behandelt hat. Seltsamerweise hat er einmal seinen Sohn Hans Albert – zu dem er nie eine wirkliche Beziehung hatte und dessen Geburtstag er stets vergaß – gelobt, weil er die gleiche Einstellung hatte. «Es ist mir eine Freude, einen Sohn zu haben, der die wesentliche Seite meiner Persönlichkeit geerbt hat. Sich erheben über das bloße Dasein, indem man seine besten Kräfte durch die Jahre hindurch einem unpersönlichen Ziel hingibt», schrieb er ein Jahr vor seinem Tod. «Dies ist ja das beste, ja das einzige Mittel, durch das wir uns von dem persönlichen Schicksal und von den Menschen unabhängig machen können.»

Aber warum muss man deshalb die Menschen ablehnen und sich der Erkenntnis verweigern, dass das eigene Schicksal untrennbar mit ihnen verbunden ist? Wenn wir in einem unpersönlichen Universum leben, in dem die Verwirklichung unpersönliche Ziele (die Explosion eines Torpedos, die universelle Theorie, der Abwurf einer Atombombe) zum Lebenszweck wird, was ist dann mit den Menschen? Als Paul Tibbets, der Pilot von *Enola Gay*, gefragt wurde, wie er den Tod von 200000 Menschen in Hiroshima rechtfertige, antwortete er: «Es erschien alles so unpersönlich.»

Als ich an jenem Tag im Archiv diese Briefe durchsah, war ich ein bisschen verärgert – ich fühlte mich verraten, genauso, wie ich mich jetzt, an diesem Tag in Los Alamos, verraten fühle angesichts der Verehrung, die Harvey offensichtlich für das Dreamteam von amerikanischen Wissenschaftlern empfindet, die rund um die Uhr am Manhattan Project gearbeitet haben, angesichts seiner Bewunderung für ihre professionelle Leistung, die verschleiert, was sie wirklich geleistet haben, fast am anderen Ende der Welt, in Kenji Sugimotos Japan, in Kenji Sugimotos Heimatstadt Nagasaki.

Die Nacht verbringen wir bei guten Freunden von mir, auf einer Ranch in der Nähe von Cerillos, ein verschlafenes Nest, welches sich lediglich rühmen kann, dass Hollywood einige Western in seinen staubigen Straßen gedreht hat. Auf einem holprigen Weg fahren wir südlich aus der Stadt, folgen einem ausgetrockneten Flusslauf und biegen dann ab in ein überwältigendes vierzig Hektar großes Tal, wo meine Freunde Clare und Scott auf einer Ranch leben, die einst Clares Mutter gehört hat. Beide sind Mitte dreißig und haben San Francisco den Rücken gekehrt. Die beiden haben sich bei einem Yoga-Seminar kennen gelernt und jahrelang eine Wochenendbeziehung geführt, wenn überhaupt, da Scott als Finanzexperte in London und Chicago arbeitete und Clare als Werbe-Ass sieben Tage in der Woche um die Welt jettete. Als Clares Mutter, eine Malerin, deren Bilder die Wände des Hauses schmücken, an Krebs starb, gaben Clare und Scott ihren Beruf auf und zogen hierher, an den Ort, wo ihre Gegenwart am greifbarsten war, um gemeinsam ein neues Leben zu beginnen.

Das Schönste an ihrem neuen Leben sind die vielen Katzen, Hunde, Pferde und Hühner, die dazu gehören – und die alle ausgefallene Namen tragen (Santo, Confiado, Mismo, Guapo, Mono, Paloma und Houdini). Da fallen zwei reisemüde menschliche Wesen, die zur Übernachtung kommen, kaum ins Gewicht. Das Haupthaus ist ein Adobebau mit mehreren Kivas – abgesenkten Räumen –, in denen Kaminfeuer brannten. Die Kühlschrank-Lyrik ist eine angenehme Abwechslung nach dem psychopathischen Geschmiere auf den Männerklos unserer Reise. Minutenlang stehe ich vor dem Kühlschrank und studiere die poetischen Rezepte. Hinter mir knistert das Feuer, und der würzige Duft von Zedernholz durchzieht das Haus. Ich merke, dass ich vergessen habe, wie einfach die Liebe sein kann. «Ich bin ein Bein von dir», lautet eine Zeile.

Harvey schließt Clare sofort in sein Herz – und Scott

auch. Wer würde es nicht? Clare, eine kleine, hübsche Frau mit grünen Katzenaugen, gehört zu jenen absolut fröhlichen Menschen, die einem augenblicklich das Gefühl geben, dass man sie schon lange kennt. Scott hat eine wilde Lockenmähne, den Körper eines Felsenkletterers und ein loses Mundwerk. Er ist das Yang zu Clares Yin.

Da sie so gut miteinander auskommen, entschuldige ich mich, um mich um meine Wäsche zu kümmern – zum ersten Mal auf unserer Reise bin ich die Verantwortung für Harvey eine Zeit lang los. Es tut unendlich gut, die dreckigen Sachen, die ich eine Woche lang getragen habe, in einen Bottich mit Seifenwasser zu tauchen und sie sauber wieder herauszuholen. Dann gehe ich nach draußen und mache mich an eine archäologische Ausgrabung, das heißt, ich säubere unser Auto, und am Ende fühle ich mich wie neugeboren. Ich laufe ein Stück, atme gierig die reine Luft New Mexicos ein und habe das Empfinden, über dem Erdboden zu schweben.

Zum Dinner fahren wir in ein Restaurant in der Stadt. Bei Schweinelenden mit scharfer mexikanischer Soße können sich Clare und Scott schließlich nicht mehr bezähmen.

«Ich hoffe, Sie empfinden es nicht als zudringlich», sagt Clare zu Harvey, «aber ihr interessanter Freund ...»

«Und damit meint sie ganz gewiss nicht *ihn*», sagt Scott, zeigt auf mich und fügt hinzu: «Wir hätten da ein paar Fragen zu Einsteins Gehirn.»

Harvey errötet vor Freude. Vom Wein beflügelt – jedes Mal, wenn die Flasche leer wird, bestellt Clare eine neue –, wirkt Harvey regelrecht animiert. «Tjaa-nun», sagt er und tupft sich mit der Serviette die Mundwinkel ab. «Ich will gerne versuchen, sie Ihnen zu beantworten.»

«Sind Sie Einstein jemals begegnet? Ich meine, vor der Sache mit dem Gehirn?», fragt Scott.

«Ja», sagt Harvey. «Ich habe ihm Blut abgenommen.»

Scott blickt ihn sinnend an und kratzt sich am Kopf. «Dann erinnern Sie mich daran, dass ich Sie nie *mein* Blut abnehmen lasse», sagt er und bricht in schallendes Gelächter aus. Clare kichert und Harvey … Harvey kriegt einen regelrechten Lachanfall. Er lacht, bis er nicht mehr japsen kann.

«War er freundlich?», fragt Clare.

«Trug Khaki und Bootsschuhe. War wirklich bequem angezogen», sagt Harvey. «Ich würde sagen, er war außerordentlich freundlich …»

«So freundlich, dass er kurzerhand beschlossen hat, Ihnen sein Gehirn zu überlassen?», fragt Scott.

«Hmmm … Ja und nein. Er hat es der Wissenschaft hinterlassen, und ich hatte das Glück, an diesem Tage dort zu sein.»

«Also waren Sie die Wissenschaft», sagt Clare.

«Tjaa-nun, so habe ich die Sache eigentlich noch nicht betrachtet, aber es ist wohl so. Ich habe das Gehirn bei der Autopsie herausgenommen.»

Harvey berichtet ihnen, wie er mit Hans Albert abgemacht hat, die Ergebnisse seiner Studie in einer medizinischen Zeitschrift zu veröffentlichen. «Wissen Sie, die Forschungsarbeiten haben 'ne Menge interessanter Informationen gebracht», sagt er. «Schließlich ist es nicht einfach ein Gehirn wie alle anderen.» Er beschreibt, wie er das Gehirn konserviert hat, und gibt zu, dass er einen Fehler gemacht hat, als er ihm warmes statt kaltes Formaldehyd injiziert und damit seine Denaturation beschleunigt hat. Er beschreibt, wie er es fotografiert, geschnitten und die Schnitte nummeriert hat. Clare und Scott lauschen atemlos. Ich werfe einen Blick über die Schulter, um festzustellen, ob irgendjemand unser Gespräch belauscht. Um ehrlich zu sein, bei all diesem Gerede über das Gehirn will sich bei mir der rechte Appetit nicht einstellen. «Es ist ein wirklicher Schatz», sagt Harvey. «Ich habe eine Menge berühmte Leute kennen gelernt, darunter viele, die Einstein gekannt haben.»

Als wir zur Ranch zurückkehren, setzen wir uns alle mit Bechern voll dampfendem Tee an den Kamin. Ich verdrücke mich noch einmal – Zeit, die ich unbedingt brauche, bevor wir uns auf die letzte Etappe unserer Reise begeben. Ich lege meine Wäsche zusammen und versuchte Sara anzurufen. Als sie nicht antwortet, packt mich heftiges Heimweh. Die Zusammengehörigkeit, die man hier spürt, die Art, wie unsere Freunde sich für ein gemeinsames Leben entschieden haben, wie sie ihre frühere Existenz als globetrottende Workaholics aufgegeben und sich stattdessen in dieses Wunderland der Tiere zurückgezogen haben – das erscheint als Möglichkeit und Hoffnung, als eine andere Dimension jenseits von Desillusionierung. Ich hinterlasse eine Nachricht, während eine ihrer Katzen auf meine Schulter klettert und ein Leguan mich vom Fensterbrett anstarrt: «Ich bin in diesem Zoo gefangen, bis du anrufst.» Dann döse ich ein.

Eine Stunde später wache ich auf; Harvey und Clare sitzen allein im Esszimmer und haben hochrote Köpfe vor Aufregung. Als ich eintrete, sprechen sie leiser – als ich wieder hinausgehe, schnattern sie mit normaler Lautstärke weiter. Clare ist hingerissen. Und Harvey hat das gewisse Dinsmoor-Etwas. Später nehme ich Clare beiseite und stelle ihr ein paar Fragen: Was ist Harveys Zauber? Macht das Gehirn sie an? Hat sie das Gefühl, hypnotisiert zu werden? «Er ist ein sehr, sehr interessanter Mann», sagt sie. «Und die Kavaliere sind halt noch nicht ganz ausgestorben. Hast du gesehen, wie er mir vor dem Dinner den Stuhl zurechtgerückt hat?»

Scott macht es nichts aus, dass Harvey flirtet, tatsächlich scheint es ihm sogar zu gefallen. Vor dem Schlafengehen fordert er alle zum Hot Tub auf. Ich rechne fest damit, dass Harvey das nicht mitmacht, aber ich täusche mich natürlich. Kommt herausgewatschelt im geliehenen Bademantel und viel zu weiter Badehose und hält einen Zeh in das kochend heiße Wasser. Die Nacht ist ziemlich frostig, Sterne glitzern am Himmel wie kalte Münzen auf schwarzem Eis. Van Biesbroeck 8, Vega, T Tauri, Beta Pictoris. Als ich gerade anfange, mir zu überlegen, welche unabsehbare physiologischen Folgen es wohl hat, wenn man einen vierundachtzigjährigen Körper in 40 Grad warmes Wasser taucht, wirft sich Harvey hinein wie ein Stein. «OH, OH, AH, AH, HE, HE, HE, AUUU, IST DAS HEISS, AUU, AUU, AH, AH!!!»

Wir köcheln eine Zeit lang vor uns hin und plauschen ein bisschen über das Geblubber hinweg. Scott meint, wenn Harvey seine Untersuchungen an Einsteins Gehirn abgeschlossen hat, wäre es nur gerecht, das Organ mit einer privaten Rakete in den Weltraum zu schicken, wo es einen gebührenden Platz neben der Asche von Timothy Leary fände. Harvey kichert, und Clare meldet sich zu Wort.

«Eigentlich hat es doch genau *die* Farbe, die der Mond heute hat, oder?», sagt sie.

Ihre Worte hängen einen Augenblick in der klaren Nachtluft, bis mir klar wird: Während ich kurz eingedöst bin, hat *zumindest einer von ihnen* einen Blick auf das Gehirn werfen können. Später finde ich heraus, das Harvey den Matchbeutel für beide geöffnet, die Tupperdeckel abgenommen, ein paar Hirnklumpen herausgeholt und ihnen einen Kurzvortrag gehalten hat. Doch jetzt bringe ich nur ein Stottern zustande:

«Ihr meint ...»

«Wir wollten dich nicht wecken», sagt Clare.

«Aber ...» Ich blicke zu Harvey hinüber, der die Augen geschlossen hat und sich ganz der Blubber-Musik hingibt. Das trifft mich hart. Ich bin über 3000 Kilometer gefahren – nein, ich habe 3000 Kilometer am Steuer gesessen, habe uns in Hotels und Motels ein- und ausgecheckt, habe den guten Doktor in Restaurants und Museen begleitet, habe ihn behütet wie ein Leibwächter, während wir Evelyn Einstein immer näher rückten –, und er hat mir nicht einen einzigen kurzen Blick auf das Gehirn gestattet. Und meine Freunde hier, die nichts als ihre natürliche Freundlichkeit in die Waagschale zu werfen hatten, durften es schon nach wenigen Stunden der Bekanntschaft mit dem alten Mann.

Ein frostiges Schweigen legt sich über unsere kleine Gruppe, woraufhin Clare und Scott taktvoll erklären, sie würden zu Bett gehen. Sie steigen aus dem Becken und verschwinden im Haus, als wären mir plötzlich Alligatorzähne gewachsen. Harvey liegt in Trance, sein Körper scheint unter Wasser davonzuschwimmen. Ich sitze einfach da und starre ihn eine Zeit lang an. Was kann ich tun? Ich beschließe, es aus Rache länger auszuhalten als er, freue mich darauf, meinen Sieg auszukosten, wenn er aufsteht, um zu gehen, und ihm eine Gute-Nacht-Bosheit mit auf den Weg zu geben: *Ah ja, ist zu heiß für Sie … vernünftig, dass Sie sich ein bisschen vorsehen.*

Und dann warte ich wirklich, solange ich kann. Meine Finger sind so runzlig wie Elefantenhaut, und ich habe das Gefühl, dass man mir den Kopf aufgeschraubt und mit kleinen Sternen gefüllt hat. Keiner von uns spricht ein Wort. Man hört nur den Wind und das Blubbern. Und dieser verdammte alte Mann lässt nicht das geringste Anzeichen von Schwäche erkennen. Wütend erhebe ich mich schließlich, trenne mich von der magisch-unerschöpflichen Quelle und verschwinde triefend im Haus, während er selig hingegossen in diesem dunklen, heißen Wasser zurückbleibt und vor Behagen leise vor sich hin stöhnt – *ahh, wunnn-nnerbar* –, allein unter dem gefrorenen Himmel.

Das Einzige, was mich vor dem freien Fall bewahrt – daran hindert, mitten in der Nacht zu packen und Harvey samt Einsteins Gehirn Lebewohl zu sagen –, ist eine Notiz auf meinem Kopfkissen, ein Stück Papier mit Clares Handschrift.

Drei Wörter: *Sara hat angerufen.*

16

Düstere Zeiten

Jetzt haben wir so unsere Phasen, Harvey und ich. Kurze, missmutige Augenblicke, in denen ich noch nicht einmal so tue, als würde ich Konversation machen. Er sucht wortlos Trost im Atlas, ich fummel neurotisch am Radio herum, er starrt aus dem Fenster. Später wird er einem Freund über mich schreiben: «Meistens sind wir gut miteinander ausgekommen, obwohl er sich in Hinblick auf die Fahrtdauer erheblich verschätzt hat und ich von Kalifornien mehr Teile im Dunkeln gesehen habe, als mir lieb war.»

Während mir der alte Mann irgendwie ans Herz gewachsen ist, lässt Harvey noch immer nicht erkennen, ob ich für ihn etwas anderes bin als der Chauffeur – ein Chauffeur noch dazu, der es offenbar weniger verdient, das Gehirn zu sehen, als vollkommen Fremde. Das ist der Grund für die Abkühlung unserer Beziehung. Für uns hat begonnen, was die Norweger die dunklen Monate des Winters nennen: *Morketiden.* Düstere Zeiten.

Ab und an sieht man jetzt am Rand der Interstate weiße Kreuze, die die Stellen tödlicher Unfälle markieren. In der Nähe einer Überführung in den Außenbezirken von Albuquerque erinnert ein üppiges Blumengesteck an eine Familie – eine Mutter und ihre zwei Kinder –, die vor einigen Jahren am Heiligen Abend von einem Navajo getötet wurden, der betrunken auf der falschen Seite des Highways entlangraste und frontal mit ihrem Kombi zusammenstieß. Auf dem Seitenstreifen sehen wir auch immer mehr Tramper, mutlose Gestalten in Militärjacken und verschlissenen Hemden, das Untergrundheer der zerlumpten Berber, das die Straßen nach Westen bevölkert, in der Hoffnung auf ein bisschen Sonne und Glück. Ihre Gesichter haben die gleiche rotbraune Farbe wie die Erde.

Durch Indianerreservationen und weiter nach Arizona, ein Radiosender mal deutlich, mal verschwommen mit einer vertrauten, pathetisch-tremolierenden Stimme: «Satan, ich befehle dir ... HINAUS!» Bob Larson, der Televangelist aus dem Motelzimmer in Kansas, der eine Teufelsaustreibung vornimmt. In all der Verlassenheit um uns herum schnürt sich mir beim Klang dieser Stimme, die mit dem Beelzebub ringt, die Kehle zusammen. Als der Sender einen Augenblick wegdriftet, ertönt eine andere Stimme, auf Navajo, trägt flammend etwas vor, was offenbar eine Bibelstelle ist. Dann wieder Bob Larson: «Ich befehle dir, Satanas, hebe dich hinweg aus ihrem Denken und Fühlen! Komm heraus im Namen Jesu Christi!» Irgendwo dort vor uns zanken sich Engel und Teufel. Ein Baum voller dunkler Krähen.

In Arizonas weiter Leere und den schrägen Strahlen der Abendsonne ein Zug auf dem Weg nach Westen, parallel zum Highway – silberne Waggons, Personen-, Schlaf- und Speisewagen, die zwischen zwei schwarzen Dieselloks ihre glitzernde Spur von Küste zu Küste ziehen. Schrieben wir das Jahr 1931, könnte sich Einstein sehr gut in diesem Zug befinden, auf der letzten Etappe seiner Reise quer durchs Land, unterwegs nach Los Angeles und zu einem Besuch der Cal Polytechnic. Er hätte in sauberem weißem Bettzeug geschlafen und sich an süßem Schinken gelabt. Er hätte unanständige Witze erzählt und die Menschen in seiner Umgebung gnadenlos gehänselt. In seinem bequemen Abteil hätte er eine Pfeife geraucht oder Geige gespielt. Zweifellos hätte er gelegentlich von seinen Gleichungen aufgesehen und einen Blick auf Amerika geworfen. Vielleicht wäre es dieses Tafelland hier gewesen, an einem Tag genau wie heute: untergehende Sonne, Himmel voll rosa- und orangefarbenem Licht, riesige Flächen, die einfach daliegen, offenbar auf die Rückkehr der großen Geschöpfe warten, damit sie wieder klein werden. Hätte er empfunden, was ich empfinde? Dass du, je weiter du in diesem Land reist – über den Punkt in Pennsylvania hinaus, wo die Berge flach werden, und über den Punkt in Kansas hinaus, wo die Bäume aufhören –, umso weiter über dich selbst hinausgelangst.

In die letzten Dopaminstrahlen der Sonne getaucht, haben wir den Zustand erreicht, der bei jeder längeren Autofahrt eintritt, den Zustand, wo Erschöpfung und Überreizung in eine Art Ekstase münden, wo Städte dunkel vorbeihuschen wie Forellen in einem Fluss. Alle Dinge – die Klänge von «Wild Horses» im Radio, die galaktische Bewegung des Fahrens, das lilafarbene Sinken der Nacht – scheinen zu einer vollkommenen, magischen Einheit zu verschmelzen. Ich muss an Charles Lindbergh denken, der sich mit seinen vier Sandwiches und einer Flasche Wasser, mit seinem bedingungslosen Glauben an die 223 Pferdestärken seines kleinen Flugzeugs, der *Spirit of St. Louis,* über den Atlantik wagte. Am Ende waren die Halluzinationen so heftig, dass er glaubte, Geister würden ihn begleiten. «Während unermesslicher Zeiträume», schrieb er später, «schien ich über mein Flugzeug und meinen Leib hinauszuwachsen … Es war ein Erlebnis, bei dem Denken und Fühlen ersetzt wurden durch … ein unstoffliches Bewusstsein.»

Wir fahren weiter nach Kingman, wo wir für ein spätes Abendessen halten, anschließend wollen wir nach Norden, in Richtung Las Vegas. Nach dem Essen bemerke ich, dass ich meine Brieftasche im Restaurant vergessen habe, und laufe wieder hinein. Bei meiner Rückkehr steigen neben dem Skylark ein Mann und eine Frau aus einem Kleinbus, an dem ein handgemaltes Schild befestigt ist: *Von Auschwitz bis Arizona, von Boston bis Bosnien, die Psychiatrie mordet.* Der Mann trägt einen Lederbeutel über der Schulter, und die Frau hat graue Haare, die ihr bis zur Mitte des Rückens herabfallen, obwohl sie noch ziemlich jung aussieht. Da die beiden direkt auf mich zukommen, verhaken sich unsere Blicke einen Augenblick zu lange ineinander, und ich verspüre den unwiderstehlichen Drang, etwas zu sagen.

«Hallo, was bedeutet das Schild?» Beide blicken zurück zum Bus, dann wieder zu mir. Der Mann lächelt. «Der männliche Teil ist empfänglicher für Bewusstseinskontrolle», sagt er. Ich denke demonstrativ nach.

«Aber warum bringt die Psychiatrie mehr Menschen um als, sagen wir, die Zahnheilkunde?», frage ich.

«Zahnheilkunde ist werkzeugorientiert», sagt die Frau. Als wäre das Erklärung genug.

«Richtig», sage ich und schlurfe in Richtung Skylark davon. Abgase steigen aus dem Auspuff, und Harvey ist ein Schattenriss. Plötzlich erbebt das ganze Auto unter den Klängen klassischer Rockmusik, der Anfang von Hearts «Magic Man». Ich nehme an, dass da Knöpfe gedrückt und Sender durchprobiert worden sind. Ob Harvey einfach aufgegeben hat oder den Song wirklich mag, weiß ich nicht. Aber sein Gesicht taucht im Seitenfenster auf, sein Silberhaar leuchtet im Schein des Natriumlichts, seine Adlernase zeichnet sich stolz und scharf ab, während ihn die Worte einhüllen:

Try to understand
Try to understand
Try, try try to understand ... He's a magic man.
He 's got the magic hands, Momma ...

Verblüfft wandern die Blicke des Pärchens aus dem Bus hin und her zwischen ihm und mir. «Mein Großvater», lüge ich. Aber weil unser Gespräch ohnehin schräg war und weil mir sowieso alles egal ist, beschließe ich, ihnen die Wahrheit zu sagen. «Er ist der Bursche, der die Autopsie an Albert Einstein vorgenommen hat», sage ich. «Wir haben Einsteins Gehirn im Kofferraum. Jetzt bringen wir es seiner Enkelin zurück.»

Sie stellen keine Frage und zucken mit keiner Wimper, aber sie finden es auch nicht gut. Leute, die die Gehirne anderer Menschen kontrollieren, das ist der Stoff, aus dem ihre Albträume sind. «Scheint mir sinnlos», sagt der männliche Teil. «Als würdet ihr eine Telefonnummer wählen, die es nicht mehr gibt. Nein, das gefällt mir nicht. Wir sind Teppichreiniger und Scientologen.» Er reicht mir eine Geschäftskarte. Darauf stehen ein Name und ein Unternehmen – Magic Carpet Cleaning.

«Wir können gern darüber reden, wann immer dir danach ist», sagt er. «Ruf mich an, wann du Lust hast. Aber im Moment musst du uns entschuldigen, wir sind am Verhungern.» Damit verschwinden sie im Restaurant. Ich öffne die Wagentür und falle ins Jahr 1976, etwa um die Zeit von *Dreamboat Annie.*

«GEFÄLLT IHNEN DIESE MUSIK?», überschreie ich das Radio, einfach weil mir nach Schreien zumute ist, dann stelle ich es leiser.

«Tjaa-nun, hi, hi ... es gab da ein kleines Problem», sagt Harvey und spielt verlegen mit seinen Fingern. Noch vor 24 Stunden wäre ich nachsichtig mit ihm gewesen: Ich hätte ihn freundlich gefragt, was denn war, hätte mit ihm gelacht, um ihm die Verlegenheit zu nehmen, und einen Sender gesucht, der ihm zugesagt hätte. Doch damit ist es jetzt vorbei. Ich starte den Wagen, verlasse den Parkplatz mit durchdrehenden Rädern und jage Route 93, eine schmale, zweispurige Straße, mit 130 Stundenkilometern entlang. Ich bin so müde, dass ich entgegenkommende Scheinwerfer doppelt sehe; vom Verkehr überfordert, kneife ich ein Auge zu, einfach um ihm Ruhe zu gönnen. Tage werden zu Minuten und Minuten zu Tagen. Als wir uns dem Hoover-Damm nähern – beleuchtet wie eine kleine Bergstadt in einer Schlucht, Hochspannungsleitungen hängen wie fremdartige Verse in der Luft –, lasse ich mich bei einem VW Käfer auf ein idiotisches Überholmanöver ein und verdanke es der Gnade Gottes, dass uns um Haaresbreite ein Frontalzusammenstoß mit einem herandonnernden Lastwagen erspart bleibt. Seine Lichter, wie Juwelen über den Kühlergrill verstreut, ergeben das Wort «Marianne», den Namen meiner Mutter.

Las Vegas. Wir kommen von oben. Die Stadt liegt unter uns wie eine Apotheose des Lichts, wie zersprungenes Glas, von Riesenhänden hingestreut, ein Hongkong der unbegrenzten Möglichkeiten mitten in der Wüste. «Sonntags um 24 Uhr ist hier immer am meisten los», sagt die Frau an der Rezeption des Excalibur Hotel and Casino. «Dafür gibt es nicht die geringste Erklärung.»

Sonntag? Das hört sich nach einem längst verloren gegangenen Bezugspunkt an. Ich habe noch nicht einmal gewusst, dass Sonntag ist. Und nun stehen wir mitten in der hysterischen Menge: blasse Ostküstler und lederhäutige Westküstler, Biker und Buchhalter, mit Cowboyhüten und mit Indianerwesten, mit wilden Mähnen und mit Glatzen glatt wie Billardkugeln, angeturnt von den freien Getränken und high von der sauerstoffangereicherten Luft, die in diese Kirche der kühnen Träume gepumpt wird, so versuchen sie alle, die Quelle des Instant-Reichtums anzuzapfen.

Harvey scheint das alles zu viel zu sein. Seine Quäkerinstinkte verweigern sich, daher sucht er gleich eines unserer billig aufgemotzten Zimmer im 18. Stock auf, die aussehen wie die Kulisse für eine Schüleraufführung von *Camelot*. Wieder lehnt er alle Hilfe bei seinem Gepäck ab, nimmt das Gehirn im Matchbeutel von der Schulter und wirft es in den Schrank. Auf dem gleißenden Strip vor dem Fenster vibriert das Leben. Aber er schließt die Rollläden.

«Gute Nacht, Senator», sage ich, und er blickt mich an, als hätte ich den Verstand verloren. Habe ich vielleicht auch.

Plötzlich hellwach, fahre ich hinunter und schlendere umher. Ein Mann an einem Fünf-Dollar-Blackjack-Tisch, klein, aber sehr kompakt, dessen Aftershave nach Limonen riecht, spricht den Croupier abwesend im Spieler- und Pornofilmjargon an: «Oh ja, Baby! ... Ja, Baby! ... Gib's mir! ... Mach's mir! ... Oh ja! ... Weiter so! ... Schööön!»

Bald sitzt er allein. Wie andere auch. Diese Männer sind so vertieft, dass sie den Prostituierten, die hier arbeiten und ihr Glück bei ihnen versuchen, kaum einen Blick schenken. Ich selbst fühle mich sauwohl und schütte so viele Gin Tonics hinunter, wie mir von den Cocktailkellnerinnen angeboten werden (vier), verliere rasch etwas Geld am Roulettetisch (sechzig Dollar), fühle mich daraufhin etwas weniger wohl und sammle mich wieder in der Minnesängerbar, wo mir weitere moralische Aufrüstung in flüssiger Form gereicht wird. Die Bar ist zum Casino hin offen, sodass ich von meinem Platz aus die Dramen beobachten kann, die sich dort abspielen. Dabei verblüfft mich, wie einsam sie alle aussehen; das Tröten und Piepen der Spielautomaten, das roboterhafte Schweigen der Croupiers an den Spieltischen, die kostenlosen Getränke, die billigen Rib-Eye-Steaks, die oberflächliche Kumpanei – das alles gehört zu einem Königreich, das seine Untertanen schlechter behandeln könnte.

Während diese Menschen hierher kommen, um ihr Leben

zu vergessen, stelle ich fest, dass ich auf das meine zurückgeworfen werde. Als ich Sara gestern Abend anrief, habe ich sie geweckt, aber dann haben wir eine Stunde lang gesprochen. Über alles und nichts. Es war wie immer. Was mich daran erinnerte, dass ich irgendwo in der Vergangenheit – und vielleicht auch in der Zukunft – noch existiere. Da Sara mit ihrem Buch fast fertig war, überlegte sie, was sie als Nächstes machen wollte. Dazu riss sie sich von ihrem Computer los: Skiausflüge und Filme und Sushi. Sie war in überschwänglicher Stimmung, ihre Worte waren ein Sturzbach, der mich mitriss. Wir erwogen die Möglichkeit, uns in San Francisco zu treffen, wenn Harvey und ich unsere kleine Mission erledigt hatten. Als ich jetzt in der Minnesängerbar daran denke, fühle ich mich einen Augenblick gut, doch ein Blick auf die geschäftstüchtige Freundlichkeit um mich herum ruft plötzlich ein Gefühl schrecklicher Einsamkeit hervor.

Neben mir sitzt ein älteres Ehepaar, das wenig auf seine Umgebung achtet und sich ruhig unterhält. Nach dem Wortwechsel mit den scientologischen Teppichreinigern auf dem Parkplatz der Raststätte habe ich mir vorgenommen, gründlicher zu überlegen, bevor ich den Mund aufmache. Wenn es darauf ankommt, kann ich mich sehr ordentlich unterhalten. Doch Eröffnungen finde ich immer schwierig. «Wie geht es Ihnen heute Abend?» oder ähnliche Äußerungen sind Sackgassen, in denen man sofort stecken bleibt. Ich kann sie auch nicht aussprechen, ohne mir wie in einem schlechten Film vorzukommen. Ich denke an etwas Naheliegendes – «Was gewonnen?» –, aber das hört sich verdammt nach einer Verliererfrage an. Und bevor ich weiß, wie mir geschieht, hat mein Mundwerk schon wieder das Kommando übernommen.

«Ich bin unterwegs», sage ich, «und würde gern wissen, ob Ihnen Albert Einstein ein Begriff ist.»

Die Augenbrauen des Mannes gehen steil nach oben, und der Blick, den er seiner Frau zuwirft, heißt so viel wie: *Bloß weg hier!* «Ehrlich gesagt, ich weiß nichts über ihn», sagt er mit Yankee-Akzent, «und er interessiert mich auch nicht die Bohne. Ich möchte nur ein bisschen Spaß haben.»

«Ich weiß auch nichts», stimmt ihm seine Frau fröhlich zu. «Nur dass er ein Genie war oder so.»

«Ich reise mit dem Arzt, der Einsteins Gehirn hat», sage ich. «Wir sind auf dem Weg nach Kalifornien, um es Einsteins Enkelin zu geben.» Der Mann verschränkt die Arme und blickt mich an. «Wenn es Sie glücklich macht», sagt er. Damit greift er in die Tasche, wirft einen Geldschein auf die Bar und geht, wobei er darauf achtet, dass er zwischen mir und seiner Frau bleibt.

Einsam, wie ich bin, verleiht mir diese plötzliche Fähigkeit, Leute durch die bloße Nennung von Einsteins Namen zu verschrecken, ein merkwürdiges Gefühl der Macht. An einem leeren Blackjack-Tisch frage ich den Croupier, einen Koreaner mit Schnurrbart, nach Einstein. «Ich weiß gar nichts über ihn», sagt er, «aber der Mann dort drüben müsste Ihnen helfen können.» Er zeigt auf seinen Vorgesetzten, einen Weißen mit Schnurrbart. Der lässt mich kaum aussprechen. «Hab ihn heute Abend noch nicht gesehen. Tut mir Leid, Kumpel.»

Ich mache noch einen Versuch und wähle dazu den Mann mit dem freundlichsten Aussehen, den ich entdecken kann. Er ist mittleren Alters und hat einen runden Bauch wie seine Freunde, und alle tragen Sweatshirts der University Wisconsin mit dem Uni-Maskottchen Bucky Badger. Die Stimmung in der kleinen Gruppe ist bombig, man scherzt und lächelt, bis ich zurücklächle und sie frage, was sie über Albert Einstein wissen. Bucky Badger runzelt die Stirn: «Warum wollen Sie das wissen?», fragt er. «Hat Ihnen irgendjemand jemals was von $E = mc^2$ erzählt? Hat irgendjemand im Casino sich die Mühe gemacht, Ihnen das mitzuteilen?»

Ich sage, nein, das habe niemand getan, und berichte, dass ich mit Einsteins Gehirn durchs Land fahre. Bei der Erwähnung des Gehirns merkt er auf und wird ungeduldig. «Begraben wir doch endlich das verdammte Gehirn, und damit basta», sagt er, als hätten wir uns schon wer weiß wie oft darüber unterhalten.

Ein letztes Mal versuche ich es noch bei einer Cocktailkellnerin mit einem Bienenkorb von blonden Haaren. In ihrem kurzen schwarzgoldenen Kleid sieht sie aus wie die Tante, die in gewagtem Aufzug auf irgendeiner Hochzeit tapfer ihr Alter verleugnet. Als ich sie frage, ob sie zufällig weiß, warum Albert Einstein so berühmt ist, fällt ihr die Kinnlade herunter.

«Sie nehmen mich auf den Arm», sagt sie. «Sie müssen mich auf den Arm nehmen. Ist hier irgendwo eine versteckte Kamera? Sie sind der Fünfte, der mich das heute fragt ...» Ihre Stimme ist schrill vor Ärger. «Soll ich Ihnen was sagen? Ich weiß, wer er ist ...» Wir kennen uns noch keine zwanzig Sekunden, und doch ist es so, als verbände uns ein ganzes Leben voller Emotionen. «Er hat die Atombombe erfunden, und ich glaube, er ist ein schrecklicher Mensch.

Sie müssen nämlich wissen, ich lese ab und zu Bücher», sagt sie und ballt die Fäuste. «Wenn Sie mich suchen, müssen Sie in die Bücherei kommen, da sitze ich, weil ich Jura studiere. Ich will Anwältin werden.» Ich versichere ihr, dass ich sie mit der Frage nicht hätte beleidigen wollen, sondern dass ich sie jedem stellen würde, weil ich so müde sei, dass ich nicht schlafen könne, und weil ich mit Einsteins Gehirn im Kofferraum von Küste zu Küste fahren würde.

«Und wer sind Sie?», fragt sie. «Wer zum Teufel sind Sie? Vielleicht sollten Sie sich lieber ausweisen, bevor ich Sie rauswerfen lasse.» Obwohl ich ihr reflexhaft meinen Führerschein zeige, winkt sie einen Sicherheitsmann herbei. Es gibt ein kleines Aufsehen, als ein stämmiger Casino-Angestellter in kurzärmeligem Hemd und Bizeps so groß wie Big Macs zu uns tritt und mich fragt, ob ich die Absicht habe, zu spielen oder die Kellnerin zu belästigen. Ich sage ihm, es verhalte sich nicht so, wie es aussehe, doch dann bin ich mir nicht sicher, wie es denn aussieht. Gutmütig unterbricht er mich. «Zeit für die Heia, mein Freund», sagt er, und ich widerspreche nicht. Begebe mich stracks auf mein Zimmer im Burgturm und bin sofort weg, stofflos bewusstlos.

Der Morgen bringt Sonne und sandpapierene Luft. Ein neues Gefühl und Frische. Das sprichwörtliche Federn im Gang. Gut ausgeruht gehen Harvey und ich zum Frühstück, aber vor dem Roundtable Buffet und Sherwood Forest Castle stehen lange Schlangen. Daher schauen wir einem Jongleur in grünem Trikot zu, der die Menge unterhält. «Mann, wassn Jongleur!», sagt Harvey. Später holen wir unser Gepäck und durchqueren das Casino in Richtung Schlosstor. Harvey wieder mit dem Gehirn über der Schulter. An einer Batterie von Spielautomaten legen wir eine Pause ein. Einige Großmütter aus Iowa mustern Harvey mit einem raschen Blick, bevor sie sich wieder ihren rotierenden Zitronen, Limonen und Siebenen zuwenden.

Aus der Jackentasche hole ich zwei Münzen und reiche sie ihm als Friedensangebot. «Vielleicht bringen Sie mir Glück», sage ich. Bis jetzt hat Harvey keine Lust zum Spielen gehabt, aber um meinetwillen lässt er einen Vierteldollar in den Spielautomaten gleiten und zieht widerstrebend den Hebel. In gewisser Weise widerspricht dieser Akt allem, woran er glaubt, denn in Harveys Welt ist das Leben nie ein Glücksspiel gewesen. Und außerdem hat er seinen Jackpot ja schon, hängt über seiner Schulter.

Doch dann kommt ein Augenblick, als die Früchte sich drehen, als die Möglichkeit eines Jackpots vor seinen Augen rotiert, da hellt sich Harveys Gesicht kurzzeitig auf angesichts dessen, was sein, was ihm eine kleine Glückssträhne bescheren könnte. Manchmal vergessen sogar die Gläubigen, was sie glauben.

VIERTER TEIL

17

Die meisten kommen und gehen für immer

Los Angeles erreichen wir zur Rush Hour. Nach drei Tagen Wüstenfahrt ist die Stadt wie eine psychedelische Bilderexplosion – üppige Palmen und die Rücklichter auf der Interstate 10. Wir fahren an einer Asiatin mit goldenen Ohrringen vorbei, die einen roten BMW fährt; auf dem Nummernschild steht: 2SUCCESS. Die Autos hier – die Hummer, Jaguar und Mercedes, die Accord, Jetta und sogar Escort – sonnen sich offenbar alle im Glanz ihrer selbst deklarierten erotischen oder finanziellen Großtaten: 8MILL, ORGAZ, MONEY. Als versuche jeder, einen unauslöschlichen Eindruck in dem Fünf-Sekunden-Auftritt des Verkehrsgetümmels zu hinterlassen.

Im Radio hören wir die neuesten Nachrichten über einen durchgeknallten Zirkusclown, der ein Auto geklaut hat und nun auf der Interstate Richtung Norden die Freiheit sucht. Dann über einen Psychopathen, den man vor Steven Spielbergs Haus mit einer Tasche voller Handschellen, Isolierband und Rasiermesser geschnappt hat. Das sind die etwas zweifelhaften Männer des Tages. Eingeklemmt in fünf Wagenkolonnen nebeneinander, biegen wir auf die 405 Richtung Norden ab und verfahren uns zum ersten Mal auf unserer Reise. Als wir schließlich vom Highway herunterkommen, schlagen wir die falsche Richtung ein, landeinwärts nach West Hollywood, obwohl wir eigentlich suchen, was direkt hinter uns liegt: Santa Monica und das Meer.

Mit Los Angeles ist mein neuenglisches Sensorium noch nie richtig klargekommen. Nicht nur, dass ich Schwierigkeiten mit einer Landschaft habe, in der es eigentlich nur eine echte Jahreszeit gibt – Sommer –, mich befremdet auch die Tatsache, dass hier schon ein Gebäude aus den fünfziger Jahren antik wirkt. Dass selbst Busfahrer tief gebräunt sind und phantastisch aussehen. Und dass die Leute in Restaurants immer die Eingangstür beobachten, als sei sie ein Fernsehschirm – es könnte ja jemand Berühmtes hereinkommen.

West Hollywood schwankt zwischen trendy und schäbig; was es jeweils ist, hängt vom Häuserblock und der Klientel auf dem Bürgersteig ab. Es gibt Boutiquen und Bodegas, Läden für Comics und edle Fresstempel. An einer Tankstelle wende ich mich an einen stämmigen Burschen mit beginnender Glatze. Er trägt ein kurzärmliges Hemd mit Schlips, erklärt mir begeistert den Weg und fragt, woher ich komme. Ohne eine Spur von Schuldgefühl erzähle ich ihm alles. Als er begreift, was ich ihm erzählt habe, schaut er mich an, als hätte ich ihm gerade ein Haar vom Kopf gezupft, die Augen weit aufgerissen und völlig verblüfft. «Ist das die beschissene Wahrheit? Ihr habt Einsteins Gehirn da drüben?», fragt er und blinzelt heftig. «Kein beschissener Witz? Da drüben im Kofferraum? Das Auto mit dem kleinen, alten Mann? Machen Sie irgendeinen beschissenen Film darüber? Heilige Scheiße!» Aus der Tasche zieht er eine Geschäftskarte mit einem Bild, auf dem er den Kopf voller synthetischer Haare hat. Er arbeitet für Kodak. «Da war ich noch im Haar-Club», sagte er ohne jede Verlegenheit. «Einsteins beschissenes Gehirn! Und was für'n Scheiß kommt als Nächstes? Außerirdische oder was?»

Fünf Häuserblocks weiter wird uns klar, dass der Haar-Club uns die falsche Richtung gezeigt hat. Wir fahren an den Bordstein und wenden uns an die erste Person, die vorbeikommt: ein Transi in hautengem schwarzem Leder mit dünnen, rasierten Beinen, 1,80 Meter groß und mit einer Art Tiara im Haar. Er ist eine attraktive Frau und weiß es. Verführerisch beugt er sich zum Fenster herunter, liefert uns eine exakte Wegbeschreibung und sagt dann: «Und nun husch, husch, ihr beiden! Oder wollt ihr den romantischen Sonnenuntergang über dem Pazifik verpassen?» Einen halben Block weiter wirft Harvey einen Blick zurück über die Schulter. «Tjaa-nun, da haben wir wohl die richtige Person gefragt», sagt er.

Wir fahren das Gehirn den Sunset und Wilshire Boulevard hinunter, vorbei an neuen Bürogebäuden und dem leeren Ambassador Hotel, einem riesigen Sarg mit schwarzen Fenstern, wo einst Bobby Kennedy ermordet wurde, dann den Rodeo Drive und Hollywood Boulevard entlang, vorbei an schicken Geschäften und schicken Leuten – ein Déjà-vu nach dem anderen. Das Gehirn ist nämlich schon dreimal hier gewesen, als es sich noch in Einsteins Kopf befand. Einen von Einsteins Besuchen in Los Angeles hat der Humorist Will Rogers wie folgt beschrieben: «Er kam her, um Ruhe und Abgeschiedenheit zu suchen. Er aß mit jedem, sprach mit jedem, posierte für jeden ... besuchte jedes Mittagessen, jedes Abendessen, jede Filmpremiere, jede Hochzeit und zwei Drittel aller Scheidungen, tatsächlich war er so nett, dass niemand den Mut hatte, ihn nach seiner Theorie zu fragen.»

Und sicherlich waren die Einsteins unter den Palmen und dem Sonnenschein, inmitten des Luxus und der Langeweile von Hollywood, höchst exotische Geschöpfe. Sie waren gekleidet wie ein Uhrmacherehepaar aus der Provinz und sprachen mit kehligem deutschem Akzent. Einsteins Vergesslichkeit hatte etwas Gewinnendes, obwohl sie bereits sprichwörtlich war, während Elsa eine kurzsichtige, schlichte Frau war, die einmal ein Blumenarrangement für einen Salat hielt und sich eine Orchidee auf den Teller legte. Was Wunder, dass Charlie Chaplin einen Narren an Einstein fraß und ihn und Elsa zur Weltpremiere seines Films *City Lights* einlud.

Dem FBI gefiel diese Freundschaft jedoch ganz und gar nicht. Auf einen Tipp hin, den J. Edgar Hoover von einem ehemaligen Manager von RKO Radio Pictures bekam, ließ er seine Agenten eine eingehende Untersuchung durchführen. Darin ging es um ein geheimnisvolles Treffen im Ambassador Hotel, angeblich zwischen dem Manager – den ich Harmon nennen werde, weil sein Name aus den FBI-Akten getilgt wurde – und Einstein, der, wie Harmon behauptete, ihm vorgestellt wurde als «das Gehirn, das in Hollywood ... den großen kommunistischen Putsch vorbereitete». Harmon, der RKO-Direktor, sei, so sagte er aus, von einem angeblichen Privatdetektiv zu Einstein gebracht worden, einem Bolschewiken, der ein Fotostudio gehabt und Harmon nach oben in eine Suite gebracht habe, wo er Einstein und Chaplin in angeregtem Gespräch angetroffen habe. Laut dem FBI-Bericht LA 105–1636 hat der Bolschewik Harmon mitgeteilt: «Einstein bearbeitet alle Studiogrößen, die Stars, die führenden Regisseure und die Drehbuchautoren. Wir haben sie alle auf unserer Seite. Der Doktor schafft es immer; gib ihm eine Stunde, und er überzeugt dich.» Harmon, so Harmon, sei standhaft geblieben und habe sie alle als «Idioten» beschimpft. Als er später seine Stellung verlor, behauptete er, Hollywood habe ihn nur wegen seiner antikommunistischen Haltung über die Klinge springen lassen. Seine Anschuldigungen sind allerdings nie bewiesen worden.

In der Dämmerung treffen Harvey und ich endlich in Santa Monica ein und werden von einem warmen Meereswind empfangen. Das Anliegen, das Ziel, der heilige Gral des heutigen Tages war, das Meer zu sehen und zu beobachten, wie eine Milliarde Liter stahlblaues Wasser aus Japan an diesem goldenen Strand spülte und Containerschiffe am Horizont entlangschaukelte. Als wir zum Strand hinuntergehen und das Meer endlich vor uns ausgebreitet ist, rufe ich die Erinnerung an den Atlantik ab, wie ich ihn vor acht Tagen gesehen habe – grün und aufgepeitscht von einem kräftigen Wind –, im Zug nach Connecticut, an einer Biegung. Und das ruft mir meine Eltern ins Gedächtnis, meine Großeltern und die Kilometer, die wir zurückgelegt haben, und plötzlich füllen sich meine Augen mit unerklärlichen Tränen, weil die Spannung endlich nachlässt. Und Harvey? Er dreht das Fenster herunter und hält die Hand hinaus in die Luft, lässt sie nach unten fallen und in die Luftströmung eintauchen, einfach, um Kalifornien zu spüren.

Du empfindest eine erstaunliche Erleichterung, wenn du von Küste zu Küste fährst und die beiden Meere in deiner Vorstellung miteinander verbindest. Und im Kielwasser deiner Reise sammelt sich so etwas wie Ehrfurcht und Liebe für jeden und alles und jedes Tier und jede Mahlzeit, die du zwischen den beiden großen Wassern erlebt hast. So war ich vollkommen unvorbereitet auf das, was mich als Nächstes erwartete.

Er ist ein pakistanischer Rezeptionist im Days Inn auf dem Santa Monica Boulevard, wo wir übernachten. Er trägt den unvermeidlichen rotblau gestreiften Schlips aller Rezeptionisten, bei denen wir im Laufe unserer Reise eingecheckt haben. Das Schildchen an seiner Brusttasche verrät uns seinen Namen: Joseph, und als Schnurrbart trägt er eine dicke Bürste. Sein Mund bewegt sich schon, bevor mir klar wird, dass er mit mir spricht. «Hallo, mein Freund, hallo. Haben Sie gestern Abend die Fernsehpremiere von *Schindlers Liste* gesehen? Sie wissen, den Film von Steven Spielberg.»

Während ich eine Kreditkarte aus meiner Brieftasche

ziehe – Harvey wartet mit dem Gehirn im Auto –, erwache ich langsam aus meiner Verblüffung. «Wie bitte?»

«Ja, mein Freund, *Schindlers Liste*. Ich habe Ihre Nase gesehen und gedacht, ein Jude. Eine schöne, große jüdische Nase. Aber wenn Sie bei den Nazis gelebt hätten, mein Freund, dann wären Sie jetzt tot.»

Das ist eine verwirrende Hypothese. Ich bezweifle nicht ihre Wahrhaftigkeit, aber ich weiß nicht recht, wie wir von dem schlichten Wunsch nach zwei Zimmern für eine Nacht zur Größe meiner Nase gekommen sind, die, obwohl ein bisschen größer als normal, nicht viel größer als Josephs ist, von dort plötzlich zu einem Szenario, in dem ich Jude bin und die Nazis mir nach dem Leben trachten. Um ihm zu zeigen, dass ich sehr wohl registriere, was er sagt – er könnte ja gefährlich sein –, stimme ich zu, füge aber hinzu, dass die Nase zu einem erbärmlich pflichtvergessenen Katholiken gehört.

«Ich bin auch Christ», sagt er, «aber die Juden sind im Alten Testament von Gott auserwählt. Ich bin Christ, aber Jesus war Jude. Moses war Jude. Abraham war Jude. David war Jude. Eliah war Jude …»

Und so geht es weiter und immer weiter. Es ist von hypnotischer Wirkung, und als ich den Eindruck gewinne, dass er erst richtig warm wird, versuche ich, einen Namen einzuwerfen, einfach um ihn so lange aus dem Tritt zu bringen, dass ich meinen Wunsch nach zwei Zimmern artikulieren kann. Natürlich ist der einzige Name, der mir in den Sinn kommt, Einstein, und mit dem platze ich also heraus. Sofort sagt Joseph: «Auch ein Jude.»

«Ich weiß», sage ich. «Sie nennen da lauter jüdische Menschen, richtig?»

«Propheten», sagt Joseph, «jüdische *Propheten*!»

«Oh», sage ich. Und dann wieder, ohne nachzudenken: «Und Einstein ist keiner?»

Joseph macht ein verwirrtes Gesicht, daher versuche ich, die Sache klarzustellen. «Ich meine, es gibt Leute, die halten ihn für einen Gott.» Joseph sieht mich fassungslos an. «Sie sind verrückt», sagt er. «Ha, ha, ha!» Er bohrt sich den kleinen Finger ins rechte Ohr, als könne er nicht richtig hören und wolle es reinigen. Tatsächlich aber scheint er zu zittern. «Was? Einstein ein Gott? Wie können Sie das sagen. Sie sind sehr dumm. Einstein hat mehr als hundert Dinge erfunden, aber trotzdem. Wie können Sie so was sagen? Die Menschen sind krank. Ein Haufen von Verrückten. Sie hätten große Schwierigkeiten, wenn Einstein ein Gott wäre. Wie können Sie mir so eine dumme Frage stellen?»

Das Telefon klingelt, woraufhin sich auf seinem Gesicht eine komplexe Verwandlung vollzieht – seine Stirn glättet sich, und ein Lächeln kämpft sich durch die Finsternis seines Gesichtsausdrucks, bevor er die Hand auf den Telefonhörer legt. Plötzlich ist er ganz Sonnenschein und gute Laune, Erdbeeren und Schlagsahne. Und er singt förmlich in den Hörer: «Hal-looo, Days Inn.» Er kaut an einem Fingernagel. «Richtig, richtig, ja, Mittwoch? Wir haben noch ein Zimmer ... 98 Dollar. Raucher oder Nichtraucher? Ja, sehr schön. Wir freuen uns, Sie bei uns begrüßen zu dürfen. Einen schönen Abend noch.» Er scheint nichts aufzuschreiben, und als er aufgelegt hat, schaut er mich wieder an – wobei aus dem liebenswürdigen Rezeptionisten erneut der Zorn Gottes wird – und zählt mir all die Dinge auf, die Einstein seiner Meinung nach erfunden hat.

«Die Relativitätstheorie, Nummer eins», sagt Joseph und zählt für mich mit den Fingern mit. «Und dann hat er beispielsweise die Null erfunden. Ohne die Null können Sie keine Zehn machen. Sie können auch keine Hundert und keine Tausend machen. Haben Sie verstanden? Haben Sie jetzt verstanden?»

«Ja», sage ich und frage, ob er zwei Zimmer hat. Aber er scheint keine zu haben. «Sie sagen, Einstein ist ein Gott», sagt Joseph. «Nein, Jesus ist ein Gott. Einstein ist tot, richtig? Jesus ist nach drei Tagen zurückgekommen, verstehen Sie, mein Freund? Einstein ist ein schmutziger Mensch, wissen Sie, jemand, der Tiere hatte. Sie müssen Albert Einstein erst studieren. Erst studieren. Okay? … Was soll ich Ihnen sagen? Wer sagt, Einstein ist ein Gott?»

«Es gibt Leute, die halten sehr viel von ihm», sage ich.

Josephs Schurrbartenden zittern, und dann bricht es aus ihm heraus: «Ich bin schwer getroffen. Es ist schrecklich, was Sie sagen! Er ist ein Mensch, ein Mensch! Er ist einer wie Sie und ich. Er ist nicht Gott. Er kann kein Leben schenken. Jesus kann Leben schenken.» Mit diesen Worten streckt er den Arm über den Tresen, hält die Hand wenige Zentimeter vor mein Gesicht und knurrt: «Wenn ich Ihnen Mund und Nase zuhalte, STERBEN Sie. Einstein kann nicht … Jesus schenkt Leben, verstehen Sie?»

Wieder klingelt das Telefon. Joseph tritt einen Schritt zurück, sammelt sich und legt wieder die kundenfreundliche Platte auf. «Days Inn, was kann ich für Sie tun? … Für heute Abend? … Morgen? Leider, wir sind ausgebucht … Ja, ja … Donnerstag haben wir wieder Zimmer. Wie viele? Ja, drei Zimmer … Macht 74 plus Mehrwertsteuer … Sehr schön. Sehr, sehr schön. Wir freuen uns auf Ihre Ankunft, mein Freund.» Kaum liegt der Hörer auf der Gabel, hat Joseph schon wieder Schaum vorm Mund: «Einstein ein Gott? Ha, ha, ha! Das kostet mich zwei Nächte Schlaf. Hören Sie auf, mich zu beleidigen! Jesus ist ein Gott! Einstein kann nicht ein einziges Leben retten!» Dann wiederholt er seinen halben Ausfall gegen mich und sagt: «Wenn drei Minuten lang Ihr Mund und Ihre Nase zu sind, dann sterben Sie gleich hier, und Einstein kann gar nichts für Sie tun!»

Ich muss zugeben, dass der Mann mir Angst macht. Ich trete einen Schritt zurück. «Wissen Sie», sage ich, «ich würde trotzdem gerne wissen, ob Sie zwei Zimmer für uns haben?» Plötzlich bin ich kein Jude mehr und kein Ketzer, den der Mann hinter dem Empfangspult erdrosseln möchte. Grollend rückt Joseph zwei Schlüssel heraus und registriert meine Visakarte. Ich gehe hinaus und hole Harvey, den ich rasch durch die Halle manövriere, wo Joseph zum Glück mit anderen Gästen beschäftigt ist. Wenn er tatsächlich Pakistani ist, dann sind die Hotelhalle und ich plötzlich zu Kaschmir beziehungsweise zum Inder geworden. Ein Lehrstück über die Leichtigkeit, mit der sich Kriege vom Zaun brechen lassen. Eine große Nase, zwei lässig hingeworfene Fragen, und – Kabumm – fertig ist ein hübscher, kleiner Dschihad. Als ich meine Zimmertür gerade zweimal zuschließe, klingelt das Telefon. «Kommen Sie runter, auf der Stelle», sagt er. «Ich hab Ihnen noch viel zu zeigen. Ich traue meinen Ohren nicht. Einstein ein Gott. Ha, ha, ha. Sie sind ein sehr dummer Mensch.»

Als wir uns für die südliche Route entschieden, sagte Harvey das sehr zu, unter anderem, weil er in Los Angeles einen Arzt aufsuchen wollte, dem er einst zu Forschungszwecken Schnitte von Einsteins Gehirn geschickt hatte. Nun, da wir hier sind, erklärt er jedoch, er könne ihn nicht erreichen. Als ich ihn frage, wer der Arzt ist, erinnert er sich noch nicht einmal an seinen Namen. Ich verabrede mich derweil mit Roger Richman, dem Präsidenten und Besitzer einer Agentur, die sich der Rechte von Prominenten annimmt und die den Nutznießer des Albert-Einstein-Nachlasses vertritt, die Hebräische Universität Jerusalem. Richman sorgt dafür, dass in unserer Konsumkultur Einsteins Erbe am Leben erhalten wird. Er achtet auf die Verwendung in Markennamen, kontrolliert auf Messen, ob Missbrauch mit Einsteins Namen getrieben wird, und entscheidet, wie das Image des Physikers weltweit in Werbung und Verkauf vermarktet wird. Als ich Richman aus Kansas anrief und ihm mitteilte, dass ich mit Harvey und Einsteins Gehirn auf dem Weg zu ihm sei, fertigte er mich kurz ab. «Das Gehirn ist in der Smithsonian Institution», sagte er. «Und ich wünsche keinesfalls, dass Sie mit diesem Mann bei mir erscheinen.» Obwohl das Gehirn nie in der Nähe dieses Instituts war – und sich ohne jeden Zweifel noch immer in unserem Kofferraum befindet –, bin ich gezwungen, Harvey unter Verwendung einer höflichen Entschuldigung zu verlassen. Ich murmel etwas von einem Freund, den ich aufsuchen wolle. Ich setze ihn am Strand ab, wo er eine Altenbegegnungsstätte entdeckt und den Tag damit verbringt, Postkarten zu schreiben, Bekanntschaften zu schließen, Karten zu spielen. Schuldbewusst mache ich mich derweil auf den Weg zu Richmans Büro in Beverly Hills.

Richman ist dreiundfünfzig Jahre alt, ein großer, mächtiger Mann mit großen, mächtigen Ideen und einem Kopf voll dichtem, natürlichem, sauber gescheiteltem Haar. Er trägt ein grünes Polohemd mit kurzen Ärmeln und begrüßt mich mit den Worten: «Haben Sie das Gehirn dabei?» Dann beginnt er zu lachen, ein ansteckendes, polterndes Lachen, das mir meine Befangenheit nimmt. Er führt mich in sein Büro, einen großen, voll gestopften Raum, der übersät ist sowohl mit wertvollen Besitztümern als auch mit Produkten, die den Namen von Prominenten missbrauchen. An den Wänden hängen alle möglichen echten Erinnerungsstücke: Jimmy Durantes Waschbärmütze, ein gerahmter Brief von Marlene Dietrich («Der ist unbezahlbar», sagte Richman, «wenn ich den versteigern ließe, bekäme ich glatt 25 000 Dollar») und ein Scheck, der von Clark Gable unterzeichnet ist. Außerdem besitzt er ein Paar coole Stiefel von Steve McQueen. Bevor wir uns unterhalten, legt er ein Aufnahmegerät auf den Schreibtisch und erklärt mir in dieser egomanischen Stadt, er nehme unser Gespräch für die Autobiographie auf, die er eines Tages zu schreiben beabsichtige. «Ich würde sagen, dass ich ein Marketing-Genie bin», sagt er.

Dann beginnt Richman, mir die illustre Geschichte von Richman zu erzählen. Wie vor achtzehn Jahren der Sohn von Bela Lugosi die Universal Studios verklagte und einen Prozentsatz der Gewinne verlangte, die die Firma mit dem Bild seines Vaters als Dracula gemacht hatte. Zwar verlor er den Prozess, aber das Urteil enthielt einen Absatz, in dem festgestellt wurde, dass das Studio zwar die Rechte an Dracula besitze und die Familie nicht über Lugosis Image verfügen könne, dass aber auch niemand anders sich dieses Recht aneignen dürfe. Dieses Urteil nahm Richman zum Anlass, Messen zu besuchen, um die Stände zu schleichen und alle Waren zu registrieren, die unrechtmäßig die Bilder von toten Stars verwendeten. Im Namen der Familien verlangte er dann Schadensersatz von den Missetätern.

1983 fuhr er mit den Söhnen von John Wayne und Harpo Marx sowie dem Enkel von W. C. Fields nach Sacramento, wo sie sich für ein Gesetz verwandten, das die Rechte von Prominenten schützt. Ohne Erlaubnis der Familie sollte niemand den Namen, die Stimme oder das Bild einer verstorbenen Person verwenden dürfen. Die gleiche Auffassung trug die Gruppe im Staat New York vor, wo ein Anwalt von Time Inc. sie als «Angehörige eines Kopfjägerstamms» bezeichnete. «Das war der stolzeste Augenblick meines Lebens», sagt Richman.

In den letzten zwanzig Jahren ist er zum Hüter toter Prominenz, zum Rächer des Nachbildes geworden. Er ist tätig geworden für die Erben von Louis Armstrong, Sigmund Freud, Mae West und der Wright Brothers sowie für Basil

Rathbone, der die Rechte an einem persönlichen Favoriten von mir besitzt – keinem Geringeren als Sherlock Holmes. Richman vertrat auch Marilyn Monroe, bis er vor kurzem überboten wurde, und berichtet, dass eines Tages jemand mit einer Marilyn-Monroe-Puppe kam. «Ich sagte: ‹Die sieht nicht wie Marilyn Monroe aus. Und wenn sie nicht wie Marilyn Monroe aussieht, verkauft sie sich auch nicht.› Zufällig hatte ich ein kleines Bildhauerstudio in meinem kleinen Haus in Hollywood, also habe ich ein paar Werkzeuge mitgebracht, ihre Wangen schmaler gemacht und noch ein paar andere Korrekturen vorgenommen. Sie hat sich sehr gut verkauft. Puppen, die danach kamen, mit denen ich nichts zu tun hatte und die Marilyn nicht besonders ähnlich waren, wurden Flops.»

Als ich so dasitze und Richman zuhöre, wird mir klar, dass einige Menschen eines Morgens aufwachen und Brötchen verkaufen, andere löschen Feuer, und wieder andere korrigieren Marilyn-Monroe-Puppen, weiden sich am Ruhm Verstorbener, an den Erinnerungen und Fotos einer anderen Epoche. Genauso, wie Harvey sich im Glanz von Einsteins Gehirn gesonnt hat, zehrt Richman vom Ruhme Einsteins, des Geistes – seines wichtigsten Klienten. Er behauptet, er habe fünf Anwaltskanzleien in den Staaten und ebenso viele im Ausland mit dem Schutz seines Klienten beauftragt, was ihn bis zu 40000 Dollar monatlich koste. Zu einem Stapel von Papieren, so dick wie ein Lexikon, sagt er stolz: «Lauter Verletzungen von Einstein-Rechten.» Er hält das berühmte Foto hoch, auf dem Einstein die Zunge herausstreckt. «Wir haben die Verwendung dieses Bildes nie erlaubt», erklärt er aufgeregt. «Die Leute kamen an und sagten: ‹Wer sind Sie eigentlich, dass sie uns verbieten, das Bild zu benutzen? Schließlich hat er doch gewusst, dass Fotografen da waren, als er die Zunge rausgestreckt hat.› Und ich sage: ‹He, ich bin der offizielle Treuhänder. Es ist meine Pflicht, diese Leute zu beschützen.»

Richman will nicht mit der Sprache rausrücken, wie viel Geld er und die Hebräische Universität jährlich an Einstein verdienen, aber er gibt zu, dass es mehr ist, als ihm irgendein anderer Klient bringt, und dass es im Endeffekt auf eine siebenstellige Zahl hinausläuft. Ich erinnere ihn daran, dass Einstein zu Lebzeiten nie gestattet hat, seinen Namen oder sein Bild für die Verkaufsförderung irgendeines Produktes zu nutzen. «Geld appelliert nur an den Egoismus und führt zwangsläufig zum Missbrauch», hatte der Physiker erklärt und: «Kann man sich Moses, Jesus oder Gandhi mit den Reichtümern von Carnegie vorstellen?» Würde er da nicht protestieren, wenn er wüsste, dass er heute den Verkauf von Nikon-Kameras und Pepsi-Cola fördert? Richman winkt unwillig ab und versichert mir, alle Gewinne würden für Stipendien an der Hebräischen Universität verwendet.

Um mir zu zeigen, wie düster die Welt ohne Roger Richman wäre, führt er mich dann zu einem großen Karton an der anderen Seite seines Büros. Er ist voller Schwarzmarktblasphemien – «Schreckliche, ganz schreckliche Sachen», sagt Richman schmerzlich. Eine Grußkarte, auf der Mae West in eine Eieruhr uriniert, eine andere, auf der Marilyn Monroe Kokain schnupft. Es gibt John-Wayne-Toilettenpapier («Es ist rau – es ist hart! Und lässt die Scheiße an jedem Arsch.»), eine Phiole mit Elvis-Schweiß («Lassen Sie diese Transpiration zu ihrer Inspiration werden!») und eine Schachtel mit *Cotton Balls* (Wattebällchen), die den Aufdruck trägt: *«Brando's Balls»* (Brandos Eier). Doch das Glanzstück seiner Sammlung, das Skandalon schlechthin, ist in ein Stück Papier eingewickelt und mit mehreren Gummibändern gesichert. «Ich lasse es immer in seiner Verpackung», sagt Richman. «Ich nehme es nie heraus.»

Richman gibt es mir. Als ich es langsam auspacke, stoße ich auf zwanzig Zentimeter Hartgummi, an der Spitze geschmückt mit dem lächelnden Gesicht von Ronald Reagan. Diesen Dildo hat Richman auf dem sakrosankten Parkett des kalifornischen Parlaments durch die Luft geschwenkt, um seinem Anliegen Nachdruck zu verleihen. «ICH HALTE HIER EIN SEXUELLES GERÄT IN HÄNDEN!», hatte er den geschockten Volksvertretern entgegengeschleudert – und die Wirkung seines Auftritts genossen.

Sobald der Stein des Anstoßes wieder eingewickelt und in den Karton zurückgelegt worden ist, wird mir vorgeführt, was das Büro sonst noch an Schätzen zu bieten hat. Ich betrachte W. C. Fields fünfzigprozentigen Gin und Wodka, Dr. Freuds sprechendes Kopfkissen, das einen kehligen deutschen Akzent ertönen lässt, wenn man an einer Schnur zieht: «Warum legen Sie sich nicht auf die Couch … Hmmmm, verstehe, entspannen Sie sich, lassen Sie Ihr Bewusstsein … aha …»

Um die eigene Klientenliste auf den neuesten Stand zu bringen, hat Richman kürzlich die Schauspielergewerkschaft angerufen und erfahren, dass in diesem Jahrhundert rund 18000 Schauspieler gestorben sind. «Wie viele lassen sich heute vermarkten?», fragt Richman und wirft die Arme ungläubig in die Luft. «Zwanzig! Das sind die begabtesten Menschen, die je gelebt haben … doch die meisten kommen und gehen für immer. Wissen Sie, man hat seine fünfzehn Minuten Ruhm, und das war's dann.»

«Warum spielt Ruhm dann überhaupt eine Rolle?», frage ich. «Und warum sind wir so besessen davon?» Er beginnt mit einem Zitat von Thoreau: «Die Masse der Menschen führt ein Leben in stiller Verzweiflung.»

«Sie werden nie Elizabeth Taylor sein», sagt er. «Ihre Hoffnungen sind ihre Träume, und ihre Träume sind im

Fernsehen, und ihre Träume bestehen darin, diese schönen Menschen in ihren prachtvollen Kleidern bei der Oscarverleihung zu sehen. Dafür leben sie. Deshalb ist der Kommunismus gescheitert. Er hat den Menschen keine Hoffnungen gegeben. Der amerikanische Traum beruht auf Hoffnung … Wenn du Geld hast, kommst du ganz nach oben.»

Und er fährt fort: «Wenn ich in das Kernland Amerikas fahre – ich wandere viel – und erzähle, womit ich mein Geld verdiene, dann sind die Leute nicht etwa uninteressiert. Die bestürmen mich mit Fragen. Für die bin ich eine Art Held. Hier interessiert das niemanden. Tote Stars? Wen juckt's. Du bist ein Agent für Tote? Das ist doch ein Witz, oder?»

Aber Richman erklärt mir, er werde für so viel Unverstand nicht zuletzt durch Einstein entschädigt, der zu einer globalen Ikone geworden sei. In Japan trete Einstein in einem Werbespot für ein Videospiel namens 3DO auf. In Ungarn schmücke sein Bild die Plakatwände einer lokalen Telefongesellschaft, in Südafrika werbe er für eine Versicherung. «Von allen Menschen, die je gelebt haben, hat er weltweit den größten Bekanntheitsgrad», verkündet Richman. In China, wo er unlängst ein Geschäft für Einstein-T-Shirts abgeschlossen hat, «dürfen sie nur ein Kind pro Familie haben, daher nennen die Eltern ihre Einzelkinder gerne ‹mein kleiner Einstein›.» Er lächelt bei der Vorstellung. Richman steht in seinem Privatmuseum der Cowboystiefel und Dildos und erklärt mit Nachdruck: «China ist ein kulturelles Entwicklungsland. Die Leute haben noch nie von John Wayne oder Steve McQueen gehört und noch nie einen ihrer Filme gesehen. Aber Einstein, den kennen sie.»

18

Fledermausflügel und Superstrings

Wenn ich mir überlege, was Einsteins Gehirn alles hätte zustoßen können – dass es hätte geklont und in den Weltraum geschossen, dass es für Millionenbeträge hätte versteigert oder nachgebaut und ausgestellt, dass es von einem Verrückten oder Terroristen hätte gestohlen werden können –, dann fällt mir fast immer eine Geschichte ein, eine, die besonders charakteristisch ist und die mir Harvey erzählt, als wir an diesem Abend Los Angeles in Richtung San Jose verlassen, eine fünfstündige Fahrt durch das San Joaquin Valley. Als ich endgültig den toten Punkt erreicht habe, völlig erschöpft und erledigt, ist Harvey putzmunter und geschwätzig.

Es geschah an einem Urlaubstag vor fast dreißig Jahren auf den Outer Banks in North Carolina. In Harveys Erinnerung liegt der Strand im hellen Tageslicht, das Meer flimmert, die Sonne brennt saharamäßig. Er suchte Muscheln mit seinen Enkelinnen, als er in der Entfernung ein glasiges, graublaues, körperähnliches Objekt entdeckte. Niemand wusste, was es war. Daraufhin liefen die Mädchen los, umkreisten es und riefen: «Großpapa, Großpapa!»

«Tjaa-nun, was haben wir denn hier?», fragte sich Harvey laut und stellte ein paar rasche Überlegungen an: noch nicht lange tot. Zwei- bis dreihundert Pfund. An einer natürlichen Ursache gestorben. In einem Netz ertrunken. Allerdings keine Spuren zu erkennen. Ein phantastisches Exemplar.

Harvey starrte die glänzende Polyprenhaut an. Die Schwanzflosse. Die mächtigen Muskeln. Im Licht färbte er sich smaragdgrün. *Tursiops truncatus.* Er hatte nie gewusst, dass Delphine Augenlider haben.

Und dann tat Harvey etwas, was ihm ganz selbstverständlich vorkam: Er holte ein Klappmesser heraus, versenkte die Klinge im Leib des Delphins und zerschnitt seine Haut. Ich frage mich, wie das wohl ist, wenn du plötzlich siehst, wie dein Großvater einen Delphin aufschlitzt. Was haben die kleinen Mädchen getan? Geschrien? Oder sind sie näher gekommen, um das Herz und ein paar Sardinen im Magen zu sehen? Jedenfalls hat Harvey dort direkt am Strand eine Autopsie vorgenommen. Zum Schluss bohrte er das Messer in den Schädel des Tiers und zog einen Fleischlappen beiseite, um an das Gehirn heranzukommen, das er geschickt herauslöste. Er weiß noch genau, wie das war: das Gehirn in seinen Händen. Wieder ein Gehirn in seinen Händen. Während die Mädchen aufgeregt umhersprangen. «Iiiieeehhhhh!»

«Die Windungen waren erstaunlich», sagt er zu mir, während wir in der Dunkelheit an wunderbaren Aussichten vorbeifahren, an Feldern voller Avocados und Limonen. «Mehr Furchen und Windungen als unser Gehirn.» Er hat es in einer Formaldehydlösung konserviert und, als der Urlaub zu Ende war, mit nach Hause genommen. Während er erzählt, wird Einsteins Gehirn in meiner Vorstellung irgendwie durch das Delphingehirn verdrängt. Viele Jahre habe er es behalten, sagt er, und es immer wieder untersucht. Es sei für ihn nicht nur ein Erinnerungsstück, sondern auch ein Untersuchungsobjekt gewesen. Als ich ihn frage, was aus dem Delphingehirn geworden sei, kann er sich nicht daran erinnern, nur die Geschichte weiß er noch.

«Was zum Teufel ist damit passiert?», sagt er und durchforscht das eigene Gehirn. «Möchte zu gern wissen, wohin ich das verdammte Ding getan hab.»

Ich hätte nie gedacht, dass San Jose für Harvey ein wichtiger Haltepunkt unserer Reise sein würde, aber dann hat er eine kleine Überraschung für mich parat: Er wird morgen in San Jose einen Vortrag über Einsteins Gehirn halten. Offenbar hat er eine Frau namens Sarah Gonzalez angerufen, die ihn vor einigen Jahren auf gut Glück angeschrieben und um ein Stück des Gehirns gebeten hatte. Als sich Harvey bei ihr meldete, war sie der Überzeugung, Gott der Herr sei ihr zu Hilfe gekommen. Seit seinem Anruf rührt sie nun in San Jose die Werbetrommel für uns. Sie hat sich mit dem Bürgermeister und den lokalen Medien in Verbindung gesetzt und versucht, ein Festbankett mit den Kommunalgrößen zu organisieren. Außerdem hat sie an der Independence High School, einer der größten des Landes, den Besuch von Harvey und Einsteins Gehirn organisiert. Ich erfahre natürlich erst jetzt davon. Gonzalez hat uns Zimmer im Biltmore-Hotel reservieren lassen, aber als wir gegen zwei Uhr nachts ankommen, irgendwo in einem Industriegebiet von San Jose, ist nur noch ein Zimmer frei – mit einem einzigen Doppelbett. «Na und, ich bin sicher, es ist groß genug», meint Harvey mit nervösem Kichern. Ich bitte um ein Beistellbett. Als ich es in unser Zimmer rolle, steht der Matchbeutel mit dem Gehirn auf dem Fernseher, der die Wetterkarte zeigt, und Harvey durchwühlt seinen Koffer, in dem jedes Kleidungsstück – sein Seidenpyjama, ein 49ers-Sweatshirt, seine Slipper und ein Frackhemd – in Cellophan eingewickelt sind. Für morgen hat er zwei Anzüge mitgenommen, die wie Fledermausflügel in seiner Tasche ordentlich zusammengefaltet sind: einen schwarzen Kammgarnanzug und eine babyblaue Freizeitausführung.

Ohne weitere Umstände lasse ich mich auf das Feldbett fallen, doch kaum habe ich das Kopfkissen berührt, bin ich hellwach, und die Straße läuft mir als Endlosband durch meinen Kopf. Dann muss ich an Harveys Koffer denken. Als hätte ich in den Körper eines lebenden Menschen geschaut und festgestellt, dass alle Organe in Cellophan verpackt sind. Ich grabe den Kopf ins Kissen, als sich Harvey im Zimmer zu schaffen macht. Als er Gonzalez vor ein paar Tagen angerufen hat, um die Vereinbarungen noch einmal zu bestätigen, hat er ihr versprochen, sie bei unserer Ankunft anzurufen, obwohl sie vermutlich nicht davon ausgegangen ist, er würde nachts um halb drei anrufen. Doch das weiße Kaninchen nimmt den Hörer ab, wählt ihre Nummer, weckt sie auf, teilt ihr mit, dass wir eingetroffen sind, und legt wieder auf.

Ich kann hören, wie er Wasser ins Becken laufen lässt, sich räuspert, bügelt. Ich kann hören, wie er in seiner cellophanverpackten Kleidung herumstöbert, dann in Vorbereitung des Vortrags in seinen verschiedenen Artikeln herumliest – vervielfältigte Seiten aus alten Artikeln über Einstein, Artikeln, die, wie ich später entdecke, eine allgemeine, laienhafte Einstein-Biographie skizzieren. Dann höre ich etwas, das wie eine elektrische Zahnbürste klingt. Bevor die Sonne aufgeht, legt er sich endlich schlafen. Sein Atem wird langsamer und tiefer, wie ein Fluss, der in Teiche mündet. Er schnarcht nicht, sondern lässt beim Atemholen einen Laut wie ein leises Muhen ertönen, eine Geräuschkulisse, die mich schließlich auch in den Schlaf wiegt.

Als ich am nächsten Morgen um acht Uhr aufwache, mampft Harvey halb angezogen Cornflakes. Er hat sich für den schwarzen Anzug, schwarze Hosenträger und einen grauen Rollkragenpullover entschieden, obwohl das Wetter fast sommerlich ist. Sarah Gonzalez ruft an und teilt mit, dass sie in der Lobby wartet, fast eine Stunde zu früh. In meinem Kopf hämmert ein dumpfer Schmerz, doch da Harvey noch mit seiner Toilette beschäftigt ist, gehe ich hinunter zu ihr. Sie ist der einzige Mensch an der Bar und beschäftigt sich eifrig mit ihren Händen. Als ich näher komme, sehe ich, dass sie sich Acrylfingernägel anklebt. Einen Augenblick lang bemerkt sie nicht, dass ich da stehe, und wir beide bewundern ihre Geschicklichkeit. Als sie aufblickt, wirkt sie überrascht: «Oh», sagt sie und streckt automatisch eine Hand aus, deren Nägel zur Hälfte neu und zur Hälfte abgekaut sind, wobei sie an mir vorbei Ausschau hält nach Harvey und dem Gehirn.

Sarah Gonzalez ist eine kleine, hübsche, flinke Filipina mit schwarzgoldener Sonnenbrille und einem protzigen smaragdgrünen Auto. In Art und Auftreten kommt sie mir wie ein Buschfeuer bei starkem Wind vor. Sie verkörpert den Traum aller Einwanderer. Die ehemalige Chefsekretärin ist heute Präsidentin ihres eigenen Unternehmens Pacific Connection, dessen Produkt die Umwandlung von Biomasse in Energie ist – oder, wie sie es ausdrückt, «die Verwandlung von Maisstängel in Megawatt». Nächste Woche, sagt sie, hat sie ein Treffen mit dem philippinischen Präsidenten und hofft, ihrem Geburtsland mehr Energie – mehr Licht und Fernsehen – schenken zu können.

Als Harvey angeschlurft kommt, erbleicht sie und setzt sich in Bewegung. «Dr. Harvey, nehme ich an», flötet Gonzalez und verbeugt sich. «Ich kann nicht glauben, dass jemand lebt und atmet, der Einstein so nahe gewesen ist.» Was ist das? Harvey hat das Gehirn aus dem grauen Matchbeutel geholt und hält das Tuppergefäß jetzt in der Hand, obschon die Plastikwand so trübe ist, dass man nur die urinfarbene Flüssigkeit dahinter erkennen kann. Es ist der erste direkte Blick auf das Gehirn, der mir während der ganzen Reise vergönnt ist, und plötzlich ist es, als wären wir nur spärlich bekleidet. Während Harvey das Tuppergefäß in der Hotellobby präsentiert, spüre ich das Bedürfnis, es zu verbergen. Gonzalez, die nicht darauf achtet, behandelt Harvey mit der Hochachtung und Feierlichkeit, die gewöhnlich Erzbischöfen vorbehalten ist, und geleitet uns in ihren Mercury Grand Marquis. Sie liebt die ungezwungene Anrede mit Vornamen. «Mike, was halten Sie von diesem Skandal, Mike?», fragt sie. «Diesem – wie sagt ihr – Wahlkampfspenden-Skandal, Mike?» Wahrscheinlich bin ich noch nie jemandem von so unverwüstlicher Freundlichkeit begegnet.

Harvey sitzt in dem vorderen Schalensitz, tief eingesunken in das edle italienische Leder, das den Stoff seines Anzugs im Vergleich dazu schlecht abschneiden lässt. In einem Knie des schweren Anzugstoffs ist ein winziges Loch. Er räuspert sich mehrfach, kichert und sagt endlich: «Kennen Sie einen Burschen namens Burroughs, William Burroughs?» Sie hat nie von ihm gehört. Harvey unternimmt einen neuen Versuch.

«Wo wohnt Gates?»

«Bill Gates, Dr. Harvey? Das müsste in Seattle sein, denke ich. Stimmt das nicht, Mike? Seattle, Mike?»

«Ich dachte, der Bursche lebt hier in Silicon Valley», sagt Harvey und beäugt misstrauisch die Straßen. Etwas später ist Harvey etwas entspannter und kichert erneut: «Das sind ja höchst komisch aussehende Bäume», sagt er.

«Das sind Palmen, Dr. Harvey», sagt Gonzalez.

Wir machen eine kleine Rundfahrt durch die «Altstadt» von San Jose – eine kleine Ansammlung etwas kitschiger Häuser, die nagelneu aussehen – und halten vor Gonzalez' Haus, einem hübschen Bungalow in einer Sackgasse, wo sie mit ihrem Mann und fünf Kindern lebt, einige in der High School, einige auf dem College. Im Wohnzimmer ist ein Schlagzeug aufgebaut. Wenn das Haus voll ist, so der Eindruck, dann dürfte hier nichts als Liebe und Trubel herrschen. Als ich die Bekanntschaft ihres Mannes mache, aberkenne ich ihr den Titel und ernenne *ihn* zum freundlichsten Menschen, den ich je kennen gelernt habe. «Oh, Dr. Harvey, was für eine Ehre!», sagt er. Er bietet uns Kekse und Milch an. Sein Nachbar – ein etwas exaltierter vietnamesischer Tierarzt, den die Gonzalez später als die «Klette der Nachbarschaft» bezeichnen – kommt vorbei, um ein Stück Butter zu borgen, sitzt plötzlich mit uns im Wohnzimmer bei Keksen und Milch an einem sonnigen Mittwochmorgen und nickt bedeutungsvoll, während Sarah Gonzalez ihm die ganze Harvey-Saga erzählt. Allerdings scheint er ein bisschen schwer von Begriff, hat die ganze Geschichte mit Einsteins Gehirn nicht mitbekommen und sieht irgendwann nur noch aus, als hätte er schreckliche Bauchschmerzen. Bei der ersten Gelegenheit verdünnisiert er sich durch die Vordertür.

«Oh», sagt Sarah Gonzales, als sie sich umdreht und feststellt, dass er mit einem leisen Knall der Außentür verschwunden ist.

Wir machen uns für die Fahrt zur Independence High fertig. Nachdem auf dem Rasen vor dem Haus ein paar Fotos gemacht worden sind, brechen wir auf. Harvey schnuppert in der Luft, atmet den Wind ein, der den Duft von Magnolien trägt, und scheint einen Augenblick in die Vergangenheit abzutauchen. Er bückt sich, hebt einen Kiefernzapfen von dem perfekten, chemisch gedüngten Rasen auf, hält ihn hoch, bewundert seine Symmetrie und steckt ihn aus Gründen, die nur ihm bekannt sind, in die Tasche.

Am Eingangstor der Independence High holt uns ein Golf-Cart ab und fährt uns fast einen Kilometer über den Campus, wo die Lehrerschaft ein Mittagessen zu Harveys Ehren gibt. Es gib Baguette-Sandwiches, die aus einem örtlichen Imbiss stammen, Sodadosen, Servietten stapelweise und Riesentüten mit Chips. Als das rauschende Fest seinen Höhepunkt erreicht, befinden sich rund 25 Menschen in dem Raum, Lehrer und einige handverlesene Schüler aus naturwissenschaftlichen Kursen, wohl in der Hoffnung, dass das Gehirn ein bisschen von Einsteins Magie abstrahlen könnte. Doch das Gehirn ist gar nicht der Gegenstand der Verehrung, sondern steht unbeachtet bei den Sodadosen rum, schwappt in seinem Formaldehyd hin und her und verschwimmt hinter den Wänden der Tupperschale. Tatsächlich scheint sich niemand darum zu scheren, auch sein Hüter nicht. Nein, der Mann der Stunde ist Harvey, der wie ein Derwisch durch die Menge saust, seine Fangemeinde empfängt, überall Hände drückt und berauscht ist vom süßen Parfüm der Sozialkunde-Lehrerinnen.

«Ich begegne hier einer Fußnote», sagt eine hoch gewachsene Frau und blickt auf ihn hinab. «Und die Kinder bekommen eine Gelegenheit, Geschichte anzufassen.» Ein Jugendlicher tritt hinzu, stellt sich als Schüler einer höheren Klasse vor und fragt Harvey, ob er es für Schwindel halte, dass Einstein den Nobelpreis nicht für die Relativitätstheorie bekommen habe. «Der Fotoeffekt, ich bitte Sie», sagt er und rasselt dann verschiedene Fakten und Stationen aus Einsteins Leben mit einer Zungenfertigkeit herunter, die ich in seinem Alter allenfalls bei Baseball-Liga-Ergebnissen erreicht hätte. Harvey legt sein Gesicht in nachdenkliche Falten, bleibt aber eine Antwort schuldig.

Gegenüber diesen Leuten bezeichnet Harvey sich unbedenklich als Wissenschaftler, der in der Forschung tätig ist, und das nimmt man ihm hier auch unbesehen ab. Ich werde von einem überaus neugierigen Physiklehrer in die Enge getrieben, der unbedingt meine Funktion in Erfahrung bringen möchte. «Was für eine Aufgabe haben Sie?», will er wissen. Mit der Hartnäckigkeit eines Betrunkenen bezeichnet er mich nacheinander als Harveys Enkel, Agent, Leibwächter,

Sicherheitsmann. Ich teile ihm mit, dass ich nur das Auto fahre. «Okay, in Ordnung, betrachten wir die Sache etwas genauer», sagt er. «Sie haben ihn nach Kalifornien gefahren. Sind Sie nach Tarif bezahlt worden? Haben Sie für das Gehirn ein Extrahonorar bekommen?»

Harvey hält seinen Vortrag in einem höhlenartigen, eiförmigen Raum, der gefüllt ist mit Schülern und dem Geruch von Kaugummi. Einige tragen schlabbrige Pullover, Jeans, die ihnen tief auf der Hüfte sitzen, und offene Baseballschuhe. Man sieht gepiercte Nasen, Zungen und Augenbrauen. Sie sind Weiße, Asiaten, Latinos und Afroamerikaner. Einige Jungen haben sich eine Seite des Kopfes rasiert und tragen auf der anderen einen wilden Haarschopf. Eine Anzahl der Mädchen hat gefärbte Haare, wobei alle Farben des Regenbogens vertreten sind.

Die Lehrer versuchen, ihre Schutzbefohlenen zum Schweigen zu bringen, doch der Hormonspiegel dieses Alters lässt vollkommene Ruhe nicht zu. Es gibt einen permanenten Geräuschpegel von unterdrücktem Gelächter, wie ein Auto, das noch vor sich hin stottert, nachdem man die Zündung ausgestellt hat. Ich sitze mit Sarah Gonzalez in einer der Mittelreihen an der Seite. Plötzlich steht sie auf, richtet ihr Haar und geht zum Podium, um Harvey vorzustellen. Glitzernd signalisiert die Goldfassung ihrer Brille ERFOLG. Harvey hat die Gestalt eines schwarzen Fragezeichens, als er zum Podium schlurft, und sieht aus wie ein pensionierter Leichenbestatter. Halbherziger Applaus, niemand scheint ihn wirklich zur Kenntnis zu nehmen. Harvey stellt die Tupperschale auf einen Tisch neben dem Rednerpult, räuspert sich, lacht etwas verlegen, räuspert sich erneut. Seine Hände fahren über die Seiten des Rednerpults, berühren noch einmal das Tuppergefäß, seine entzündeten Augen richten sich auf einen Punkt hinten im Saal und blinzeln. Da sitzen diese dreizehn-, vierzehn- und fünfzehnjährigen Amerikaner – Hunderte von klaren Augen sind auf ihn gerichtet, die Gehirne besetzt mit Liebschaften, Musik und Basketball, mit Sitcom- und Rap-Stars. Und auf der anderen Seite Harvey, ein wirklich alter Mann, der auf verlorenem Posten zu stehen scheint. Er beginnt eine fast träumerische, abwesende, immer wieder unterbrochene Erinnerung an Albert Einstein. Fast wirkt sein Vortrag wie ein Selbstgespräch.

«Am Ende legte der große Wissenschaftler die Gleichung $E = mc^2$ vor, aber wie er das gemacht hat, werde ich nie wissen, hihi …

Er war ein freundlicher Mensch. Er hatte überhaupt keine Allüren, wissen Sie. Trug oft Flanellkleidung und Tennisschuhe …

Ich hatte einfach Glück, dass ich zur richtigen Zeit am richtigen Ort war …»

Einsteins fleischiges, lebendiges Gesicht erscheint auf einer Leinwand, darunter Harveys unbewegliches. Als Harvey merkt, dass er Gefahr läuft, sein Publikum zu verlieren, dass ihm ein Reinfall droht, erzählt er ihnen von Einsteins Leben, davon, dass der große Physiker schon fünf Jahre vor seinem Ende von der tödlichen Krankheit wusste, aber keine Operation wollte. Er berichtet ihnen, dass Einstein selbst in seiner Todesnacht Papier und Bleistift verlangte und noch einmal an seiner universellen Feldtheorie arbeitete, überzeugt, dass sie zum Greifen nah sei. Harvey schildert auch, wie er die Autopsie vorgenommen und das Gehirn entfernt hat. «Er hat gern fett gegessen», sagt Harvey «Daran ist er gestorben.» Langsam nähert er sich der Tupperschale, und die gesamte Hörerschaft, Studenten und Lehrer, beugen sich vor, recken den Hals und halten den Atem an. Zum ersten Mal herrscht vollkommenes Schweigen.

Er öffnet den Deckel und fischt kaltblütig nach einem

Hirnklumpen. Endlich hat er einen erwischt und hält ihn hoch. Es ist fast wie im Traum – unlogisch logisch, schockierend normal. Mein erster echter Blick auf das Tupperware-Gehirn, gemeinsam mit 300 völlig fremden Jugendlichen. Und ich kann es kaum sehen! Ein Mädchen kreischt, aufgeregtes Murmeln überall. Unter lautem Oh und Ah springen die Schüler auf. Aus dem Hintergrund des Saals ertönt noch ein unkontrollierter Aufschrei. In dicken Schwaden zieht der Formaldehydgeruch durch den Saal, ein fremdartiger, modriger Duft, der sie wieder auf ihre Sitze zurücktreibt.

Harvey plaudert weiter, doch niemand hört ihm richtig zu, alle Augen hängen an diesen Gehirnklumpen. «Ich löste die Gehirnhäute ... Das ist ein Stück des Neokortex ... Er hatte mehr Gliazellen als wir alle – das sind die Zellen, die die Neuronen ernähren ...»

Sie sind von den bleichen Stücken hypnotisiert, als wären sie ein makabrer Halloween-Scherz. Und sind zugleich abgestoßen und fasziniert von dem Mann, dessen Finger nass sind vom Gehirn. Sarah Gonzalez steht auf, etwas aufgelöst und rot im Gesicht. «Kinder, ihr könnt jetzt fragen! Stellt Dr. Harvey eure Fragen!»

Ein blasierter Knabe aus dem hinteren Teil des Saals hebt die Hand, offenbar abgestoßen von der Darbietung: «Schön und gut, aber WAS SOLL DAS GANZE?»

Harvey versteht nicht und legt die Hand hinters Ohr, um deutlich zu machen, dass er nicht gehört hat. Ein Lehrer, der in der Nähe sitzt, macht den Dolmetscher: «Er möchte wissen, was das Ganze soll», sagt er höflich.

Harvey zögert einen Augenblick und erwidert dann fast ärgerlich: «Um den Unterschied zwischen deinem Gehirn und dem eines Genies deutlich zu machen.»

Die Menge jubelt. Ein Mädchen klatscht sich mit ihrer Freundin ab. «Super!»

Der alte Mann ist cool!

Im hinteren Teil steht ein anderer Junge auf: «Ich habe gehört, Einstein wollte nicht, dass man sein Gehirn entfernte.» Wieder muss der Lehrer übersetzen. Kaum hat Harvey die Frage verarbeitet, fährt er zornig auf.

«Woher hast du deine Information?», will er wissen.

«Von meinem Politiklehrer», sagt der Junge.

Harvey überlegt einen Augenblick, dann antwortet er, als wäre damit alles gesagt: «In Deutschland ist es durchaus üblich, bei einer Autopsie das Gehirn herauszunehmen.»

Als die Fragestunde vorbei ist, belagern die Schüler Harvey und das Gehirn. Sie wollen wissen, wie lange er es schon hat. («Da waren deine Eltern noch nicht geboren.») Ob er vorhat, es zu klonen. («Tjaa-nun, unter den richtigen Bedingungen lässt es sich eines Tages vielleicht machen.») Ob ein gefährlicher Diktator wie Saddam Hussein versuchen könnte, es in die Hände zu bekommen. («Hi-hi-hi.») Ich versuche, näher heranzukommen, aber die Menge ist zu dicht, das Gedränge derer, die das Gehirn sehen wollen, zu groß. In einem Zustand dumpfen Schocks stehe ich am Rand der Gruppe und plaudere mit Gonzalez. Selbst als Harvey das Gebäude beschwingt verlässt, ist er noch von einigen Schülern umgeben, und ein Junge sagt: «He, Mann, wo treten Sie das nächste Mal auf, können wir hinkommen?» Harvey bekommt vor Stolz und Freude einen roten Kopf und stammelt, das wisse er noch nicht genau, während Sarah Gonzalez ihn wieder zu einem Golf-Cart geleitet.

Als wir davonfahren, frage ich mich, was wir den Schülern, die uns zum Abschied zuwinken, wohl für ein Bild bieten. Harvey wacht wie immer über das Tuppergefäß, das er auf dem Schoß hält – ein Mann, der älter ist als ihre eigenen Großväter, jemand aus einer anderen Dimension in Raum und Zeit, der einen seltsamen Augenblick lang in die Independence High gebeamt wurde, wo er Geschichten über einen Freak mit seltsamen Haaren erzählt hat, der angeblich die Welt veränderte. Und nun verschwindet er wieder aus ihrer Welt im Golf-Cart auf den zementierten Superstring-Bürgersteigen des Campus.

19

Das Ende der Straße

Der Tod brauchte fünf Jahre, um sein Werk zu vollenden. Einsteins Aneurysma war bereits 1950 diagnostiziert worden. Als die Ärzte ihm mitteilten, dass ihm eine Operation das Leben retten könnte, sagte er nur: «Lasst es platzen.» Wie Newton machte Einstein die Sorge um das eigene physische Ableben weniger zu schaffen als die nagenden Zweifel bezüglich seiner Theorien. «Es gibt nicht ein einziges Konzept, von dem ich überzeugt bin, dass es standhalten wird», schrieb er 1949 an seinen alten Freund Maurice Solovine. «Ich bin mir noch nicht einmal sicher, ob ich grundsätzlich auf dem richtigen Weg bin.» Während sein Gehirn auch weiterhin mit den Problemen der einheitlichen Theorie rang, wurde sein Körper hinfällig und hager, seine Haut faltig wie die eines Elefanten, seine Haltung krumm, als werde seine Last mit jedem Tag schwerer. «Das Seltsame am Altwerden ist, dass die unmittelbare Identifikation mit dem Hier und Jetzt allmählich verloren geht», schrieb er 1953 an die Königinmutter von Belgien, «man fühlt sich in die Unendlichkeit versetzt, mehr oder weniger allein; man hofft und fürchtet nicht mehr, sondern beobachtet nur noch.»

Am 11. April 1955 bekam Einstein heftige Leibschmerzen. Ihm wurde schwindelig, und er verlor seinen Appetit, wollte aber trotzdem keinen Arzt in seine Nähe lassen. Erst als er auf dem Weg zum Badezimmer zusammenbrach, wurde einer gerufen. Als der Arzt in der Mercer Street 112 eintraf, machte er ein EKG und gab Einstein Morphium, damit er die Nacht besser überstand. Seine Sekretärin Helen Dukas flößte ihm Eiswürfel mit einem Löffel ein. Eine Zeit lang fühlte er sich etwas besser, doch dann suchten ihn wieder heftige Schmerzattacken heim, sodass er sich schließlich ins Krankenhaus bringen ließ, wo er Dukas aber augenblicklich anwies, ihm seine Lesebrille und seine Arbeit zu bringen. Am Sonntag traf sein Sohn Hans Albert ein, und sie unterhielten sich eine Zeit lang über verschiedene wissenschaftliche Fragen. Auch seine Stieftochter Margot empfing er. «Lass das Haus nicht in ein Museum verwandeln», wies er sie an.

Als der Arzt gerade zu hoffen begann, das Aneurysma könnte sich von alleine bessern, verschlechterte sich Einsteins Zustand wieder. Abermals Morphium. Er schlief friedlich und wachte erst nach Mitternacht auf. In den Morgenstunden des 18. April bemerkte eine Schwester, dass sich seine Atmung verändert hatte, als sei der Sauerstoff in seinem Krankenzimmer plötzlich zu knapp geworden. Sie geriet in Panik und drehte das Kopfende des Bettes hoch. Der alte Mann murmelte etwas auf Deutsch, einer Sprache, die sie nicht verstand. Dann hörte er einfach auf zu atmen.

Ich muss an die letzten Augenblicke dieses Lebens denken – die hartnäckigen Zweifel an den eigenen Theorien, die Besessenheit, mit der er bis zum Ende arbeitete, die letzte Seite seiner Berechnungen in seiner sauberen Handschrift, aber so eng geschrieben, dass sie unleserlich wie eine Pali-Inschrift ist. Auch an den letzten Nachmittag seines Lebens muss ich denken, als ihn sein Sohn und seine Stieftochter besuchten, Menschen, die ihm nahe standen. An die nüchterne, scheinbar unpersönliche Art, in der er diese letzten Lebewohls handhabte. Keine letzte Epiphanie. Keine Erwähnung der Menschen, die nicht anwesend waren, der Menschen, denen er einst seine Liebe versprochen hatte: Mileva,

Elsa, seinem in einer psychiatrischen Anstalt lebenden Sohn Eduard. Und was hat er ganz zum Schluss auf Deutsch gemurmelt, bevor er sich aus seinem Körper davonmachte und ihn Dr. Thomas Stoltz Harvey überließ?

Diese Gedanken kommen mir an dem hellsten Tag unserer merkwürdigen Reise, als sich das Licht über Nordkalifornien ergießt – die Täler und Ebenen überflutet, sich auf den Blättern der Bäume sammelt, die Gebäude von Oakland und San Francisco umspielt und sich in jedem Fenster bricht. Harvey neben mir sah aus, als würde er sich demnächst entzünden. Er ist jetzt acht Jahre älter als der Physiker bei seinem Tode. Wie viel Zeit bleibt ihm noch? «Der Teufel zählt die Jahre gewissenhaft, das müssen wir einsehen», sagte Einstein. Und ich muss an meinen Großvater denken, der nicht an Himmel und Hölle glaubte – und der nicht wahrhaben wollte, dass es überhaupt ein Ende geben würde. An meine Eltern, deren Ende ich mir nicht vorstellen kann. Und dann natürlich an mich, der ich erst einmal versuche, einen Grund zum Leben zu finden.

Ich denke an Sara und den Augenblick, als ich sie zum letzten Mal gesehen habe. Diesen Moment rekonstruiere ich Teilchen um Teilchen. Den eisigen Schneefall. Den grauen Himmel. Den Winterfrost und die Millionen gefrorenen Moleküle zwischen uns. Ich wollte fort, wollte meine Freiheit, wollte ungebunden sein in der Welt – ungebunden, unbelastet und jung. Doch hier draußen in Amerika krümmt sich die Zeit und kehrt wieder. Die Jungen werden alt, und die Alten werden wieder jung. Je weiter wir uns entfernen, desto näher kommen wir uns. Plötzlich bin ich auf diesem kalifornischen Highway wieder an der Bushaltestelle in Maine, Sara steht in dicker Wolle vor mir, und unser Hund leckt das Eis auf dem Bordstein zwischen uns. Und dieses Mal möchte ich nicht fort.

Albert Einsteins Enkelin Evelyn begrüßt uns an der Tür ihres eleganten Apartmenthauses in Berkeley. Sie trägt ein schwarzes Trägerkleid, zwei Star-Trek-Nadeln und kugelförmige Ohrringe. Sie ist fast einen Kopf größer als Harvey, eine kräftige Frau von sechsundfünfzig Jahren, obwohl sie mit ihrem kurzen braunen Haar jünger aussieht. Infolge ihrer Krebserkrankung und eines Leberleidens kann sie nur kleine Schritte machen und gerät bei der kleinsten Anstrengung außer Atem. Sie ist umgeben von einer Aura tiefer Traurigkeit, obwohl ihr Humor und ihre Versöhnlichkeit nicht weniger ausgeprägt sind. Trotz des Leids, das Harvey ihrem Vater mit der Entfernung des Gehirns zugefügt hat – er starb 1973 mit neunundsechzig Jahren an einem Herzinfarkt –, hat sie Harvey zu sich eingeladen.

Angeblich ist Evelyn die Adoptivtochter von Hans Albert, doch ihre Herkunft ist nicht ganz klar. Ausgehend von dem Gerücht, Evelyn sei in Wirklichkeit die Tochter von Albert und einer New Yorker Tänzerin, hat Dr. Charles Boyd, einer der beiden Forscher, die Einsteins Gehirn untersucht haben, den Versuch gemacht, den DNS-Fingerabdruck von Einsteins Gehirn mit dem von Evelyns Haut zu vergleichen. Obwohl Alberts DNS zu denaturiert war, um richtig entziffert werden zu können, rief das Experiment einen kleinen Disput hervor. Zwar weist Evelyn Boyds Theorie als «unglückselig und unbegründet» zurück, doch ist die Ähnlichkeit mit Einstein – die fröhlichen Lichtreflexe in ihren Augen mit den schweren Lidern und die an Picasso erinnernde Form ihres Gesichts – geradezu unheimlich. Wehmütig meint Evelyn: «Wenn sie an das glauben, was Albert über Zeit gesagt hat, dann bin ich in Wirklichkeit seine Großmutter.»

Von ihrem lichtüberfluteten Wohnzimmer aus sehen wir die Skyline von San Francisco, Angel Island, das sich aus der sonnengefleckten, blauen Bucht erhebt, Mount Tamalpais, der in der Entfernung aufragt. Es ist ein zauberhafter Ort. Zwischen antiken Kunstgegenständen und alten Uhren bietet uns Evelyn Platz an. Wir haben einen weiten Weg zurückgelegt, um hierher zu kommen, und doch sieht Harvey aus, als würde er an jedem anderen Ort lieber sein als hier. Evelyn setzt sich. Ich lasse mich auf die Plüschcouch fallen. Harvey bleibt stehen.

Evelyn erzählt uns, wie es war, als eine Einstein aufzuwachsen, wie sie einen Großteil ihres Lebens damit verbrachte, die schroffen Klippen ihrer Familie zu umschiffen. Bis zu einem gewissen Grad hatte ihr Vater die kalte Distanz seines eigenen Vaters geerbt – sie nennt ihren Großvater nur «Albert» oder «Albie» –, und so wurde Evelyn schon früh auf ein Schweizer Internat geschickt, wo sie ihren Onkel Eduard gelegentlich in seiner Anstalt besuchte. Fürs College kehrte sie zurück nach Berkeley, hat eine unglückliche Ehe, machte eine schwierige Zeit durch, lebte wie gesagt ein Jahr auf der Straße, arbeitete später in Berkeley als Polizistin – fuhr auf einem Mountainbike Streife am Wasser – und sah später ihre Aufgabe in der Errettung von Sektenmitgliedern. Jetzt scheint sie in relativ angenehmen Verhältnissen zu leben, obwohl sie kaum ein Andenken an ihren Großvater besitzt. Sie behauptet, die meisten Briefe, die er ihr geschrieben habe, seien ihr gestohlen worden.

Während sie spricht, steht Harvey steif in der Mitte des Zimmers, wie ein Eichhörnchen auf dem untersten Ast eines Baums über zwei bellenden Hunden. Evelyn tut ihr Bestes, um ihn höflich zu ignorieren, stellt mir belanglose Fragen über die Fahrt und wartet darauf, dass er sich endlich hinsetzt. Aber er denkt nicht daran. Er steht dort wie festgewachsen, das Tupperware-Gehirn in seinen zitternden Händen. Sein Atem geht rascher. Ich stelle mir vor, dass sich irgendwo in seinem Kopf radioaktive Schuldzellen wie wild vermehren. Sind ihm, nachdem er hier eingetroffen ist, doch Zweifel gekommen? Hat er sich, als er vor vierzig Jahren das Gehirn aus Einsteins Kopf schnitt, träumen lassen, dass er eines Tages mit diesem Gehirn vor Evelyn Einstein stehen würde?

Als ihm Evelyn zum vierten Mal Platz anbietet, setzt er sich endlich. Er lacht nervös und räuspert sich. «Tut gut», sagt er. Evelyn spricht wieder über Sekten. Dass ihr die Scientologen die größte Angst einflößen, wie leicht das Sektengeschäft ist – und wie skrupellos. «Alle meine Freunde sagen, ich sollte eine Sekte gründen und uns alle zu Multimillionären machen», scherzt sie. «Ich könnte zu Alberts Medium werden. Wenn Linda Evans als Medium für Ramtha auftritt, spricht sie wie Yul Brynner. Das ist reine Hysterie. Wenn diese Torte das Medium für einen dreißigtausend Jahre alten Burschen ist, kann ich das ja wohl für Albert sein.»

Unvermittelt zieht Harvey einen Stapel Fotos und Dias hervor, die violette Kresolfärbungen von Axonen und Gliazellen zeigen, und stellt die Tupperschale auf den Tisch. «Aha, Gehirnzeit», sagt Evelyn, und Harvey beginnt mit einem Vortrag, als stünde er wieder in seinem schwarzen Bestatteranzug vor den Schülern der Independence High. «Das ist ein Bild des Gehirns aus verschiedenen Blickwinkeln, Riechnerv und so weiter.» Er kramt ein Bild von Einstein hervor. «Wissen Sie, dieses Bild mag ich, weil es ihn als jüngeren Mann zeigt, zu der Zeit, als er zum ersten Mal nach Amerika kam. Viele Fotos zeigen ihn als älteren Mann.»

«Ich habe viele aus den jüngeren Jahren», sagt Evelyn.

«Wirklich? Ich würde gern welche haben», sagt Harvey.

«Haben Sie die Autopsie am ganzen Körper vorgenommen?»

«Am ganzen Körper.»

«Wie war es?»

Harvey schweigt einen Augenblick und räuspert sich dann. «Nun, ich fühlte mich klein und unbedeutend.»

«Hatte er noch eine Gallenblase? Oder war ihm die schon rausgenommen worden?»

«Ich glaube, er hatte noch eine Gallenblase. Hi-hi. Ja, seine Ernährungsweise war sein Unglück, wissen Sie, denn er hat gelebt, bevor man wusste, was das Cholesterin mit dem Blut anstellt. Daher hatte er wahrscheinlich viel zu viel Cholesterin, das größtenteils in seinen Blutgefäßen abgelagert wurde. Diese Aorta saß voller Cholesterin-Plaques.»

Evelyn nickt. «Ja ... natürlich, die europäische Ernährung. Mein Vater und ich haben immer über Fett gestritten. Wenn es Schinken gab, hat er das Fett abgeschnitten, gebraten und sich dann darüber gestritten. Erbittert.» Evelyn lächelt.

«Und all das gute Gänsefett», stimmt Harvey ein.

«Klar, obwohl heutzutage Gänse ... na ja, Gänse sind weit ungefährlicher als Rinder, haben viel weniger Cholesterin.»

«Tatsächlich? Das wusste ich gar nicht.»

«Diese Familie war einfach versessen auf Fett», sagt sie.

«Ich habe früher oft in einem kleinen Gasthaus in Metuchen, New Jersey, gegessen, wo Ihr Großvater seine Wochenenden verbrachte. Da hatten sie diese Käsesorten, wissen Sie, diese Vollfettkäse und schöne Weine.»

«Ich weiß nicht, ob er ein Weintrinker war», sagt Evelyn.

«Ich selbst habe ihn nie Wein trinken sehen», sagt Harvey, der vergessen hat – und sich möglicherweise wieder daran erinnert –, dass er Einstein nur einmal kurz gesehen hat, um ihm Blut abzunehmen. «Nun, der Gastwirt hatte einen hübschen Weinvorrat, und ich dachte, der sei für Ihren Großvater bestimmt. Aber ich kann mich auch täuschen.»

Dann sprechen sie über die Größe des Gehirns. Evelyn behauptet, dass es laut *Gray's Anatomy* aus dem Jahr 1923 mit seinen 1225 Gramm mikrozephal sei – kleiner als normal –, doch Harvey vertritt nachdrücklich die Auffassung, das Gehirn habe für einen Mann von Einsteins Alter eine normale Größe gehabt, da Gehirne im Laufe des Lebens schrumpfen würden. Er zeigt einige Dias, scheint aber nicht bereit, das Tuppergefäß zu öffnen. Als ich ihn bitte, uns Stücke des Gehirns zu zeigen, wirkt er ein bisschen verärgert, nimmt einen Augenblick den Deckel ab und schließt ihn sofort wieder. Allerdings bietet er Evelyn verbal ein Stück an – woraufhin sie sagt: «Das wäre wunderbar» –, gibt es ihr aber merkwürdigerweise nicht. Nachdem er es einer großen Zahl vollkommen Fremder zur Betrachtung angeboten hat, scheint Harvey beschlossen zu haben, dass die graue Substanz hier nicht vorgeführt werden soll.

«Ich bin erstaunt, dass das Gehirn nicht gleich nach seinem Tod untersucht worden ist», sagt Evelyn. Obwohl sie die Vorwürfe kennt, die Harvey gemacht wurden, sagt sie das sehr vorsichtig. Trotzdem erstarrt der alte Mann zur Salzsäule. Langsam tropfen ihm die Worte von den Lippen. Er murmelt etwas von der Sylvius-Furche, dem Hinterhauptlappen, dem Gyrus cinguli. Teile eines abstrakten Gemäldes, eines Zauberkunststücks. «Das hat seine Zeit gedauert», sagt er schließlich.

Als wir Pläne für das Dinner machen, beendet Harvey das Treffen unvermittelt. «Es war mir wirklich ein Vergnügen», sagt er zu unser beider Verblüffung. Dann folgt die Erklärung: Bereits in San Jose – und wiederum ohne mein Wissen – hat er seinen fünfundachtzigjährigen Cousin in San Mateo angerufen und behauptet nun, er müsse dort unbedingt übernachten, wobei er stillschweigend voraussetzt, dass ich ihn im Feierabendverkehr die halbe Strecke zurück nach San Jose fahre. Ob wir die ganze lange Fahrt für diese halbe Stunde zurückgelegt hätten? Und abgesehen davon habe Evelyn für uns alle einen Tisch bestellt. Doch alle Vorhaltungen nützen nichts. «Ich glaube, ich muss gehen», sagt Harvey. «Ich habe es versprochen.» Ich schlage vor, dass sich sein Cousin uns anschließt oder dass wir ihn morgen nach dem Berufsverkehr besuchen. Harvey wankt und weicht nicht. «Tjaa-nun, jetzt muss ich gehen.» Da wanke auch ich nicht. «Ich bleibe.» Nach mehr als 6000 Kilometern Autofahrt werde ich für mein Teil mit Evelyn Einstein essen. Harvey geht ans Telefon, ruft seinen Cousin an und sagt so laut, dass ich es hören muss: «Der Chauffeur will mich nicht fahren.»

Harvey beschließt, die U-Bahn – Bay Area Rapid Transit – zu nehmen und sich von seinem Cousin an der Station abholen zu lassen. So geschieht es. Wir steigen in den Skylark, Harvey sitzt hinten mit dem Gehirn, und fahren zu einer nahe gelegenen Station. Evelyn nutzt diese letzten Minuten, um eine Frage zu klären, die sie beschäftigt: die Anwesenheit von Otto Nathan, Einsteins Nachlassverwalter, während der Autopsie. Laut Evelyn haben Nathan und Helen Dukas Hans Albert nach Einsteins Tod nicht sehr gut behandelt. Die Unstimmigkeiten sind nie beigelegt worden; inzwischen sind auch die beiden gestorben. Aber Harvey scheint nicht zuzuhören, sondern macht belanglosen Smalltalk.

Weiß nicht viel über diesen Burschen, O. J. Simpson, hi-hi,
Ich begreife nicht, was ihm an einem aufgeschnittenen Leib lag.
Aber in einem Prozess wurde er freigesprochen; und im andern verurteilt.
Als wenn ihm Albie gehört hätte. Sie sagen, er habe sogar seine Asche verstreut.
Gerechtigkeit? Ich wünschte, es wären mehr Neger unter den Geschwornenen gewesen.

Als wir zur U-Bahn kommen und Harvey anfängt, seine Sachen zusammenzusuchen, geht mir plötzlich auf, dass wir zum ersten Mal seit elf Tagen getrennt sein werden. Obwohl wir uns schon morgen wieder zu einem freundlichen Besuch bei Marian Diamond treffen wollen, deren Arbeit über Einsteins Gehirn schon lange beendet ist, habe ich das Gefühl, dass dies das wirkliche Ende unserer Reise ist. Und es kommt so plötzlich, dass ich zunächst nichts empfinde, außer dass es falsch ist, dass Harvey mich einfach verlässt.

Auf dem Rücksitz des Skylark öffnet Harvey jetzt seinen Koffer und schenkt Evelyn eine Postkarte: das Schwarzweißfoto von ihm selbst, mit sinnendem Blick im gestreiften Rollkragenpullover, die Augen schläfrig auf etwas Unbestimmtes in der Ferne gerichtet, wie eine geisterhafte Präsenz. «Ein sehr nettes Foto», sagt sie höflich.

«Yessir», sagt Harvey. «Es hat mich sehr gefreut ...»

Das alles ist äußerst unverbindlich und nüchtern, aber ganz typisch, ganz Harvey. Morgen, wenn wir uns endgültig verabschieden, wird es genauso sein. Wir stehen inmitten einer Gruppe hipper, bunter Berkeley-Studenten, Harvey mit seinem karierten Koffer in der Hand und den schwarzen Wallabee-Boots an den Füßen, im Begriff, zu seinem Cousin zurückzufahren – und dann zu Cleora nach Hause zu fliegen. Und ich auf dem Weg, Freunde in San Francisco zu besuchen und dann auf Saras Ankunft und ein paar gemeinsame Urlaubstage zu warten. Ich nehme mir vor, ihn zum Abschied zu umarmen, aber dann schütteln wir uns doch nur die Hand. Ein junger Mann und ein alter Mann. Ein Chauffeur und sein Passagier. Ich denke, eine spezielle Art von Freunden.

Evelyn und ich beobachten ihn, wie er langsam in Richtung U-Bahn-Eingang schlurft, den Koffer voller cellophanverpackter Kleidungsstücke. Wieder fühle ich einen Stich, als ich zusehe, wie er vom Menschenstrom geschluckt wird, der auf die Fahrstühle zutreibt. Plötzlich erscheint er mir sehr klein und verletzlich mit seinen vierundachtzig Jahren. Noch einmal leuchtet der Silberquast seiner Haare auf, dann wird er unter die Erde gespült. Sein Körper verschwindet im Schatten der Katakomben.

Zum Dinner fahren Evelyn und ich ins Hotel Mac im Norden von Berkeley. Wir sitzen bei ein paar Gläsern Wein und einem ausgezeichneten Essen – Lachs und Schweinelenden. Wir nehmen uns Zeit und bleiben fast drei Stunden. Evelyn berichtet von einem schrecklichen komplizierten Prozess, den sie gegen ihren Neffen Thomas und einen Anwalt namens Michael Ferguson geführt hat. Laut Evelyn hat ihre Stiefmutter Elizabeth, Hans Alberts zweite Frau, den Albert Einstein Correspondence Trust gegründet, der etwa vierhundert persönliche Papiere des Physikers umfasste. Evelyn behauptet, man habe ihr nie mitgeteilt, dass sie eine Nutznießerin des Trustes sei, daher habe sie einen Prozess angestrengt, um einen Teil der Dokumente zu erhalten. Am Ende schlossen die Parteien einen Vergleich. «Es ist nicht leicht, eine Einstein zu sein», sagt Evelyn. «Als ich in den sechziger Jahren in Berkeley das College besuchte, wusste ich nie, ob die Männer, die sich um mich bemühten, mich oder meinen Namen meinten. Wissen Sie, damit sie sagen konnten, ich habe eine Einstein gehabt.»

Erst als wir wieder in den Wagen steigen, bemerke ich etwas am Rande des Blickfelds, es steht auf dem Rücksitz, erhellt vom Licht einer Straßenlaterne. Einen Augenblick starre ich es an. Völlig unmöglich, denke ich, und doch, es sieht aus wie ein Tuppergefäß. Es ist ein Tuppergefäß! Das Gehirn! Evelyn ist genauso fassungslos wie ich. Es erscheint undenkbar, dass Harvey es vergessen hat, und gleichzeitig wieder nicht. Er hat eine solche Entwicklung der Situation möglicherweise geplant, aber nicht recht gewusst, wie er sie in die Tat umsetzen sollte. Das würde seine Ungeschicklichkeit, fast Unhöflichkeit gegenüber Evelyn und mir erklären.

«Er hat das Gehirn stehen lassen?», fragt Evelyn, noch immer ungläubig. «Tut er das öfter?»

«Keineswegs», sage ich, worauf wir uns anlächeln. Wir schauen es uns nicht sofort an – gleich hier, wo wir den Blicken der Passanten ausgesetzt wären –, sondern fahren zu Evelyns Apartment an der Bucht. Vor dem Gebäude halte ich mit laufendem Motor, hole das Tuppergefäß nach vorn und öffne es im Schein der Innenbeleuchtung.

Nach all diesen Kilometern, all diesen Tagen auf der Straße, nachdem ich schon jede Hoffnung aufgegeben hatte, sehe ich es endlich vor mir. Stücke von Einsteins Gehirn, in weißes Tuch gewickelt, schwimmen in ihrem Saft. Ich öffne den Deckel, wickle ein feuchtes Tuch auf, und vor uns liegen vielleicht ein Dutzend golfballgroße Klumpen des Gehirns – Teile des Neokortex, des Stirnlappens. Der Geruch des Formaldehyds trifft uns wie ein Schlag ins Gesicht, und einen Augenblick lang habe ich wirklich das Gefühl, ich müsste mich übergeben. Die Stücke sind in Zelloidin versiegelt – die rötlichen, leberfarbenen Hirnklumpen in einer Fassung von goldgelbem Wachs. Ich hole einige aus dem Plastikgefäß, von denen ich ein paar an Evelyn weitergebe. Sie fühlen sich weich und wabbelig an und wiegen ungefähr so viel wie leichte Kieselsteine. Wie Juwelen halten wir sie in der Hand und staunen, dass sie weniger nach Gehirn aussehen als nach – ja, wonach eigentlich? – irgendeinem Snack, einer Kraftnahrung für geniale Triathleten. Oder einem essbaren Produkt, das den Verbraucher mit Weltfrieden, Raumfahrt, Ewigkeit versorgt. Noch heute glauben die Asmat, ein Volksstamm, der an der Küste von Irian Jaya lebt, dass man sich das mystische Wesen eines anderen Menschen aneigne, wenn man sein Gehirn verzehre; und die Microsoft-Mitarbeiter laben sich an energiespendenden Kräuterelixieren, die sie auf Betriebsfesten Einsteins Gehirn nennen. Doch um ganz ehrlich zu sein, ich hätte nie gedacht, dass ich mir einmal vorstellen könnte, es zu essen, wenn ich es in Händen hielte.

«Deswegen die ganze Aufregung?», sagt Evelyn. Sie stupst gegen die Hirnnuggets, die sich noch in der Tupperschüssel befinden, schwappt ein bisschen Formaldehyd darüber. Ein Sicherheitsmann kommt vorbei und mustert uns, geht aber weiter. Die Situation ist vollkommen surreal, wie ich zugeben muss. Da sitzt Evelyn, spielt mit dem Gehirn ihres Großvaters und zupft an seinen durchweichten Neuronen. Doch sie scheint eher fasziniert als angeekelt zu sein. «Daraus könnte man ein hübsches Halsband machen», sagt sie und hält ein vollkommen kreisförmiges Hirnstück hoch. «Ziemlich makaber, was?»

Als ich sie so im schwachen Licht der Wagenbeleuchtung erblicke, meine ich wieder ihre Traurigkeit zu spüren, die im Augenblick nur von einem Adrenalinstoß überlagert ist, und verspüre den unwiderstehlichen Wunsch, sie einen Augenblick glücklich zu machen. Ohne nachzudenken, sage ich: «Sie sollten es behalten.» Und ich erinnere sie daran, dass Harvey ihr ein Stück angeboten hat, es ihr aber nicht gegeben hat. «Es gehört Ihnen sowieso», sage ich. Wochen später, am Telefon, wird sie zugeben: «Ich wünschte, ich hätte es genommen.» Doch jetzt lehnt sie sich im grünblauen Samt des Skylark zurück, seufzt und sagt: «Das kann ich nicht.»

Also legt sie das Stück wieder ins Tuppergefäß zurück, verschließt es und verschwindet schwerfällig im Apartmenthaus.

Womit wir nur noch zu zweit sind, das Gehirn und ich.

20

Mr. Albert und ich

Wir – das Gehirn und ich – fahren den East Shore, Freeway zur University Avenue hinunter. Wir umkreisen die Bucht, pechschwarz und schimmernd – San Francisco auf der anderen Seite: eine Ansammlung hell erleuchteter Raketensilos –, und halten dann auf die Shattuck Avenue zu. Obwohl ich erschöpft bin, fühle ich mich plötzlich sehr frei und verspüre den verrückten Wunsch, wieder zurückzufahren, quer durch Amerika, ohne Harvey, ohne irgendjemanden. Nur ich – und das Gehirn. Vielleicht nehme ich es mit nach Hause und stelle es auf den Kaminsims. Ich bin der festen Überzeugung, dass Sara das schon irgendwie verstehen würde. Im Radio gibt es im Lokalsender eine Talkshow über Ufos. Ein Experte behauptet steif und fest, im Februar 1954 sei Eisenhower drei Tage lang verschwunden und habe Kontakt zu Außerirdischen aufgenommen.

Warum nicht? Jetzt scheint alles möglich.

Wir finden rasch heraus, dass alle Hotels und Motels in Berkeley voll sind. Alle, bis auf das Flamingo Motel, einen rosa, L-förmigen Betonbau im Stil der vierziger Jahre mit einer modernen Neonwiedergabe eines Flamingos. Eine billige Absteige. Aber sie reicht uns. Ein Doppelbett, ein Badezimmer, ein Telefon mit Wählscheibe. Ein paar Typen feiern in einem Raum im oberen Stockwerk am anderen Ende des Motels und trinken Pabst Blue Ribbon kistenweise. Als ich das Gehirn in mein Zimmer trage, beobachten sie mich, johlen und werfen ihre zerdrückten Bierdosen über das Geländer auf den Parkplatz.

«Was für ein Mond!», sage ich zu niemand anderem als dem Gehirn. Und es ist wirklich ein Mond, groß und orange. Als ich die Tür öffne, trifft uns der Gestank eines Desinfektionsmittels. Das Zimmer ist so groß wie zwei Pferdeboxen, mit einem schäbigen rostroten Läufer, der schmutzig und mit Brandlöchern übersät ist. In dem Fernseher, der hoch oben an der Wand vernietet ist, kriegen wir ein paar Sender. Die Sendung *Nightline* bringt endgültig Klarheit zu allen Fragen, die das Klonen betreffen. Es war ein langer Tag, trotzdem hat mich das Gehirn aufgemöbelt. Ich versuche zu telefonieren – Sara anzurufen –, aber der Apparat ist kaputt. Ich denke daran, ein paar Postkarten zu verschicken, vielleicht an meine Brüder, aber mein Stift macht nicht mit. Durch irgendeinen Trick des Spiegels sieht es so aus, als würden überall Lichter schweben. Die Wirkung ist sehr beruhigend. Da ich nicht weiß, was ich mit mir anfangen soll, gehe ich ins Bett. Auf das eine Kopfkissen stelle ich Einsteins Gehirn, auf das andere lege ich meinen Kopf, nur fünfzehn Zentimeter entfernt. Einfach, um es zu sehen. Mehr als 6000 Kilometer habe ich für diesen Augenblick zurückgelegt, und plötzlich habe ich nur noch einen Wunsch: Ich möchte schlafen. Lichter von der Straße huschen durchs Zimmer – ein grünlicher Unterwasserschein –, und die Straßengeräusche nehmen ab. Ich höre noch ein paar Bierdosen von ferne aufs Pflaster schlagen, dann nichts mehr.

Möglicherweise gelangen wir in unseren Träumen in eine andere Dimension des Universums. Vielleicht habe ich in dieser Nacht plötzlich drei Frauen, zehn Kinder und zwölf Enkel gehabt, vielleicht bin ich Harvey persönlich geworden, habe Leichen geöffnet und darin noch mehr Leichen gefunden und, als ich diese Leichen öffnete, festgestellt, dass ich durch Raum und Zeit fiel. Vielleicht bin ich in irgendeiner fünften Dimension Robert Oppenheimer und Mahatma Gandhi, Billie Holiday und Thurman Munson. Ich bin Navajo und Dinka. Ich bin Tupac Amaru und NASA-Astronaut. Vielleicht ist mein Name auch Kenji oder Joseph; ich befinde mich auf einem Feld in North Dakota und werde gerade von einem Ufo entführt. Möglich ist aber auch, dass ich niemand bin oder nur ich selbst, etwas benommen und verwirrt, weit weg von zu Hause, zum Fragezeichen gekrümmt in einem rosa Motel mit Einsteins Gehirn auf dem Kopfkissen neben meinem Kopf, und darauf warte, als der zu erwachen, der ich bin.

Schon bald knallt die Sonne durch die billigen Vorhänge des Flamingo. Es ist Morgen, und ich lechze nach einem Schluck Orangensaft. Auch die Welt ist, wie ich sie verlassen habe – der Schreibtischstuhl steht an seinem Platz, die eingepackte Seife ist in der Dusche, das Gehirn ruht brav auf dem Kopfkissen, und das Flamingo ist noch immer das Flamingo mit den Brandstellen im rostroten Teppich. Doch plötzlich wohnt seiner Schäbigkeit eine große Schönheit inne. Als wir in die helle Morgensonne Kaliforniens treten, habe ich den Deckel vom Tuppergefäß abgenommen. Obwohl ich später an diesem Tag Harvey das Gehirn ohne einen Anflug von Bedauern zurückgeben werde – und er es von mir ohne einen Anflug von Dankbarkeit entgegennehmen wird –, bin ich einen Augenblick lang der Mann mit der Macht, der Hüter des Kosmos. Empfinde ich das Gefühl, das Reliquien, Totems und Fetische den Menschen angeblich einflößen? Eine Macht, die größer ist als ich und der ich mich unterwerfen kann? Erlösung? Habe ich die Ewigkeit berührt?

Ich bin mir nicht sicher. Die Bierdosen, die auf dem Parkplatz verstreut sind, haben ungefähr die Gestalt von Amerika, umgeben von schaumigen, goldfarbenen Pfützen. Und die Vögel sind aus dem Himmel gekommen und trinken davon. Selbst in diesem Augenblick füllt sich das Universum mit dunkler Materie. Wir werden abgebremst. Schneebälle so groß wie Jumbojets dringen in unsere Atmosphäre ein. Vielleicht ist ein Meteor gerade in eine neue Flugbahn gestoßen worden und nimmt nun Kurs auf die Erde, um uns alle zu vernichten, wie einst ein anderer Meteor für die Vernichtung der Dinosaurier sorgte.

Aber ich bin jetzt im Hier. Ich bin jetzt im Jetzt. Der Tag ist von der anderen Seite der Erde zurückgekehrt, und die Vögel sind vom Himmel herabgekommen. Das Licht sendet orangefarbene Blitze aus, und die Luft ist geschwängert mit Geißblatt. Ich spüre etwas, was ich nicht greifen kann. Es ist von euphorischer Wirkung, lässt sich aber nicht in Worte fassen. Ist es Liebe oder lediglich kein Hass? Ist es Freude oder lediglich keine Traurigkeit? Einen Augenblick lang scheint alle Zeit durch das Flamingo zu fließen, an seinen hellen Rändern brechen sich Vergangenheit und Gegenwart, Reisende packen ihre Sachen und machen sich auf in eine ferne Zukunft. Wir fahren immer mit unseren Geheimnissen im Kofferraum und staunen über die Kühe und die Regenbogen und die Palmen. Und wage ich den Gedanken, dass das alles – die Welt, Amerika, wir selbst – kein Ende hat? Ja, ich wage es, ich wage es wirklich. Denn in irgendeiner Wiederkehr, in einer Lichtwelle, in einer Zeitbrechung sind wir jetzt dort draußen und existieren ewig, so sicher, wie Einstein fortbesteht, hier in meinen Händen.

Nachwort
Die einheitliche Feldtheorie des Shad

Frühjahrsbeginn. Der Rauch steigt in Schwaden aus den Schornsteinen. Rotwild treibt sich unter aschgrauen Wolken an den eisigen Rändern der New-Jersey-Rasenflächen herum. In dem Jahr, das seit unserer Fahrt vergangen ist, haben Harvey und ich miteinander telefoniert und Besuche verabredet, aber die Umstände wollten es anders. Harvey ist bei der Familie seines ehemaligen WG-Genossen Archie in Griechenland gewesen und hat dort mit ihnen allen, auch Archies Großmutter, wunderbare Wochen verlebt. Traurigerweise ist seine Schwester vor kurzem gestorben, und Cleora, seine Lebensgefährtin, hat sich die Hüfte gebrochen.

Sara und ich sind nun seit sieben Jahren zusammen. Einige Monate zuvor ist Saras Mutter bei einem Tauchunfall ums Leben gekommen. In einer der schlimmen Nächte, die folgten, lagen wir schlaflos in dem Bett ihrer Kindheit, in dem Haus ihrer Kindheit, und uns wurde klar, dass es so viele Dinge gab, die wir nicht von ihr wussten: Sie konnte Blindenschrift lesen, Navajo sprechen, sie hatte ein Herz für die Zukurzgekommenen, die Verlierer und jeden, wirklich jeden, den sie kennen lernte.

«Und wenn ich ihre Stimme vergesse?», sagte Sara.

«Das wirst du nicht», sagte ich. «Deine klingt genau wie ihre.»

In den kommenden Monaten werden wir uns ein Haus

kaufen, heiraten und einen Sohn haben – und all das wird sich so selbstverständlich ergeben, dass uns noch nicht einmal der Gedanke kommen wird, wir hätten unsere Freiheit aufgegeben; vielmehr werden wir das Gefühl haben, wir hätten mehr Freiheit als vorher. Wir werden nicht den Eindruck haben, wir seien so viel älter geworden, sondern meinen, wir wären jünger geworden. Jetzt fahre ich im Dämmerlicht eine gut sichtbare Straße entlang, die durch New Jersey führt, zu Harvey – und zu Einsteins Gehirn. Noch einmal.

Um eine Biegung, über einen Hügel, und dann liegt sie vor mir, die Ranch aus den fünfziger Jahren. Kaum halte ich vor dem Haus, kommt Harvey auch schon die Betonstufen heruntergehumpelt. Er trägt einen marinebauen Rollkragenpullover und Blue Jeans. Mr. Blue – strahlend. «Yessir, wirklich gut, Sie zu sehen», sagt er. Er hält meine Hand fest umschlossen, kommt näher, dann knickt er ein (wieder sein kürzeres Bein). Auch Cleora ist da, hat noch ein bisschen mit dem Bruch zu tun und nimmt ein Knochenstärkungsmittel namens Fosamax, doch im Großen und Ganzen ist sie guten Mutes und entschlossen, die vollendete Gastgeberin zu sein, die sie ist. Ich habe vergessen, was für ein freundliches Gesicht sie hat. Gemeinsam steigen wir die Treppe empor, anschließend schlurft Harvey sie wieder hinunter, um Cleora zu holen – «Okay, Sweetie», sagt er und nimmt ihren Arm. Dann quetschen wir uns alle durch die Tür in die Küche.

Es gibt so viel Neues zu erzählen, dass niemand weiß, wo er anfangen soll, mit dem Erfolg, dass eine Zeit lang Schweigen herrscht. «Tom, warum setzt ihr beiden euch nicht ins Wohnzimmer?», sagt Cleora. Das tun wir dann auch, inmitten von Glasnippes, einem geknüpften Teppich und einer großen Skulptur von Cleoras Kopf. Harvey kommt mir völlig unverändert vor, mit einer Ausnahme, einem kleinen Schritt in Richtung Alter und Schwäche: einem Hörgerät, das er jetzt in einem Ohr trägt.

So sitzen wir eine Zeit lang, lauschen auf die Uhr, und dann beginnt Harvey vom Shad zu erzählen. Dem amerikanischen Süßwasserhering. Er berichtet mir von einem prächtigen Shad-Fest, das einst in dieser Gegend, in Lawrenceville, stattfand. Und das erinnert ihn an eine andere Zeit am Connecticut River, weiter oben in Connecticut, während seines Studiums in Yale, als Shad-Partys gang und gäbe waren, als man Shads über dem Feuer grillte und als Menschen aus allen Schichten Shads in Mengen verspeisten. Die guten alten Shad-Zeiten lassen sich nieder im Zimmer und machen uns den Mund wässrig. Doch als ich Harvey frage, wie der Shad denn eigentlich schmecke, antwortet er: «Weiß ich nicht. Hab ich nie probiert.» Dann schweigen wir wieder ein bisschen. Schließlich sage ich: «Was ist, wollen wir ein bisschen was essen?» Daraufhin strahlt Harvey und sagt: «Wunderbar, das wäre prima.»

Cleora bleibt zu Hause und will sich ausruhen. Harvey und ich landen in einem seiner Lieblingsrestaurants, Lieggi's, eine Reminiszenz an die gute alte Zeit, als dunkle Holztäfelung und edles Besteck der Oberschicht von Trenton Haute Cuisine signalisierten. Das Lokal hat seine besten Zeiten wahrscheinlich in den fünfziger Jahren gesehen und kann sich heute nur halten, weil die Landbevölkerung hier ihr Geld lässt. Als wir eintreffen, sitzt eine Hand voll Stammgäste an den Tischen verstreut, studiert die gleiche fleckige Karte wie immer und fummelt mit rissigen Fingern an den gleichen fleckigen Tischtüchern herum, die sie schon seit Jahrzehnten kennt. Unser Kellner macht sich mürrisch an unserem Tisch zu schaffen und leiert die Spezialitäten des Tages so leise herunter, dass Harvey, die Hand am Ohr, um «eine Wiederholung» bittet. Der Kellner nutzt die Gelegenheit, um laut auszuatmen und die Angebote dann regelrecht herauszuschreien. «Der hat bestimmt was mit dem Kehlkopf», sagt Harvey, als der Kellner abzieht, dann lacht er, ein trockenes, selbstironisches Lachen.

Es folgt die übliche, ausgedehnte Begutachtung der Karte durch Harvey. Und während es mich früher genervt hat – dieses Aussuchen, Bestellen, Verbessern, Widerrufen, erneutes Aussuchen –, erkläre ich jetzt unserem ganz und gar nicht entzückten Kellner, dass ich genau das haben möchte, was mein Freund wählt, verschränke meine Arme hinterm Kopf und entspanne mich. Schließlich bestellt Harvey jungen Kabeljau und eine Flasche vom australischen «Shiee-rass». Dann tauchen wir in weitere Harvey-Erinnerungen ein, aus einer Zeit vor dem Gehirn. In einem Artikel, der in der englischen Medizinzeitschrift *The Lancet* erscheinen wird, werden Sandra Witelson und ihre kanadischen Kollegen zu dem Ergebnis kommen, dass der untere Teil von Einsteins Schläfenlappen, die Hirnregion, die für die mathematische Fähigkeit und das räumliche Denken zuständig ist, fünfzehn Prozent über der Durchschnittsgröße liegt, während seine Sylvius-Furche sehr viel kleiner als normal ist. Daraus ist zu schließen, dass die Interkonnektivität der Neuronen für eine überdurchschnittliche Funktionsfähigkeit in Einsteins Gehirn gesorgt hat. Zwar wird dieser Aufsatz eine Art Rechtfertigung für Harvey liefern – und in der ganzen Welt für Schlagzeilen sorgen –, aber auch er wird wieder mehr Fragen als Antworten aufwerfen.

«Ihre Studie ist eine Vereinfachung», sagt Dr. Elliot Krauss, der Mann, der heute im Princeton Hospital die Stellung bekleidet, die Harvey einst innehatte. «Sie ist nur noch einen kleinen Schritt von der Phrenologie entfernt. Sie wissen, diese alte Geschichte mit den Höckern am Kopf.»

Doch jetzt scheint das Gehirn weit weg zu sein. Harvey

erinnert sich wieder an das Jahr, das er während seines Medizinstudiums in einem Sanatorium verbringen musste, an seine Tuberkulose, die Entzündung seiner Lunge. Er beschreibt, wie man damals in schweren Fällen von Rippenfellentzündung den Brustkorb regelrecht aufgebrochen hat, um den Lungen Erleichterung zu verschaffen. Er erinnert sich, dass er Schach gespielt, viel gelesen oder einfach dagesessen und aus dem Fenster gestarrt hat. Und er erinnert sich an einen Freund, der dort gestorben ist – und daran, dass sich niemand mehr richtig an ihn, Thomas Stoltz Harvey, erinnert hat, als er aus diesem Sanatorium entlassen wurde.

Nach dem Dinner fahren wir wieder zu Cleora, setzen uns in die antiken Sessel im Wohnzimmer und nippen am Bourbon. Harvey spricht über Football, über alte Football-Zeiten. «Was für'n Runningback, dieser Albie Booth!», sagt er. Wenn er über Albie Booth spricht, ist es fast wie ein Code, der eine andere Tür zu seiner Vergangenheit öffnet, denn möglicherweise jagt in seiner Vorstellung neben dem großen Runningback von einst ein anderer das Feld entlang, ebenso leichtfüßig, ebenso tänzerisch: Harvey selbst, ein Harvey, der schneidiger, klüger, erfolgreicher ist, ein Harvey, der mehr Sex-Appeal und überhaupt mehr Ähnlichkeit mit dem Ideal der Universität hat, ein Harvey, der die Menge im Yale-Stadion von New Haven zum Kochen bringt. Vielleicht läuft auch der Harvey in diesem zur Ewigkeit erstarrten Augenblick das Feld entlang, der alles verkörpert, was er vor dem Gehirn war, alles, was er sich erhofft hatte, bevor er Pathologe wurde und in den Eingeweiden von Leichen herumwühlte, Vater wurde und Kinder großzog – und noch ein Harvey und noch einer. Und in zunehmendem Maße: nur noch der Zuschauer des eigenen Lebens.

Jetzt sind wir schon weit über seine Schlafenszeit hinaus. Er gähnt, die Augenlider werden ihm schwer, aber er versucht tapfer, sich zusammenzunehmen. Er stellt das Glas ab, reibt sich die Augen, und einen Augenblick lang erscheint der einst so straffe, gut aussehende, an Montgomery Clift erinnernde Mann irgendwie viel älter zu sein – und viel befreiter. Erst am folgenden Tag werde ich begreifen, warum.

Am nächsten Morgen wache ich auf einem Chintzsofa im Keller auf, in bestickter Bettwäsche, zwischen mundgeblasenem Glas und Muscheln, Lampen und Kerzen. Als ich nach oben komme, hat Cleora schon Grapefruits und Müsli auf den Tisch gestellt. Ich habe mir vorgenommen, heute Morgen das Princeton Hospital aufzusuchen und mir die Leichenhalle anzusehen, in der Einsteins Autopsie stattgefunden hat, und hoffe im Stillen, dass Harvey mich begleitet. Doch er will nicht. «Ich glaube, Sie werden einen sehr interessanten Tag haben», sagt er geheimnisvoll. Als ich aufbreche, bringt er mich zur Tür. Es gibt keinen offiziellen Abschied. Harvey umfasst meine Hand nur wieder mit beiden Händen und lächelt. «Yessir», sagt er. «Yessir.»

«Yessir», antworte ich, und dabei belassen wir es.

Ich fahre zum Krankenhaus, wo ich mit Elliot Krauss verabredet bin. Heute ist das Krankenhaus ein moderner Zweckbau, in dem man sich um all die Gallensteine und aus dem Tritt geratenen Herzen der reichen, berühmten und lächerlich intelligenten Princeton-Stars kümmert. Krauss ist hoch gewachsen, um die vierzig, trägt einen grau gesprenkelten Schnurrbart und hat seine Wirkungsstätte im Keller des Krankenhauses, zwischen Wasserrohren und Kabeln, in der Abgeschiedenheit von Räumen, in die niemand zufällig hereinplatzen kann, wenn gerade eine Leiche seziert wird. Als wir uns in der Eingangshalle treffen, sagt er, er habe eine Überraschung für mich.

Doch zunächst führt er mich in den Autopsieraum, in dem es fast noch genauso aussieht wie an dem Tag des Jahres

1955, als Einstein hier hereingerollt wurde: ein kleiner, hell erleuchteter Raum mit hellgrün gekachelten Wänden, riesigen Abzugshauben, einem großen Kühlraum für Leichen und einem elektrischen Fliegenvernichter. («Ja», sagt er, als ich das Gerät betrachte, «erst wenn man hier arbeitet, weiß man, welche Vorliebe Fliegen für Leichen haben.») Neben dem Seziertisch steht die Waage mit dem Logo Chatillon. Es gibt Staubsauger, Wasserschläuche und Metallschüsseln für die ausgeweideten Organe – Leber und Lunge, Herz und Nieren. In einem Wandschrank befinden sich zahlreiche Gehirne in Formaldehyd. Krauss' Assistent, der *Diener* genannt wird, ist ein kräftiger Afroamerikaner, der noch vor kurzem die Leichen aus der Kühlkammer auf den Tisch hieven musste. Inzwischen hat das Krankenhaus einen Gabelstapler angeschafft, der diese Aufgabe übernimmt.

Krauss berichtet mir, am Tage nach Einsteins Tod und nachdem Harvey die Autopsie vorgenommen hatte, hätten die Mitarbeiter des Princeton Hospital einen Augenblick alle ihre Zwistigkeiten vergessen und sich angestellt, um die Leiche des großen Mannes in der Leichenhalle anzuschauen. Den ganzen Tag seien sie in stummer Ehrfurcht an ihm vorbeidefiliert.

«Ich glaube, Harvey ist das Opfer so einer Art von Justizirrtum», sagt Krauss. «Nach Einsteins Tod waren 'ne Menge Leute an seinem Leichnam interessiert. Aber Pathologen haben nun einmal einen schlechten Ruf. Ich meine, jeder denkt, wir wühlen den ganzen Tag in Leichen herum, aber das ist nur ein kleiner Teil unserer Aufgabe. Wissen Sie, was mit dem Gewebe geschieht, das bei einer Biopsie entnommen wird?» Krauss wartet meine Antwort nicht ab. «Nun, das kommt zu uns! Es auf Krebs oder was auch immer zu untersuchen, das ist unsere Aufgabe hier unten. Doch dafür kriegen wir keine Anerkennung. Jeder denkt, sein Arzt hätte es getan, und manche Ärzte tun auch so, als hätten sie es getan – in Wirklichkeit ist es aber der Pathologe.»

Krauss führt mich zurück in sein fensterloses Büro, fordert mich auf, Platz zu nehmen, setzt sich selbst und wird unvermittelt ernst. Er lässt eine Kunstpause verstreichen. «Möchten Sie etwas sehen?», fragt er dann und schlägt mit dem Bleistift einen Trommelwirbel auf dem Schreibtisch. «Warum nicht?», sage ich. Krauss lächelt und greift unter den Schreibtisch. Er müht sich mit etwas Großem ab, einem Pappkarton, der etwas Schweres enthält, hebt ihn hoch und stellt ihn auf die Tabellen und Papiere, die vor ihm ausgebreitet sind. Der Schreibtisch erbebt unter dem Gewicht des Kartons.

«Wissen Sie, was das ist?», fragt er. Es ist eine rhetorische Frage. Aber Kraus hat wahrscheinlich schon so viele Leichen und Leichenteile gesehen, überlege ich, dass es sicherlich außergewöhnlicher Umstände bedarf, um ihn aus der Ruhe zu bringen. Plötzlich ahne ich, dass ich diesen Augenblick vielleicht unterschätzt habe. Vielleicht hat auch Krauss irgendein schreckliches, absonderliches Geheimnis, irgendein groteskes Anhangsgebilde oder einen missgestalteten, dreiköpfigen Fötus, den er mir jetzt unter die Nase halten will. Halb schaue ich hin, und halb schaue ich weg, als er in den Karton greift und einen Gegenstand behutsam heraushebt. In seinen Händen hält er ein Bonbonglas. Vorsichtig setzt er es ab und fördert noch ein weiteres zutage. Zwei Bonbongläser; darin schwappen und schwimmen kleine Klumpen – Gehirnklumpen. «Einsteins Gehirn», sagt er strahlend. Er steht da, die Hände in den Hüften, und präsentiert die Bonbongläser wie ein Zauberkünstler bei seinem Auftritt in Las Vegas.

«Aber ...», sage ich und halte inne. «Ich verstehe es nicht», erkläre ich schließlich. «Was ist mit Harvey?»

Krauss nickt erst, dann schüttelt er den Kopf. «Ich weiß», sagt er. «Ich weiß. Es ist unglaublich. Vor zwei Tagen hat er es mir gegeben. Aber wir sprechen schon seit langem miteinander, und allmählich wurden aus den Gesprächen Verhandlungen. Thomas Harvey wollte sicher sein, dass das Gehirn in die richtigen Hände gelangte, um die Untersuchung weiterzuführen.»

«Sie?», frage ich.

«Ja, ich», sagt Krauss.

«Aber warum? Ich meine, das» – ich deute auf die beiden Gläser mit Einsteins Gehirn – «ist er.»

«Na ja, er ist jetzt frei», sagt Krauss lachend. «Und mich hat's erwischt.»

Kein Wunder, dass Harvey so entspannt – nein, so beschwingt – wirkte! Durch eine einfache Handlung hat er das Rad der Zeit zurückgedreht. Er hat das Gehirn sich selbst zurückgegeben, wieder geboren als Elliot Krauss, und ist dann beiseite getreten – oder über sich hinaus. Und hier ist Krauss, rot im Gesicht und völlig aus dem Häuschen. Er habe vor, so erzählt er mir, das Gehirn vor Schaden zu bewahren, und hoffe, dass es im Zuge des wissenschaftlichen und technischen Fortschritts und trotz einer gewissen Denaturierung eines Tages möglich sein werde, das Gehirn nutzbar zu machen. «Wie meinen Sie das?», frage ich. «Einen neuen Einstein klonen?»

«Warum nicht?», sagt Krauss lächelnd. «Wir könnten in der Lage sein, die DNS zu rekonstruieren.»

«Aber glauben Sie wirklich …?»

«Thomas Harvey hat jedenfalls dafür gesorgt, dass das bedeutendste Gehirn des Jahrhunderts erhalten blieb», sagt Krauss. «Vielleicht ist das Gehirn in dreißig Jahren nicht mehr einfach eine Kuriosität wie heute, vielleicht haben wir dann die Möglichkeiten, es zu nutzen und seinen Geheimnissen auf die Spur zu kommen. Und daher …» Krauss macht wieder eine Handbewegung in Richtung Hirn.

Es kommt mir unmöglich vor – oder zumindest verwunderlich –, dass Harvey während meines Besuchs nichts darüber verlauten ließ, sondern stattdessen das Loblied des Shad gesungen hat. Doch das Empfinden, das jetzt in mir vorherrscht, ist nicht Gekränktheit oder Eifersucht oder ein ähnlich kleinliches Gefühl, sondern ein scharfer, feiner Stich im Herzen, als ich mir Harvey vorstelle, der das Gehirn fortgibt. Ich sehe ihn auf der Fahrt zum Krankenhaus, Einsteins Gehirn ein letztes Mal im Krankenhaus. Vielleicht hat er das gleiche Gefühl gehabt wie an dem Tag, als er zum ersten Mal mit dem Gehirn im Auto fuhr. Ich stelle mir vor, dass er langsam gefahren ist, besonders vorsichtig, und die Blinker noch lange anließ, nachdem er abgebogen war.

Dann ist er zur Information geschlurft, den schweren Karton in der Hand, weil er niemandem erlaubt hätte, ihm die Last abzunehmen. Ich stelle mir vor, wie er in der Tür zu Krauss' Büro stand und wusste, dass seine Reise hier zu Ende ging – genau dort, wo sie begonnen hatte. «Was hat er gesagt?», frage ich Krauss.

«Eigentlich hat er gar nichts gesagt. Er kam einfach herein und hat mir den Karton gegeben. Ich glaube, er war erleichtert. Er sah zumindest erleichtert aus, aber gesagt hat er eigentlich nichts. Hat mir keine Anweisungen oder dergleichen gegeben. Und jetzt gehört es mir.»

Er sieht beglückt und hilflos, erregt und verwirrt aus. «Hier kann ich es nicht lassen», sagt er händeringend, «weil ich jedes Mal, wenn ich fortginge, die Schreckensvorstellung hätte, es wäre bei meiner Rückkehr verschwunden. Es könnte ja sein, dass eine Putzfrau es weggießt, ohne sich was dabei zu denken. Aber auch, dass es jemand stiehlt, weil es wahrscheinlich Millionen wert ist.»

Während ich mich mit Krauss unterhalte, habe ich plötzlich ein höchst merkwürdiges Empfinden, eine regelrechte

Erscheinung. Ich habe den Eindruck, dass ich Harveys Stimme höre, dass Harvey über einen Abstand von fünfundvierzig Jahren zu mir spricht, durch diesen Mann. Und er erklärt mir, er habe Angst, er sei in der Klemme, weil er die Sache mit Einsteins Gehirn nicht geplant habe, diesen heiligen Gegenstand nun aber besitze und damit die Pflicht habe, ihn zu bewahren und zu behüten. Er weiß, dass die Welt von nun an niemals wieder sein wird, was sie war. Als ich Krauss frage, wo er denn Einsteins Gehirn aufbewahren will, sieht er mich niedergeschlagen an, und wieder antwortet mir Harvey: «Ich weiß nicht – vielleicht nehme ich es einfach mit nach Hause.»

«Ja, das ist eine gute Idee», stimme ich ihm zu.

Es ist spät, als ich Princeton verlasse und in Richtung Westen fahre. Die Straßenlaternen sind schon an, bald fahre ich auf Landstraßen, und schließlich erreiche ich den Freeway, der mich zu Sara nach Hause bringt. Ein paar Krähen picken auf kahlen Feldern, und die Bäume sehen aus wie ein sehr dunkles Alphabet, Schriftzeichen aus einer anderen Welt. Als ich an Harvey denke, stelle ich ihn mir ebenfalls auf der Fahrt nach Hause vor – in jenen ersten Augenblicken der Freiheit, nachdem er Einsteins Gehirn losgeworden ist. Ich male mir das Dinner an diesem Abend mit Cleora aus. Nachdem sie andere Ehemänner und Ehefrauen gehabt haben, sind sie nun zusammen, und es ist eine gewisse Heiterkeit und Leichtigkeit zwischen ihnen, eine Zuneigung, die Liebe ist, und vielleicht hat Harvey das Gefühl, dass er nach allem endlich zu dieser einen Frau und dieser einen Welt gehört.

Schau hin. Die Uhr in Cleoras Wohnzimmer tickt, und in den Rohren läuft kaltes Wasser. Siehst du, dass in den Kabeln noch Elektrizität vibriert? Selbst jetzt noch, während dieser alte Mann, Thomas Stoltz Harvey, langsam den Flur zu seinem Schlafzimmer entlanggeht und sich nackt auszieht vor seinem Schöpfer, während er leicht schnarchend eindöst und vom Mondlicht, das in sein Fenster fällt, in süßen Schlaf gewiegt wird, kannst du sehen, wie dieser alte Mann nun von seinen Engeln emporgetragen wird?

Danksagung

Für dieses Buch habe ich vielen Menschen zu danken. Zuallererst natürlich Dr. Thomas Harvey, dem Heros der Straßen und Urvater aller Pilger, dessen Großzügigkeit und Freundschaft ebenso wertvoll waren wie der weise Rat, dass manchmal, wenn man unterwegs ist, eine Folienkartoffel von Wendy's in der Ordnung der Dinge gleich nach Gott kommt.

Ohne *Harper's Magazine,* das die Urfassung dieses Buches als Artikel veröffentlichte, würde ich Häuser anstreichen. Colin Harrison, dem Freund und Hohepriester, der meine Worte entziffert, organisiert und kollationiert hat, um sie mir dann im Noho Star wieder vorzulesen, verdanke ich meine zweite Geburt. Und Lewis Lapham, dem großen Wohltäter, der den Titel vorgeschlagen hat, verdanke ich die dritte. Dank auch allen in der Zeitschriftenredaktion, nicht zuletzt Angela Riechers und Aida Edemariam, deren gewissenhafte Recherchen für den Originalartikel von entscheidender Bedeutung für den vorliegenden Bericht waren.

Mein Agent Sloan Harris ist ein Tiefseefischer in Sachen Seele, und nach allem, was er für dieses Buch getan hat, werde ich immer in seiner Schuld bleiben. Ich habe wirklich Glück, einen solchen Freund zu haben.

Susan Kamil, meine Lektorin bei Dial Press, ist eine Göttin, die allen Selbstzweifeln des Autors mit unerschütterlichem Glauben begegnete. Ihrer Geduld und Unterstützung, ihrem Humor und Sachverstand verdankt das Buch seine Fertigstellung. Dankbar bin ich ferner Leslie Hermsdorf, die in dieser Erzählung als Erste ein richtiges Buch entdeckte, Carla Riccio, die sich ebenfalls von Anfang an zur Fürsprecherin dieses Projektes machte, und Zoë Rice, die mir mit ihrer Unermüdlichkeit und Fröhlichkeit immer wieder Mut gemacht hat.

Bei den Recherchen zu diesem Buch hat Julie Greenberg Anstrengungen unternommen, die weit über ihre Pflicht hinausgingen. Ich danke ihr für das nie erlahmende Interesse und die enge Zusammenarbeit. Sie hat nicht nur mehrere Schlüsselinterviews geführt, sondern mich auch mit allen möglichen inhaltlichen Anregungen versorgt. Wertvolle Hilfe verdanke ich weiterhin Nina Long vom Wistar Institute, Alice Calaprice von der Princeton University Press, Robert Schulman und Michel Janssen von den Einstein Papers an der Boston University, John Taylor vom National Archives, Dr. Johan Kosek und Dr. Sylvia Forno von der Stanford University, Neal Singer vom Sandia National Laboratory, Dr. Marian Diamond von der University of California, Berkeley, und Kenji Sugimoto von der Kinki-Universität in Osaka, der mir zwei wunderschöne Tage in Japan ermöglicht hat.

Mehrere Journalisten und Regisseure haben den Rahmen geschaffen für jeden, der daran denkt, die Geschichte von Einsteins Gehirn zu erzählen. Daher gebührt mein Dank Steven Levy von *Newsweek*, der es mir ermöglichte, Dr. Harvey und Einsteins Gehirn ausfindig zu machen, und Gina Maranto für ihren Bericht über das Gehirn in der Zeitschrift *Discover*. Kevin Hulls Dokumentarfilm *Einstein's Brain* aus dem Jahr 1994 ist ein Meisterwerk. Hull war es auch, der die Existenz von Einsteins Augen entdeckte. Ich danke ihm für seine Bereitschaft, mich in England zu treffen. Bei den Einzelheiten aus Albert Einsteins Leben habe ich eine Reihe von Biographien zurate gezogen, unter anderem diejenigen von Abraham Pais, Roger Highfield und Paul Carter, von Ronald Clark, Banesh Hoffman, Brian Denis und Albrecht Fölsing. Auch Alice Calaprices *Einstein sagt* war von unschätzbarem Wert. In den Passagen über Hiroshima habe ich mich vor allem an die Berichte von Kenzaburo Oe und Richard Rhodes gehalten. Mein eigener Weg zu Einsteins Gehirn führte über den verstorbenen Schriftsteller William Burroughs und seinen Freund Steven Lowe, während James Grauerholz ein Treffen mit dem Schriftsteller arrangierte.

Unterwegs sind wir mit größter Freundlichkeit und Gastfreundschaft aufgenommen worden. Dafür danke ich Cleora Wheatly, Roger Richman, Sarah Gonzalez und ihrer Familie sowie Evelyn Einstein, deren Großzügigkeit unter schwierigsten Umständen so bewundernswert wie ermutigend war. Scott Greenberg und Clare Hertel ist der Vorwurf zu machen, dass sie die besten Freunde sind, bei denen ein Reisender nach 3000 Kilometern unterkriechen kann – und der Vorwurf, dass sie die besten Freunde überhaupt sind.

Bei der Niederschrift dieses Buches habe ich die Hilfe vieler freundlicher Seelen in Anspruch genommen. Bei der Zeitschrift *Esquire* haben mir zwei besonders lobenswerte Exemplare, David Granger und Peter Griffin, von Anfang an beigestanden. Beiden bin ich sehr dankbar. Gleiches gilt für Jim Adam und alle anderen, die dort beschäftigt sind. Will Dana, Doug Stanton, Elwood «Black Fly» Reid, Alyson Hagy, Bob Southard, Beth Haas, Cammie McGovern, Peggy Orenstein, Steven Okazaki, Lisa Stewart, Scott Rudin, Eric Steel, Catherine Gottlieb, Ron Bernstein, die Portland-Crew, die Darien-Mannschaft and Alicia Gordon haben mir fortwährend Ermutigung, Hilfe, Erkenntnisse, gutes Essen und – in kritischen Zeiten – sogar Unterkunft zuteil werden lassen.

Dan Coyle, Joel Lovell, Miles Harvey und Bill Lychack

sind vier der besten Autoren, Redakteure und Freunde, die ich kenne, und alle haben das Buch in verschiedenen Stadien seiner Entstehung gelesen. Trotz überfüllter Terminkalender haben sie sich die Zeit genommen, den Text kritischen Auges zu lesen, als er es am dringendsten nötig hatte. Bill, der mir ein paar metaphorische Übertreibungen ausgeredet hat, schulde ich meinen viel bewunderten Baseballschläger.

Nicht zuletzt gebührt mein Dank Nicholas Delbanco, Charlie Baxter und Anton Shammas, von denen ich die Grundlagen gelernt habe.

Es ist schwer, ein Buch zu schreiben, wenn du dir nicht ein paar Menschen vorstellen kannst, die dem, was du schreibst, ein gelindes Interesse entgegenbringen. Das gilt für meine Familie: meine Eltern Richard und Marianne, die verschiedene Fassungen des vorliegenden Buchs gelesen und geholfen haben, Fakten zu überprüfen und Interviews zu transkribieren, sowie meine Brüder Stephen, John und Richard, meine Großmutter Rose; außerdem für Anne Marie Dowd, Kelly Grossi und Michelle D'Ambrose und die Corbett-Familie – Chris, Matt, Steve und Nanny. In ihnen allen hatte ich eine höchst nachsichtige Leserschaft, ohne die ich hoffnungslos verloren gewesen wäre. Besonders seinen lieben Eltern sagt ihr treuer Sohn: Habt Dank! Habt vielen Dank!

Mein bester Freund, Leser und Komplize ist Sara Corbett. Keine einzige Seite entging ihrem unbestechlichen Auge. An allem, was gelungen ist, trägt sie die Mitschuld.